utb 2231

Eine Arbeitsgemeinschaft der Verlage

Böhlau Verlag · Wien · Köln · Weimar
Verlag Barbara Budrich · Opladen · Toronto
facultas · Wien
Wilhelm Fink · Paderborn
A. Francke Verlag · Tübingen
Haupt Verlag · Bern
Verlag Julius Klinkhardt · Bad Heilbrunn
Mohr Siebeck · Tübingen
Nomos Verlagsgesellschaft · Baden-Baden
Ernst Reinhardt Verlag · München · Basel
Ferdinand Schöningh · Paderborn
Eugen Ulmer Verlag · Stuttgart
UVK Verlagsgesellschaft · Konstanz, mit UVK/Lucius · München
Vandenhoeck & Ruprecht · Göttingen · Bristol
Waxmann · Münster · New York

Peter Oberender,
Jürgen Zerth,
Anja Engelmann

Wachstumsmarkt Gesundheit

4., komplett überarbeitete Auflage

UVK Verlagsgesellschaft mbH · Konstanz
mit UVK/Lucius · München

Die Autoren

Prof. Dr. Dr. h.c. Peter Oberender (†) lehrte an der Universität Bayreuth, Prof. Dr. Jürgen Zerth lehrt an der Wilhelm Löhe Hochschule in Fürth und Prof. Dr. Anja Engelmann lehrt an der Hochschule Heilbronn.

Online-Angebote oder elektronische Ausgaben sind erhältlich unter www.utb-shop.de.

Bibliografische Information der Deutschen Bibliothek
Die Deutsche Bibliothek verzeichnet diese Publikation in der Deutschen Nationalbibliografie; detaillierte bibliografische Daten sind im Internet über <http://dnb.ddb.de> abrufbar.

© UVK Verlagsgesellschaft mbH, Konstanz und München 2017

Lektorat: Rainer Berger
Einbandgestaltung: Atelier Reichert, Stuttgart
Einbandmotiv: © Schlierner · fotolia.com
Druck und Bindung: CPI, Ebner und Spiegel, Ulm

UVK Verlagsgesellschaft mbH
Schützenstr. 24 · 78462 Konstanz
Tel. 07531-9053-0 · Fax 07531-9053-98
www.uvk.de

UTB-Nr. 2231
ISBN 978-3-8252-4380-7

Vorwort zur vierten Auflage: im Gedenken an Peter Oberender

Das Gesundheitswesen ist eine der Wachstumsbranchen in den industrialisierten Volkswirtschaften und auch in Deutschland zeigt sich im Hinblick auf die jüngste gesundheitspolitische Entwicklung die ungebrochene Dynamik gesundheitspolitischen Handlungsbedarfs. Seit 1972 sind über 30 Gesundheitsreformen zu verzeichnen und es zeichnet sich nicht ab, dass die gesetzgeberische Aktivität in der Zukunft an Bedeutung verlieren dürfte. Diese Ambivalenz des Wachstumsmarktes Gesundheit hat Prof. Peter Oberender schon 1994 motiviert, zusammen mit Ansgar Hebborn das Buch Wachstumsmarkt Gesundheit: Therapie des Kosteninfarkts zu schreiben. In Anlehnung an dieses Buch sind in der Zwischenzeit drei Bücher „Wachstumsmarkt Gesundheit" erschienen und es war das erklärte Ziel, fünf Jahre nach dem letzten Erscheinen 2010 eine weitere Neuauflage zu veröffentlichen.

Mit Peter Oberender haben wir noch die Strategie dieser vierten Auflage besprochen, die insbesondere die wiederum deutlich veränderte gesundheitspolitische Aktivität adressieren sollte und gleichzeitig in den grundlegenden Kapiteln des Buches Nachholbedarf sah. Peter Oberender ist nach kurzer aber schwerer Krankheit Ende Februar 2015 verstorben und sein Tod hat viele in der akademischen Welt erschüttert, die ihn als liberalen Ökonomen und ausgewiesenen Gesundheitsökonomen kennengelernt haben.

Prof. Oberender war liberaler Ökonom, der vor allem zu verantwortungsvollem Denken motivieren wollte und in der Gesundheitswirtschaft den Zusammenhang zwischen individueller Handlung und eigener Verantwortung herausgestellt hat. Zu zeigen, dass die Gewährleistung sozialer Sicherung einerseits und Gesundheit als Wachstumsmarkt andererseits sich nicht ausschließen, war ihm ein Anliegen. Peter Oberenders Wunsch war es, dass das Buch Wachstumsmarkt in seiner Tradition fortgesetzt und weiterentwickelt wird. Diesem Wunsch sehen wir uns verpflichtet und danken dem Verlag sehr herzlich, dass diesem Vermächtnis im Sinne Peter Oberenders mit dieser vierten Auflage Rechnung getragen werden kann.

Der vorliegende Band folgt der bisherigen Struktur des Wachstumsmarktes und hat bewusst der anwendungsorientierten Herangehensweise dieser Veröffentlichungsidee konsequent Rechnung getragen. Besondere Veränderungen ergaben sich im zweiten Kapitel sowie in der Fortschreibung der gesundheitspolitischen Aktivitäten, die insbesondere im Jahr 2015 sehr deutlich wurde. Hier haben wir bewusst die „größeren" Reformalternativen herausgearbeitet, ohne jedoch den Hinweis auf die vielfältigen sonstigen gesundheitspolitischen Aktivitäten zu vernachlässigen. Ein weiterer Schwerpunkt in der vierten Auflage findet sich in der Überarbeitung des sechsten Kapitels, das stärker als in der Vergangenheit dem Charakter der Innovationsförderung im Gesundheitswesen auch im Lichte des aktuellen Innovationsfondsprojektes Rechnung trägt.

An dieser Stelle bedanken sich die Verfasser vor allem bei der umfänglichen Unterstützung von Frau Marie Demuth bei der Recherche statistischen Materials und der Aufarbeitung vielfältiger Abbildungen und Darstellungen. Besonderen Dank für die mühevolle redaktionelle Unterstützung sagen wir Frau Sabine Horter. Weiterer Dank gilt dem Verlag, insbesondere Herrn Diplom-Ökonom Rainer Berger, für die vielfältige Geduld und dem Verständnis für die Verzögerung in der Herausgabe des Buches, die allein wir zu vertreten haben. In der Tradition und im Sinne von Peter Oberender den Wachstumsmarkt Gesundheit weiterentwickeln zu dürfen, ist für uns Ehre und Verpflichtung zugleich.

Bayreuth/Fürth/München im Juni 2016

Peter O. Oberender †

Jürgen Zerth

Anja Engelmann

Vorwort zur dritten Auflage

Das Gesundheitswesen ist im 21. Jahrhundert eine ständige Reformbaustelle geblieben. Gerade die fortschreitende Frage, wie die Versorgung in einer älter werdenden Bevölkerung gesichert werden kann, bleibt sowohl finanzierungs- als auch versorgungsseitig weiterhin größtenteils unbeantwortet. Auch wenn im Fortgang jüngerer Gesundheitsreformen die Ausgestaltung eines regulierten Wettbewerbs in Ansätzen erkennbar ist, zeigt sich doch die Problematik eines institutionell abgestimmten Reformkonzepts, das insbesondere die verschiedenen Anreizebenen der Beteiligten adäquat berücksichtigt.

Vor diesem Hintergrund und auch angesichts der Tatsache, dass die zweite Auflage in der Zwischenzeit schon länger vergriffen ist, stand eine Neuauflage des Wachstumsmarktes an. In bewährter Weise wurden einerseits die jüngeren gesundheitspolitischen Entwicklungen dargestellt und gesundheitsökonomisch analysiert. Andererseits wurde das gesamte Konzept gestrafft und versucht, die Anreizperspektive der Beteiligten in den Vordergrund zu rücken. Dies zeigt sich vor allem in Kapitel sechs, das verschiedene Reformoptionen beschreibt, als auch in der grundsätzlichen Überarbeitung des siebten Kapitels zur Gesundheitswirtschaft.

An dieser Stelle bedanken sich die Verfasser vor allem bei der umfänglichen Unterstützung von Herrn Maximilian Mai, B.Sc. Gesundheitsökonomie, der neben der Mitarbeit bei der Datenrecherche insbesondere bei der Vereinheitlichung des Layouts mitgewirkt hat. Dank gilt auch Herrn Diplom-Gesundheitsökonom Andreas Götz für den Abgleich aktueller statistischer Zahlen. Herrn cand. rer. pol. Henning Eichhorst gilt Dank für die Mitwirkung an der redaktionellen Endfassung.

Bayreuth, im August 2010

Peter O. Oberender

Jürgen Zerth

Inhalt

1 Einleitung

Die Frage nach einer **Reform** der Gesundheitsversorgung beherrscht die öffentliche Diskussion nun mehr seit über 30 Jahren. Seit der letzten Dekade des 20. Jahrhunderts und ununterbrochen fortgesetzt im 21. Jahrhundert hat die „Schlagzahl" gesundheitspolitischer Veränderungen deutlich zugenommen. Allein im Jahr 2015 sind mit dem Versorgungsstärkungsgesetz, dem Krankenhausstrukturgesetz, dem Präventionsgesetz und dem E-Health-Gesetz vier größere gesundheitspolitische Regelungskontexte auf den parlamentarischen Weg gebracht worden, in Kombination mit dem Pflegestärkungsgesetz II, den Gesetzen zur Palliativ- und Hospizversorgung, um nur weitere Gesetze zu nennen, wird deutlich, dass Gesundheitspolitik in einer kontinuierlichen Schaffungsperiode steckt. Damit ist aber nicht die Frage beantwortet, ob mit dieser Dichte an gesundheitspolitischen Gestaltungsversuchen, Gesundheitspolitik effektiver, effizienter oder gar zukunftsfester geworden ist. Insbesondere kommt in allen öffentlichen Debatten immer wieder der Vorwurf oder Einwand, Gesundheit lasse sich nicht als (rein) ökonomische Kategorie behandeln und im Gesundheitswesen könne kein oder nur ein sehr eingeschränkter Markt möglich sein.[1]

Diese Fragestellung kennzeichnet seit vielen Jahren die Auseinandersetzung in der theoretischen wie angewandten Gesundheitsökonomie, und obwohl es eine Legion unterschiedlicher Beiträge dazu gibt, wird die Problemstellung, gerade angesichts der tendenziell nationalen Ausgestaltungsvarianten von Gesundheitssystemen immer wieder neu aufgeworfen und dabei gerade auch die Frage nach Begründung und Notwendigkeit etwa eines Beitragssatzwettbewerbs hinterfragt (vgl. Zerth 2015a).

Trotzdem scheint den politisch Handelnden bewusst zu sein, dass angesichts der demographischen und medizintechnischen Veränderungen das gegenwärtig noch prioritäre politische **Ziel** der **Beitragssatzstabilität** weitgehend **unrealistisch** und kaum noch glaubwürdig erscheint. Die Politik steht vor der Entscheidung, entweder den Leistungskatalog der Gesetzlichen Krankenversicherung (GKV) drastisch zu kürzen und insbesondere Preis- und Mengenrationierungen

---

[1] Vgl. als Überblick im Kontext „consumer-driven health care" u. a. Herrick 2005. In der Debatte um eine stärke Patienten- oder gar Kundenorientierung im Gesundheitswesen spielen viele Aspekte der Informationsverteilung, der Patientenrechte sowie adäquate ökonomische Anreize eine Rolle, die im vorliegenden Aufsatz im Detail nicht ergründet werden können.

vorzunehmen oder in eine Diskussion um die Reform des gesamten sozialen Sicherungssystems im Gesundheitswesen einzusteigen.

Neben der Frage, wie eine langfristige Sicherung der Finanzierung des Gesundheitswesens organisiert werden soll, existieren zugleich mannigfaltige Mängel in der Versorgung mit Gesundheitsleistungen. Hierbei sind insbesondere die **Unterversorgung** im Bereich der psychosozialen Morbidität sowie die noch immer **mangelnde Verzahnung** zwischen ambulanter und stationärer Versorgung zu nennen. Es zeigen sich vielfältige Symptome, deren Ursachen unbedingt einer Behandlung bedürfen.

	1970	2012	Zunahme
Sozialleistungen gesamt	86,3	768,1	8,9-fache
Rentenversicherung	26,5	259,8	9,8-fache
Krankenversicherung	12,9	182,5	14,1-fache
Unfallversicherung	2,0	12,2	6,1-fache
Arbeitslosenförderung und Arbeitslosenversicherung	1,8	28,2	15,7-fache
Pflegeversicherung	–	22,9	–
Beamtenpensionen	8,1	46,4	5,7-fache
Entgeltfortzahlung	6,5	36,1	5,6-fache
Kindergeld	1,5	41,9	27,9-fache
Wohngeld	0,3	1,3	4,3-fache
Sozialhilfe	1,7	28,3	16,6-fache
Sozialquote (% des BIP)	24,5	29,5	
BIP je Einwohner	**14.790 €**	**33.569 €**	**2,3-fache**

Tab. 1: Sozialbudget (Mrd. €) der BRD 1970 (alte Bundesländer) und 2012 im Vergleich
Quelle: Eigene Darstellung nach BMAS (2013); sozialpolitik-aktuell (2015) und statista (2015)

Von 1970 bis 2012 stieg das Sozialbudget der Bundesrepublik Deutschland von 86,3 Mrd. € auf über 768,1 Mrd. € an (vgl. Tab. 1), was einem Zuwachs auf das 8,9-fache entspricht. Das Bruttoinlandsprodukt pro Kopf stieg während des gleichen Zeitraums von 14.790 € auf 33.569 €, was eine Zunahme auf das 2,3-fache darstellt. Damit wuchs gleichzeitig der Anteil des Sozialbudgets am Brut-tosozialprodukt von 25 % auf rund 30,0 %. In diesem Zusammenhang muss bedacht werden, dass in der Vergangenheit die **Beitragssätze zur Sozialversi-cherung** (Gesetzliche Krankenversicherung, Arbeitslosen- und Rentenversiche-rung) permanent angestiegen sind: Mussten Arbeitnehmer und Arbeitgeber 1950 noch insgesamt 19,8 % des Bruttoeinkommens an die Sozialversicherung abfüh-ren, so waren es 2016 39,55 %. Dabei hat sich der durchschnittliche Beitragssatz zur GKV von 5,8 % (1950) auf 15,6 (2016) erhöht (vgl. Abb.1).[2]

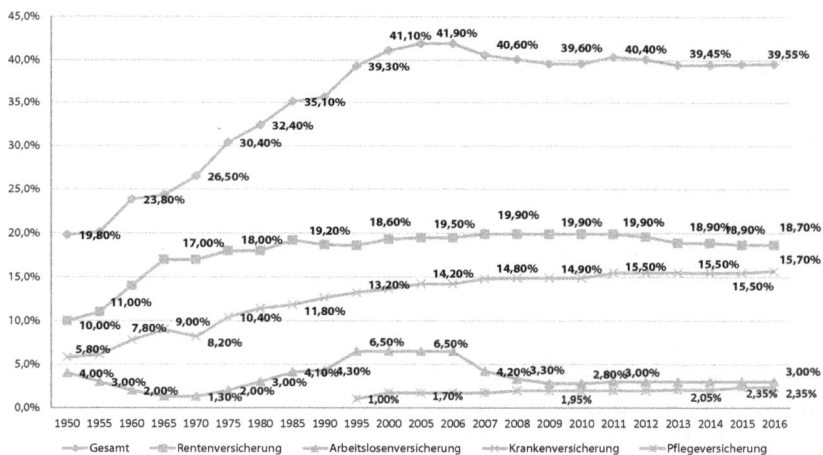

Abb. 1: Durchschnittliche Beitragssätze der Sozialversicherung in Prozent
Quelle: Eigene Darstellung nach sozialpolitik-aktuell (2015)

Gleichzeitig wird der relative Bedeutungsgewinn des Gesundheitssektors (GKV und Soziale Pflegeversicherung) an den Gesamtsozialausgaben deutlich, der einhergeht mit einer weitgehend konstanten Gesamtbeitragsrate von unter 40 % in den letzten Jahren.

---

[2] Dabei gilt, dass der einheitliche Beitragssatz auf 14,6 % festgesetzt ist, der durchschnitt-liche Zusatzbeitragssatz seit 1. Januar 2016 auf durchschnittlich 1,1 % gestiegen ist.

Diese Entwicklung ist umso bemerkenswerter, da gleichzeitig die **Beitragsbe-messungsgrenze**, d. h. die jährliche Einkommensgrenze, bis zu der für den einzelnen Bürger **Versicherungspflicht** in der Gesetzlichen Krankenversicherung besteht, von 4.500 DM Jahresbruttoeinkommen (1950) auf 56.250 € (West) (2016) kontinuierlich angehoben wurde[3].

Für viele handelt es sich bei den steigenden Beitragssätzen zwar um eine unerfreuliche und unerwünschte Erscheinung, dennoch beugen sie sich dieser Entwicklung schicksalsergeben. In Wirklichkeit liegt hingegen keine Zwangsläufigkeit dieser Entwicklung vor. Vielmehr stellt sie das Ergebnis **problematischer Rahmenbedingungen**, insbesondere unzureichend gesetzter Anreizstrukturen für die Beteiligten, Versicherten und Leistungsanbieter, dar.

Steigende Beitragssätze führen nicht nur zu einer Beeinflussung des Möglichkeitenraumes des einzelnen Bürgers und reduzieren den Spielraum für individuellen Konsum oder individuelles Sparen, sondern beeinträchtigen ebenfalls über die Lohnnebenkosten die **Wettbewerbsfähigkeit** in einer globalisierten Welt.

Durch die Finanzierung über das **Umlageverfahren** müssen steigende Ausgaben durch steigende Einnahmen (Produkt aus durchschnittlichem Beitragssatz und Grundlohnsumme der gesetzlich Versicherten) gedeckt werden. Wächst die Grundlohnsumme nicht in gleichem Maße wie die Ausgaben, so müssen unter Beachtung der weiteren Nebenbedingungen die Beitragssätze erhöht werden, was die Diskussion um die Belastungsgrenze von Sozialversicherungsbeiträgen in der gesellschaftlichen Öffentlichkeit wieder befördert, insbesondere das Argument der Gefährdung von Arbeitsplätzen.[4]

Das von der Politik vorgegebene **Prinzip der Beitragssatzstabilität** versucht, diese Kette zu durchbrechen, scheitert letztlich aber daran, dass die wirtschafts- und beschäftigungspolitische Dynamik des Gesundheitswesens unberücksichtigt bleiben. Damit stellt sich im Vorfeld einer jeden Reformüberlegung die Frage nach den Zielsetzungen des Gesundheitssystems und nach den Grundprinzi-

---

[3] Die Beitragsbemessungsgrenze in der GKV, das heißt das höchste Bruttoentgelt für das der Beitrag erhoben wird, liegt bei 50.850 € im Jahr 2016.

[4] Die Lohnnebenkosten setzen sich allerdings aus vielen Faktoren zusammen. Die Beiträge für Kranken- und Pflegeversicherung haben an den Lohnnebenkosten nach einer Erhebung von IGES/BASYS nur einen Anteil von ca. 12 % (vgl. Ecker et. al. 2004). Da aber auch alle anderen Sozialversicherungsbeiträge zu den Lohnnebenkosten zählen und auch in Zukunft von einem Anstieg der Lohnnebenkosten ausgegangen werden kann, bleibt die Stabilisierung der Sozialabgaben bzw. ihre Entkoppelung von den Arbeitskosten eine wichtige Aufgabe. Weiterhin sind ökonomisch auch die Auswirkungen von Beitragssatzerhöhungen auf das Arbeitsangebot zu beachten, da Beitragssatzsteigerungen die Grenzabgabenbelastung erhöhen.

pien, auf denen sich das Gesundheitssystem gründet. Eine Reformdebatte, die jedoch der Begrenztheit geplanter Steuerung Rechnung trägt, hat zunächst Rückgriff auf die grundlegenden Basisbeziehungen im Gesundheitswesen zu nehmen.

Adäquate Maßnahmen zur Behebung der gegenwärtigen Schwierigkeiten können jedoch nur nach der vollständigen Aufdeckung der Ursachen vorgeschlagen und umgesetzt werden. Es werden deshalb zunächst im Rahmen einer **Diagnose** diese Ursachen dargestellt. Anschließend gilt es, die bisherigen **staatlichen Maßnahmen** vorzustellen und einer kritischen Analyse zu unterziehen. Schließlich werden die zukünftigen Herausforderungen an das soziale Sicherungssystem, insbesondere an das Gesundheitswesen, aufgezeigt.

Im Rahmen der Diskussion von **Reformalternativen** werden schließlich Maßnahmen entwickelt, die zur Genesung des Patienten „Gesundheitswesen" beitragen können; vor allem gilt es auch darzulegen, unter welchen Bedingungen das enorme Wachstumspotenzial des Gesundheitsbereichs optimal zum Vorteil aller genutzt werden kann.

Im Mittelpunkt der Überlegungen steht die Beantwortung folgender Fragen:

- Welche institutionellen und rechtlichen **Rahmenbedingungen** bestehen im deutschen Gesundheitswesen?
- Wie setzt sich die Gruppe der **Leistungserbringer** (Ärzte, Apotheker, Krankenhäuser etc.) zusammen?
- Welche charakteristischen **Verhaltensmuster** weisen die Versicherten (Patienten) und die Leistungserbringer auf?
- Welche **Ergebnisse** stellen sich im deutschen Gesundheitswesen ein?
- Welche **Ursachen** liegen den vielfältigen Mängeln und Defiziten zugrunde?
- Welche **Folgerungen** sind aus dieser Diagnose zu ziehen?
- Mit welchen **zukünftigen Herausforderungen** wird das deutsche Gesundheitswesen konfrontiert werden?
- Welchen Einfluss wird die **Bevölkerungsentwicklung** auf die künftige Ausgestaltung unseres Gesundheitssystems nehmen?
- Warum ist eine **ursachenadäquate Reform** der GKV unumgänglich? Warum ist eine **Weiterentwicklung** des Systems der GKV notwendig?
- Wie sind die bisherigen staatlichen Maßnahmen zur Behebung der Probleme im Gesundheitswesen **ordnungspolitisch**, d. h. unter Bezugnahme auf unsere freiheitlich und marktwirtschaftlich organisierte Grundordnung, zu **bewerten**?
- Was ist der **Anspruch** und wie ist die **Wirklichkeit** der gesetzlichen Maßnahmen?

- Welche **Reformmöglichkeiten** stehen zur Gesundung der GKV zur Verfügung?
- Welche **Maßnahmen** können politisch erwartet werden?
- Ist das Gesundheitswesen in der Zukunft überhaupt noch **finanzierbar**?
- Unter welchen **Bedingungen** (Voraussetzungen) können die künftigen **Wachstums- und Beschäftigungspotenziale** des Gesundheitsbereiches optimal genutzt werden?
- Welchen Einfluss hat die **europäische Integration** auf unser Gesundheitswesen? Wie wird sich ein **Wettbewerb der Systeme** auswirken?

Es handelt sich um eine Fülle von Fragen. Die gegenwärtige politische und wirtschaftliche Dramatik wird zusätzlich verstärkt durch die Probleme der Arbeitslosigkeit, der europäischen Integration sowie der politischen und wirtschaftlichen, insbesondere währungspolitischen, Instabilitäten in Europa. So wird häufig von einer der größten Herausforderungen in der deutschen Sozialgeschichte gesprochen.

Der **Teufelskreis** aus Beitragssatzerhöhung, zunehmendem Anspruchsdenken und daraus resultierender größerer Inanspruchnahme, steigenden Gesundheitsausgaben und somit weiter steigenden Beitragssätzen wird von vielen als eine unausweichliche Zwangsläufigkeit des sozialen Sicherungssystems gesehen. Gibt es aus dem scheinbar Unvermeintlichen keinen Ausweg? Welche Maßnahmen müssten ergriffen werden, damit ein im Grunde leistungsfähiges Gesundheitssystem dies auch in Zukunft noch bleibt?

Bemerkenswert an der gegenwärtigen Diskussion des „**Kostenfiebers**" im Gesundheitswesen ist, dass hierbei häufig übersehen wird, dass Gesundheitskosten und Gesundheitsausgaben auch eine volkswirtschaftliche **Wertschöpfung** darstellen.

Zugleich nimmt die Bereitschaft zu, sich über die Gesetzliche Krankenversicherung hinaus Gesundheitsleistungen zu verschaffen. Die Unterscheidung zwischen einem ersten und einem zweiten Gesundheitsmarkt, bei letztgenannten wird der Selbstzahlerbereich adressiert, kennzeichnet diese Entwicklung. Der zweite Gesundheitsmarkt ist dabei nicht neu, sondern letztendlich nur eine Fortentwicklung älterer Entwicklungen, etwa im Kontext des Selbstmedikationsmarktes.

Aufgrund zunehmender individueller Vorsorgebestrebungen, eines veränderten Gesundheitsbewusstseins und nicht zuletzt wegen der verstärkten politischen Bemühungen um eine **Neubestimmung des Leistungskatalogs** der Gesetzlichen Krankenversicherung entwickelt sich das Gesundheitswesen zu einer ausgeprägten **Wachstumsbranche**. Häufig wird in diesem Zusammenhang zu

Recht auch von der **Gesundheitswirtschaft** gesprochen. Auch dieser Aspekt verdient eine besondere Betrachtung und gibt dem vorliegenden Band seinen Namen.

2 Gesundheit als Gut

2.1 Gesundheit zwischen Bedarf und Nachfrage

Die übliche ökonomische Nachfragetheorie beschreibt Nachfrage als das Zusammenspiel eines Bedarfs für ein definiertes Gutes mit einer Knappheitsrestriktion bezüglich dieses Gutes, was dann zu einer Rationalitätsabwägung zwischen erwarteten Nutzen und Opportunitätskosten führt. Die Bedarfsartikulation ist grundsätzlich Folge subjektiver Präferenzen bezüglich des betreffenden Gutes im Vergleich zu alternativen Nutzenrealisationen (vgl. etwa Barros/Martinez-Giralt 2012, S. 5 f.). In einem volkswirtschaftlichen Kontext entsteht eine (kaufkräftige) Nachfrage aus der Berücksichtigung individueller, subjektiver Präferenzen über ein bestimmtes Güterbündel unter der Nebenbedingung der Knappheitsrestriktion, die in der Regel mit dem Haushaltsbudget abgegrenzt wird. Grundsätzlich lässt sich eine derartige einfache Nachfrage auch auf Gesundheitsleistungen übertragen. Vor allem aus der Erfahrung was individuelle Gesundheit letztendlich beeinflusst, wird eine graduelle, subjektiv angelehnte Herangehensweise notwendig. Gleichwohl ist sich die ökonomische Theorie der **Gesundheitsnachfrage** bewusst, dass zwar die Präferenzen der Patienten subjektiv und damit einer Objektivierung nicht zugänglich sind, dass die Restriktionen für die Ausbildung der Präferenzen und letztendlich die Interpretation der Gesundheitsbedürfnisse bestimmten Besonderheiten ausgesetzt sind.

In Anlehnung an Pauly (1988) lässt sich das besondere Bild der Gesundheitsnachfrage mit einer **zweigeteilten Nachfragebeziehung** beschreiben. Der Patient – etwa mit einer unklaren, unspezifischen Symptomatik – hat das Ziel, individuelle, subjektiv zu interpretierende Gesundheit zu erreichen und fragt daher die Dienstleistung einer fachkundigen Person, in der Regel die des Arztes, nach. Der Arzt selbst hat nun die Aufgabe, die abstrakte Nachfrage zu interpretieren, das ist seine originäre Sachwalteraufgabe, und daraus Gesundheitsleistungen zu konkretisieren, die vom Gesundheitssystem angeboten werden können. Die nachfolgende Abbildung soll diesen Interaktionszusammenhang darstellen.

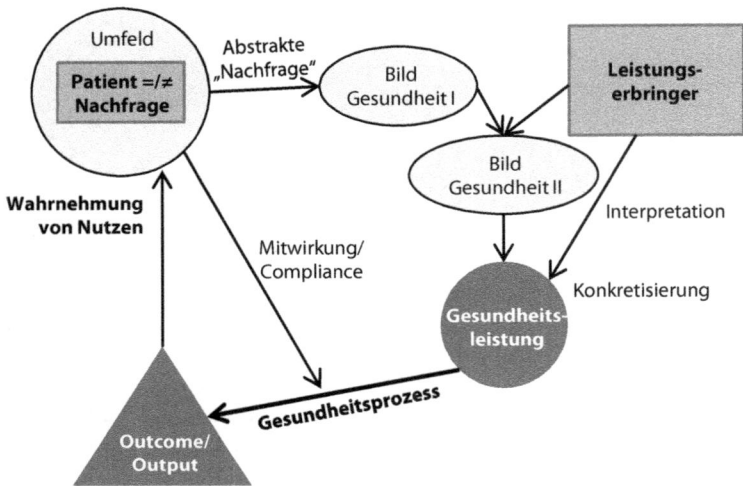

Abb. 2: Bilder der Gesundheitsnachfrage
Quelle: Eigene Darstellung in Anlehnung an Pauly (1988)

Es lässt sich ein Bild I einer Gesundheitsnachfrage als abstrakte Gesundheitsnachfrage darstellen. Der Patient fragt Gesundheitsgüter in einem weiteren Sinne nach und folgt gemäß einer subjektiven Interpretation von Gesundheitsnutzen seinem Bedürfnis, einen individuell zu bewertenden Gesundheitszustand erreichen zu wollen. Dieses subjektive Bild von Gesundheit ist jedoch selbst wieder geprägt von der individuellen Präferenz sowie prädisponierenden Variablen sowie weiteren Kontextfaktoren, die Gesundheit als Faktor, insbesondere als Kompetenz im sozialen Zusammenleben, beschreiben. Die oben skizzierte klassische Trennung zwischen Bedarfsartikulation und Knappheitsrestriktion im normalen Nachfragekontext wird hier an der Bedarfsseite nochmals ergänzt. Die Bedarfsartikulation folgt sowohl subjektiven Einflüssen, die sowohl vom individuellen Lebensumfeld eines einzelnen Menschen als auch von seinen Präferenzen getrieben ist als auch der Interpretation des unspezifischen Bedarfs (Bild II) durch „objektivierbare" Interpreten, nämlich den medizinischen Leistungserbringern. Nachfolgendes Strukturmodell charakterisiert diesen Zusammenhang:

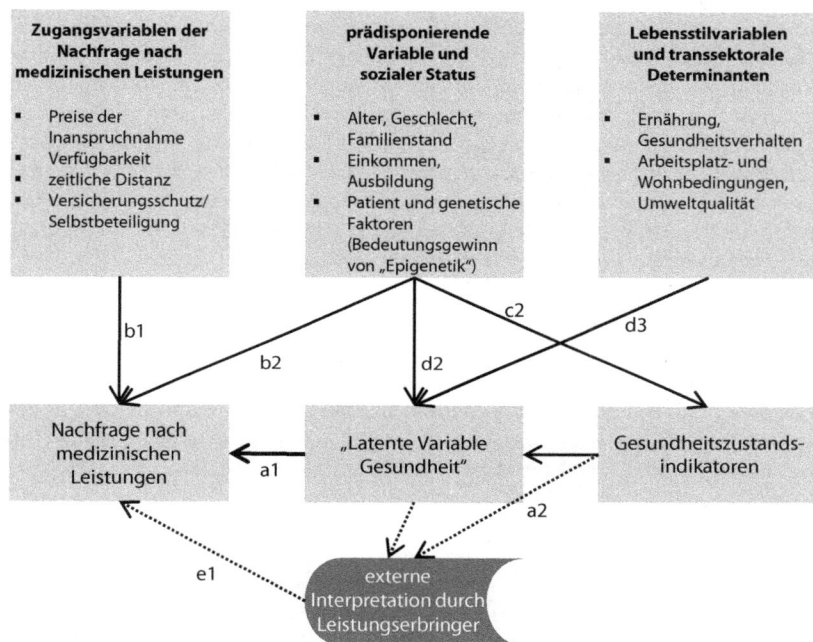

Abb. 3: Strukturmodell der Nachfrage nach Gesundheitsleistungen
Quelle: Eigene Darstellung in Anlehnung an Ulrich (2012)

Die **Bedarfsperspektive**, im Bild als latente Variable charakterisiert, lässt sich mit dem Bild I aus Abb. 2 abgleichen. Der Schritt zur tatsächlichen Gesundheitsnachfrage wird aber dann noch durch die Interpretation dieser latenten Variablen durch den Leistungserbringer ergänzt. Diese beeinflussen wesentlich die Bestimmung der wirksamen Inanspruchnahme von Gesundheitsleistungen, einerseits durch die Interpretation der patientenindividuellen Variablen der Nachfrage (als Sachwalter) als auch durch Interpretation der Möglichkeiten, die das jeweilige Gesundheitssystem bietet.

Gesundheitsgüter umfassen somit Faktoren, die außerhalb der Gestaltungsoption des Einzelnen sind, wie etwa Alter, Geschlecht und kulturelle Einflüsse, weiterhin mittelbar gestaltbare Aktivitäten, wie etwa den Lebensstil sowie direkt gestaltbare Aspekt wie die unmittelbare Wahl eines Gesundheitsangebots, etwa die Entscheidung für eine elektive Gesundheitsleistung. Somit lässt sich als erste Annäherung festhalten, dass Gesundheitsgüter als Objekt der subjektiven Gesundheitsnachfrage des einzelnen Menschen eine Funktion unterschiedlicher

Faktoren sind, nämlich Gesundheitsleistungen im engeren Sinne, jedoch auch Bildungs- und Ernährungsgüter, Gesundheitsverhalten und andere Elemente, die Ausdruck eines subjektiven Gesundheitsnutzens darstellen. Das organisierte Gesundheitssystem bietet über spezialisierte Sachwalter – Ärzte, Pflegekräfte, Apotheker u. a. – eine Teilmenge der Gesundheitsgüter an, nämlich Gesundheitsleistungen im engeren Sinne. Konkret stehen diese im Fokus einer Betrachtung des Gesundheitswesens und genau diese aus der abstrakten Gesundheitsnachfrage zu interpretieren und letztendlich auch zu konkretisieren ist Aufgabe der organisierten Gesundheitssachwalter, insbesondere Aufgabe der Ärzte. Somit entsteht ein Gesundheitsbild II, das gerade durch die Expertise und die Kompetenz dieser Sachwalter getragen ist.

Die Interpretation dieses Gesundheitsbildes ist jedoch aus ökonomischer Sicht nur im Idealfall eines „perfekten" Agentenverhaltens ausschließlich durch die Interessen des **Patienten als Prinzipal** bestimmt.[5] Außerhalb dieses Idealfalls verknüpft der Leistungserbringer in seiner Handlungskonstellation seine Interessen mit denen des von ihm betreuten Patienten, die Austarierung dieser Interessenskonstellationen ist Aufgabe jedes organisierten Gesundheitssystems. Gerade der Informationsvorsprung der Sachwalter (Agenten) über die Interpretation des Gesundheitsproblems und die somit entstehende Interpretationshoheit zeigt die Grundproblematik asymmetrischer Informationsverteilung an dieser Stelle auf, die aber nur stilbildend für viele Beziehungen im Wirtschaftsleben ist, die von Informationsasymmetrien geprägt sind. Die oben skizzierte Kontroll- und Anreizaufgabe ist nun im institutionellen Kontext des Gesundheitssystems zu verorten und hat die von den Sachwaltern interpretierte und teilweise konkretisierte **Gesundheitsnachfrage** (Gesundheitsnachfrage als Sekundärnachfrage) im Blickfeld.

Die bisherige Beschreibung der Nachfrage nach Gesundheitsleistungen ist zeitlos dargestellt worden. In der üblichen Literatur zur **Gesundheitsnachfrage nach Grossman** (1972) (vgl. dazu Hurley (2000) oder auch Bolin (2011)) wird dieser Aspekt noch ergänzt. Die Nachfrage nach Gesundheitsleistungen ist

---

[5] In einem Standardmodell der Literatur nach McGuire (2011) kann gezeigt werden, dass die beim Leistungserbringer vorhandene Interessenskonstellation nur dann perfekt voneinander getrennt werden kann, wenn die Anreizwirkungen der Honorierung, d. h. der Einfluss des Gesundheitssystems, neutral auf die Interpretation der medizinischen Bedürfnisse des Patienten in der Wahrnehmung des Arztes ist. Gerade diese Neutralität ist aber nur im Grenzfall eines perfekten Honorierungssystems erreicht und somit bleibt die Ausgestaltung etwa von Honorierungs- und Organisationssystemen im Gesundheitswesen eine kontinuierliche Aufgabe gesundheitspolitischer Gestaltung (vgl. auch Zerth 2015b, S. 128 ff.).

induziert durch die Fähigkeit, den individuellen Gesundheitskapitalstock zu nutzen, der selbst von der Gesundheitsnachfrage der vergangenen Perioden und vom eigenen Gesundheitskapitalstock abhängig ist. Der Gesundheitskapitalstock ist wieder selbst abhängig von der Ausgestaltung des Gesundheitssystems, was als Proxy für die technischen und organisatorischen Fähigkeiten des Gesundheitswesens interpretiert werden kann.

Krankheitszeiten sind mit einem Abbau dieses Gesundheitskapitalstocks verbunden. Somit erlaubt der Gesundheitskapitalstock auch erst den Konsum anderer Güter und Dienstleistungen. Der **Gesundheitskapitalstock** ist folglich Grundlage für die Erwerbsfähigkeit und damit für die Erlangung eines verfügbaren Einkommens, das selbst wieder Grundlage ist, „gesunde Zeit" nutzen zu können.

Eine Mehrnachfrage nach Gesundheitsleistungen erhöht ceteris paribus den Patientennutzen, üblicherweise wird aber auch hier ein abnehmender Grenznutzen unterstellt, was auf die wachsenden Opportunitätskosten durch Entgang anderer Konsummöglichkeiten hinweist, wenn kontinuierlich Einkommen in Gesundheitsleistungen investiert wird.

2.2 Versicherungssystem und Angebot

Die bisherige Analyse hat die Gesundheitsnachfrage entweder in Form einer Arzt-Patienten-Beziehung interpretiert, nach dem der Leistungserbringer Interpret oder Anbieter des Bildes II von Gesundheit ist, bzw. im Lichte des Grossman-Modells wurde auf den Kapitaleffekt von Gesundheitsleistungen rekurriert. Ein Bezug zu einer Krankenversicherung ist nicht genommen worden.

Idealtypisch setzt eine Krankenversicherung daran an, dem einzelnen Bürger durch **finanzielles Poolen von gleichartigen Risiken** Kaufkraft zur Verfügung zu stellen, um sich medizinische Leistungen leisten zu können, die häufig die individuelle Leistungsfähigkeit übersteigen würden. In der nachfolgenden Abbildung liegt eine idealisierte Nachfrage nach Gesundheitsleistungen (N_0) ohne Krankenversicherung vor. Die Krankenversicherung erhöht somit die Kaufkraft des einzelnen (neue Nachfrage N_1), der nun in die Lage versetzt wird, Gesundheitsleistungen nachfragen zu können, die ohne diesen Kaufkrafttransfer zu teuer gewesen wären. Die Krankenversicherung übernimmt nun einen Anteil cPr. Je stärker die Übernahme des Anteils durch die Krankenversicherung jedoch ist, desto geringer ist der Patient noch mit den finanziellen Belastungen verknüpft und somit reduziert sich auch dessen Anreiz zur (Selbst-)Steuerung der Ausgaben (N_2). In der konkreten Ausprägung des Versicherungssystems

unterscheidet sich, ob Krankenversicherungen ihre Aufgabe lediglich in der
Kaufkraftübertragung sehen oder auch in die Gestaltung der Gesundheitsbezie-
hung eingreifen.

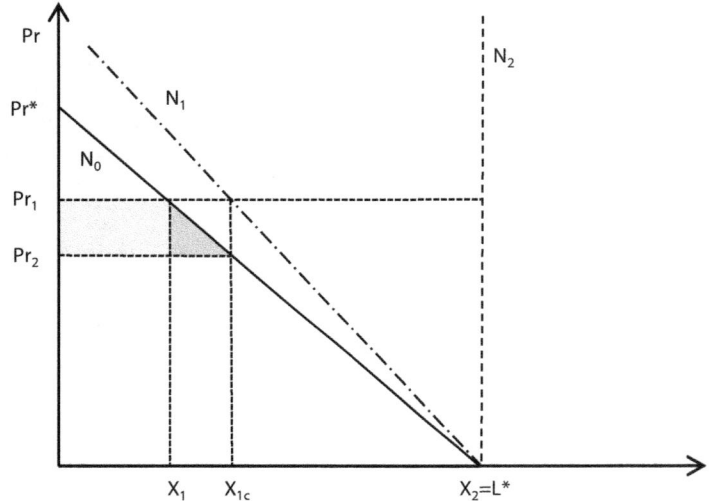

Abb. 4: Effekt einer Krankenversicherung
**Quelle: Eigene Darstellung in Anlehnung an Barros/Martinez-Giralt (2012),
S. 196**

Gerade in versichertenbezogenen Systemen steht die Krankenversicherung nicht
nur als anonymer Kostenträger außerhalb der Arzt-Patienten-Beziehung, sondern kann integrativer Teil dieser Leistungsgestaltung sein. Bei einem Modell
eines versicherungszentrierten Gesundheitswesens wird die Krankenversicherung in der Regel daher nicht nur als Kostenerstatter tätig, sondern übernimmt
als Agent des Prinzipals Patient die Aufgabe, qualifizierte und preiswerte Leistungserbringer auszuwählen. Diese Übernahme der Qualitätsgarantie von Seiten
der Versicherung ist insbesondere dann für den Patienten vorteilhaft, wenn die
Krankenversicherung einen nennenswerten Vorteil im Kontext des Wissens
über Qualität und Kosten der Leistungserbringung hat.[6]

---

[6] Segal formuliert im Kontext möglicher „Hemmnisse" einer stärkeren Patientenbeteili-
gung, dass eine zwingende Notwendigkeit für „patient empowerment" in der Auseinan-

Gleichwohl wird der Patient ceteris paribus eingeschränkt, je stärker die Kran-kenversicherung direkt Einfluss auf die Leistungsgestaltung nimmt und insbe-sondere mit eigenen Investitionen an der Ausgestaltung von Leistungsverspre-chen beteiligt ist.[7] Mit dieser Einschränkung der Arztwahl ist jedoch nicht zwangsläufig ein Widerspruch mit der Idee eines nachfrage- oder patientenori-entierten Gesundheitswesens verbunden, wenn die Beschränkung im unmittel-baren Behandlungsvertrag zwischen Arzt und Patient mit einer Ausweitung von Optionen im Versicherungsvertrag verknüpft werden kann. Wie im theoreti-schen Kontext bereits abgebildet wurde, wird die Nachfrage nach Gesundheits-leistungen sowohl vom präferenzorientierten Part der Nachfrageentscheidung als auch vom Einfluss des Gesundheitswesens beeinflusst.

So kann ohne Beschränkung der Allgemeinheit die Schlussfolgerung getroffen werden, dass wettbewerbspolitische Überlegungen einerseits an den möglich unterschiedlichen Zielsetzungen von Arzt und Patienten ansetzen müssen – namentlich den Kategorien Einkommen und Qualität – und andererseits an der Kontrolle der ärztlichen Leistungserstellung. Diese ist aus wettbewerbspoliti-scher Sicht abhängig von den Marktbedingungen. Als Annährung an die Markt-struktur kann vermutet werden, dass bei ärztlichen Leistungserbringern die Marktform der monopolistischen Konkurrenz das Marktgeschehen gut abbildet. Diese Marktform beschreibt eine Situation, wo der einzelne Anbieter in einem lokalen Umfeld zunächst wenigen Konkurrenzbeziehungen ausgesetzt ist, insbe-sondere, wenn räumliche Distanzen aus Perspektive des Nachfragers entschei-dungskritisch sind. Je mehr die Überwindung dieser Zeitdistanzen möglich ist – etwa auch bei elektiven Leistungen – desto mehr gerät der einzelne Anbieter in eine Wettbewerbsbeziehung mit anderen Anbietern.

In der Literatur gibt es dazu zwar unterschiedliche Positionen[8], es erscheint jedoch nur wichtig, dass sich durch den Dienstleistungscharakter der medizini-schen Leistungserbringung eine unmittelbare Substitution der Leistungen nicht ohne Mühen der Inanspruchnahme, d. h. Transaktionskosten, realisieren lässt. So kann die Annahme gelten, dass jeder medizinische Leistungserbringer inner-halb eines regional abgegrenzten Marktes über Marktmacht verfügt und diese in Form von Produkt- und Preisdifferenzierung nutzen kann und gleichzeitig die

---

dersetzung mit der Verfügbarkeit und des Umgangs mit Patienteninformationen stehen würde (1998, S. 41).

[7] Vgl. zum Modell eines versicherungsbasierten Gesundheitssystems u. a. Oberender et. al. 2006.

[8] Vgl. zur Hypothese einer monopolistischen Konkurrenz beispielsweise Gaynor/Vogt (2000). Auf der Problematik der theoretischen Grundlage verweisen insbesondere Zwei-fel und Grandchamp (2003, S. 49 ff.).

Substitutionsmöglichkeiten sowie die Kosten der Abwanderung aus Sicht des Patienten nicht unbegrenzt sind.

Dabei gilt es festzuhalten, dass die primäre medizinische Leistungserbringung durch einen hohen arbeitsteiligen und interdisziplinären Aspekt gekennzeichnet ist, in dem die **medizinische Wertschöpfung** sowohl durch einen **Prozesscharakter** (aufeinanderfolgende Prozessschritte) als auch durch eine Gleichzeitig der **Mitwirkung von Patient und Leistungserbringer** ausgeprägt ist (vgl. Schneider 2013, S. 115 f.). Gerade bei chronischen Erkrankungen wird das Zusammenwirken von Patient und Leistungserbringer im Sinne einer Wiederkehr der Prozessschritte bedeutsamer. Jüngere Interpretationen zum Dienstleistungscharakter von medizinisch-pflegerischen Angeboten weisen darauf hin, dass die Komplexität von medizinischen Entscheidungen in Kombination mit der Wiederkehr von Behandlungsprozessen zwei wesentliche organisationstheoretische Aufgaben nach sich ziehen: Einerseits gilt es die Planbarkeit von Leistungen zu gestalten, andererseits die Komplexitätsanforderung durch die Leistungsanforderung organisatorisch-technisch zu organisieren (vgl. Schneider 2013).

Die Nachfrage nach medizinischen Leistungen lässt sich angebotsseitig teilweise planen – so genannte elektive Leistungen –, es bleibt jedoch der stochastische Bereich einer unvorhergesehenen Nachfrage bestehen. Diese ungeplante Nachfrage macht die Aufrechterhaltung einer Not- oder Reservekapazität notwendig. Gerade aber die Definition dieser Mindestkapazität ist abhängig von verschiedenen Eigenschaftsfunktionen, die einer Sicherstellung einer Mindestversorgung zugrunde liegen müssen. Thematisch lassen sich dabei Ansatzpunkt der **Verfügbarkeit** (Vorhandensein von Leistungen), der **Erreichbarkeit** (Leistungen innerhalb einer gewissen Zeit verfügbar) und der **Qualität** (Leistungen erfüllen einen gewissen Mindestanspruch) nennen (vgl. dazu etwa Zerth 2005, S. 264 f.). Ohne andere Einflussfaktoren grundsätzlich außer Acht nehmen zu wollen, lässt sich die allgemeine Aussage ableiten, dass die Fähigkeit der Angebotsstrukturen auf den stochastischen Teil der Nachfrage zu reagieren, als höher betrachtet werden muss, je mehr eine Fallzahloptimierung durch das Gesetz der großen Zahl genutzt werden kann und somit Fixkostenstrukturen durch die Kapazitätsvorhaltung ausgenutzt werden können. Die Vorhaltung von Personal- und Sachkapazitäten einerseits und die Aufrechterhaltung eines Qualitätsniveaus andererseits, lässt im Gesundheitswesen Strategien der produktionsseitigen Effizienzoptimierung (**Economies of Scale**) als auch der Nutzung von Verbundvorteilen (**Economies of Scope**) bedeutsamer werden.

Ausgehend von diesen Überlegungen kann die Schlussfolgerung getroffen werden, dass es zwischen den verschiedenen medizinischen Anbietern sowohl einen **Wettbewerb** zwischen **Produktangeboten** aber auch um **Standorte** gibt. Die

Versorgungsstruktur richtet sich nach Aufwand und Versorgungsbedarf hinsichtlich der Notwendigkeit höherer räumlicher und personeller Verfügbarkeit aus (Abb. 5), wobei durch den Trend zur Ambulantisierung der mittlere Bereich (Ambulante Versorgung II) die wachsende Austauschbarkeit zwischen niedergelassener ambulanter Versorgung und stationärer Versorgung illustrieren soll.

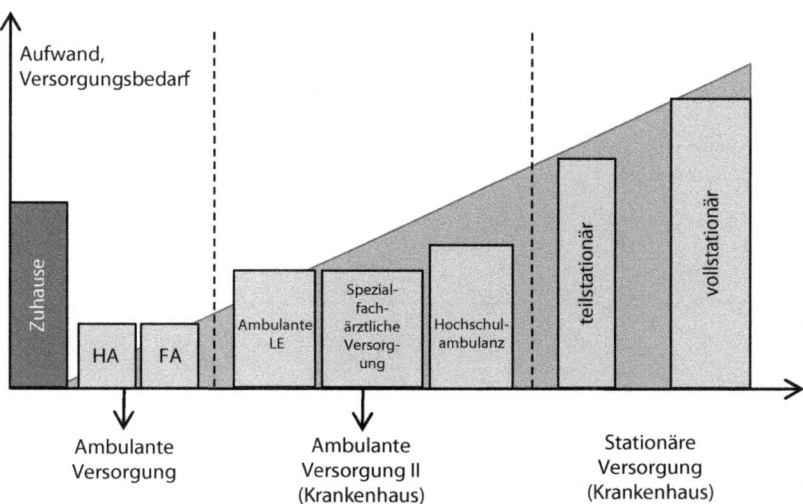

Abb. 5: Trend zur Prozessorientierung im Gesundheitswesen
Quelle: Eigene Darstellung in Anlehnung an Schulte (2007), S. 520

Krankenhäuser und niedergelassene Fachärzte stehen dabei, ausgehend von der Abgrenzung der Abb. 5, in einem vertikalen Zusammenhang der Wertschöpfungskette. Wenn dabei zu berücksichtigen ist, dass die erweiterte Form der Definition einer Krankenhausleistung gilt, nach der das Krankenhaus innerhalb eines räumlichen und zeitlichen Kontexts spezialisierte Leistungen mit hoher **Angebotselastizität** anbieten kann, ist es nicht unplausibel, Fachärzte innerhalb eines definierten räumlichen Zuschnitts („Kaskade") um das Krankenhaus zu positionieren.[9]

---

[9] Die idealtypische Abgrenzung geht von einem Krankenhaus innerhalb einer räumlich abgegrenzten Struktur aus, was für Ballungsgebiete sicherlich nicht zutreffend ist. Gleichwohl haben Krankenhäuser auf ihr räumliches Umfeld unmittelbaren Einfluss, da

Somit liegt ein Zusammenhang zwischen dem Standort der Leistungserbringung und den patientenseitigen **Kosten der Raumüberwindung** zusammen. Gemäß Abb. 5 und in Anlehnung an die Darstellung bei Beivers lässt sich dies als Launhardtscher Trichter beschreiben (vgl. Abb. 6). Der Standort eines medizinischen Leistungserbringers korrespondiert im Idealfall mit den Raumüberwindungskosten der potenziellen Patienten. Technologische Veränderungen (etwa Telemedizin) oder andere Formen der Kostenbeteiligung, etwa höhere Selbstbeteiligungen des Patienten, verändern diese Raumüberwindungskosten (vgl. etwa Beivers 2010, S. 158 f.).

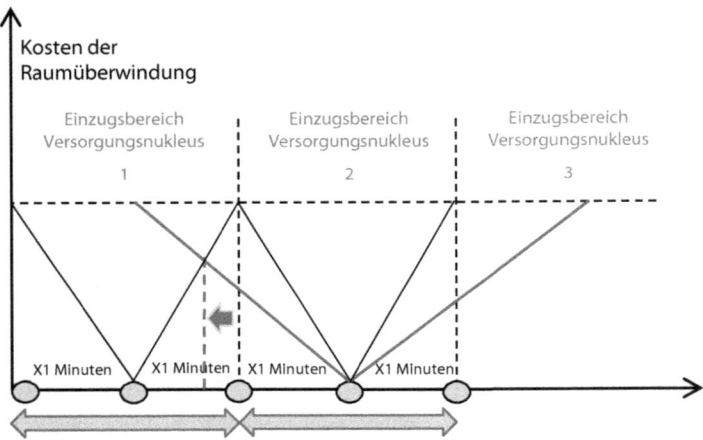

Abb. 6: Gesundheitsversorgung als Frage der räumlichen Strukturvorhaltung
Quelle: Eigene Darstellung in Anlehnung an Beivers (2010) sowie Kallfaß (2006)

Vor diesem Hintergrund können regional orientierte Gesundheitskonzepte an Bedeutung gewinnen, denen es gelingt, standardisierte Qualitätsnormen mit regional fokussierten Gesundheitsangeboten zu verknüpfen. Diese regionale Differenzierung geht einher mit einer fachlichen Differenzierung – etwa dargestellt an veränderten Formen der Delegation zwischen ärztlicher und pflegerischer Leistung – zwischen den Berufsgruppen Medizin und Pflege –, die den Entwicklungstrends zu einer ausdifferenzierten Gesundheitslandschaft Rechnung tragen wird. Insbesondere digitale Versorgungskonzepte (Telecare/Telemed), die technologische Lösungen mit Organisationsstrategien ver-

---

das Vorhandensein einer medizinischen Kapazität als potenziell nutzenstiftend interpretiert werden kann (vgl. Breyer et. al. 2005, S. 178).

knüpfen, bieten hier neuartige Antworten auf Versorgungsherausforderungen der Zukunft an. Im Bild der Abb. 6 würden derartige Konzepte die Kosten der Raumüberwindung reduzieren helfen und somit den Einzugsbereich eines Versorgungsnukleus, das sinnbildlich für eine Kooperation unterschiedlicher ambulanter oder stationärer Anbieter steht, erhöhen.

Gerade im Kontext einer fortschreitenden Spezialisierung der medizinischen Versorgung kann es aus Sicht des Patienten ein Vorteil sein, die Qualitätsentscheidung auf einen Kostenträger insbesondere die Krankenversicherung zu delegieren, der diese Entscheidung nicht nur formal sicherstellt, wie es im allgemeinen Kollektivvertragssystem in Deutschland üblich war, sondern der aktiv versucht, durch Auswahl und Steuerung der Leistungserbringer, Wettbewerbs- und Qualitätsvorteile im Vergleich zu anderen Versicherungsunternehmen zu generieren.

Aus Sicht des einzelnen Patienten kann eine Einschränkung des Rechts zur freien Arztwahl beispielsweise dann wohlfahrtserhöhend sein, wenn der Erwartungsnutzen aus einer spezialisierten Behandlungsstruktur, die von einer Versicherung angeboten wird, die Einschränkungen aus der Reduzierung freier Arztwahl und den u. U. höheren Wegekosten überkompensiert. Gerade im Kontext des Einsatzes hochwertiger medizinischer Innovationen lässt sich die Annahme plausibel begründen, dass im Zweifel eine spezialisierte fokussierte Versorgung bei ausgesuchten Spezialisten auch aus Sicht des Patienten gegenüber einem ungeordneten Behandlungsangebot bevorzugt wird. Gleichwohl gilt es festzuhalten, dass parallel dazu die **Präferenz für wohnortnahe Versorgung** bei vielen Patienten bestehen wird, insbesondere dann, wenn es sich um weniger spezielle, fakultative Behandlungsanlässe handelt, sondern eher um Fragen der Erstversorgung.

Die aufgeführten Bedingungskonstellationen lassen sich auch dahingehend interpretieren, dass im Zuge einer weiteren Fortentwicklung des medizinisch-technischen Fortschritts und der damit einhergehenden Problematik einer Vergrößerung des **Möglichkeitenraumes in der Medizin** (vgl. Schneider et. al. 2008a), der Zusammenhang zwischen generellem Anspruch auf eine solidarisch gewährte Regelversorgung und die Frage der Umsetzung im Kontext eines Versicherungssystems an Bedeutung gewinnen werden.[10] Die Krankenversiche-

---

[10] Es sei an dieser Stelle auf die Literatur zur Bedeutung der demographischen Entwicklung sowie auf die Einflussfaktoren des medizinisch-technischen Fortschritts verwiesen. Exemplarisch werden diese Zusammenhänge beispielsweise bei Zweifel 2004 oder mit einem makroökonomischen Blickwinkel bei Ulrich 2006 aufgearbeitet. Gerade die Ambivalenz zwischen den wachsenden Behandlungsnotwendigkeiten einerseits und den ver-

rung, soweit sie sich als mitverantwortlich bei der Steuerung und Kontrolle des Leistungsgeschehens begreift, ist daher nicht nur an der Umsetzung einer Regelversorgung beteiligt, sondern wird, je stärker die Differenzierung im Versorgungswettbewerb der Krankenversicherung zutreffen sollte, zur Definition und Fortentwicklung der Regelversorgung beitragen können und müssen.

2.3   Zur Notwendigkeit einer Regulierung von Gesundheitsleistungen

Im Abschnitt 2.1 wurde zwischen der **primären Nachfrage** nach Gesundheit und der **abgeleiteten Nachfrage** nach Gesundheitsleistungen unterschieden. Letztere können als Güter bezeichnet werden, die darauf gerichtet sind, ein Bedürfnis nach Gesundheit – oder genauer: nach dem Erhalt oder der Wiederherstellung eines bestimmten Gesundheitszustandes – zu befriedigen. Durch den Erwerb und den Einsatz dieser im Folgenden als Gesundheitsleistungen bezeichneten Güter (Beratungsleistungen, Rehabilitationsleistungen, stationäre Behandlungen, Medikamente, Hilfsmittel etc.) soll dieses Bedürfnis befriedigt werden. Dieses Phänomen der Gleichzeitigkeit des Konsums von Gesundheitsleistungen und der „Produktion" von Gesundheit wird auch als **uno-actu-Prinzip** bezeichnet. Hierbei entspricht die Rolle der Gesundheitsleistungen derjenigen von Produktionsfaktoren (vgl. v. Schulenburg 1993, S. 77).

Gesundheitsleistungen werden in der Literatur und in der Praxis häufig als besondere Güter bezeichnet, da die Koordination über Märkte nicht oder nur sehr unzureichend vonstattengehen kann. Eine andere Rechtfertigung von staatlichen Regulierungen findet sich in sozialpolitischen Argumenten, die eine notwendige Versorgung mit Gesundheitsgütern als Grundlage der Teilnahme am gesellschaftlichen Leben ansehen. Problematisch ist eine Vermischung beider Legitimationsarme, was in der praktizierten Gesundheitspolitik häufig passiert. Zunächst sollen daher die üblichen Argumente für ein **Marktversagen** im Gesundheitswesen vorgestellt und diskutiert werden (vgl. Neubauer 1988, 9 ff.*):*

Gesundheit produziert **externe Effekte**, die nicht über den Marktprozess ausgeglichen werden können (vgl. Blankart 2001, S. 506). So führt beispielsweise eine erfolgreiche Impfung bei Krankheit nicht zum Erhalt der eigenen Gesundheit, sondern auch dazu, dass andere nicht angesteckt werden. Gleichzeitig würde dieser „Nettovorteil" für die Gesellschaft jedoch nicht adäquat in Preisen

---

änderten Präferenzen andererseits führt manche Autoren dazu, vom Übergang des Gesundheitswesens in eine Gesundheitswirtschaft zu sprechen.

ausgedrückt und es könnte somit zu einer Unterversorgung mit Impfungen kommen, wenn allein der Marktprozess vorhanden wäre. Bei externen Effekten liegt also keine perfekte Verantwortungszuordnung auf den Märkten vor, da die Kosten oder der Nutzen einer Leistung nicht eindeutig zuordenbar sind und daher eine individuelle Internalisierung nicht möglich ist (fehlende Internalisierung).

Eine Regulierung erscheint auch deswegen notwendig, weil die Informationen über Krankheiten und deren angemessene, erfolgreiche Behandlung asymmetrisch zwischen Anbietern von Gesundheitsleistungen und den Nachfragern verteilt sind. Nach dieser Argumentationslinie ist die Konsumentensouveränität des einzelnen Versicherten/Patienten derart eingeschränkt, so dass nicht mehr von einer marktwirtschaftlichen Steuerung ausgegangen werden kann, insbesondere könnte der Leistungserbringer den Patienten im Zweifel „überfordern".

Häufig wird behauptet, dass Umfang und Ausmaß künftiger Erkrankungen systematisch unterschätzt werden (vgl. dazu Böhm-Bawerk 1961, S. 226 ff.). Aus diesem Grund liegt eine finanzielle Unterdeckung künftig notwendiger Ausgaben vor, so dass sich daraus ein Regulierungsbedarf ableiten lässt.

Die angeführten Argumente gegen eine reine, freie Marktsteuerung im Gesundheitswesen sind jedoch nicht ausschließlich auf das Gesundheitswesen übertragbar, sondern finden Einzug in vielerlei Regulierungsdebatten. Ohne eine grundsätzliche Auseinandersetzung über die Legitimation von derartigen Regulierungen führen zu wollen, lassen sich folgende Argumente aus marktwirtschaftlicher Perspektive entgegenhalten:

Gesundheitsleistungen sind private Güter im ökonomischen Sinn, da sich sowohl das Ausschlussprinzip als auch das Prinzip der Rivalität im Konsum realisieren lässt, d. h. eine Koordination von Gesundheitsleistungen über Märkte möglich ist. Gleichwohl existieren bei Gesundheitsleistungen, auch bei der Nutzung von Arzneimitteln, Wechselwirkungen, welche einen gewissen „kollektiven" Charakter aufweisen (vgl. Breyer et. al. 2005, S. 173 ff.). So ist es durchaus sachgerecht, davon auszugehen, dass Hygienestandards oder allgemeine Impfprogramme volkswirtschaftliche Kosten ersparen helfen und somit problemadäquat sein können. Für die Gesellschaft ist somit ein positiver externer Effekt vorhanden. Zwingend ist daraus jedoch kein Marktversagen abzuleiten, da geprüft werden muss, ob die fehlende Internalisierung des externen Effektes ein Problem des Marktprozesses selbst ist oder die Spielregeln (Institutionen) für den Marktprozess geändert werden müssten. Beispielsweise könnte eine Lösung sein, dass der einzelne Patient im Marktprozess individuell gegen die Verbreitung des Ansteckungsrisikos haftet, was bei ansteckenden Krankheiten infolge der hohen Transaktionskosten[11] jedoch nicht sinnvoll erscheint, oder es ließe sich eine allgemeine Regel formulieren, die bei bestimmten Krankheiten eine Impfpflicht fordert. Unabhängig von der Ausgestaltung sind Markttransaktionen zwischen Anbietern und Nachfragern von Gesundheitsleistungen möglich, da durch eine Formulierung der Eigentums- und Haftungsregeln auf der Ebene der Rahmenordnung individuelle Rechte und Verantwortungsräume befördert werden können.

Auch das Vorhandensein unterschiedlicher Grade individuell verfügbarer Information (**asymmetrische Information**) ist kein zwingendes Argument für ein generelles Marktversagen. Es ist vielmehr die Frage zu stellen, ob die Transaktionskosten aufgrund einer derartigen Informationsverteilung zu einem bestimmten Zeitpunkt die Austauschbeziehungen derart behindern, dass Regulierungsbedarf vorhanden ist. Gleichwohl ist eine asymmetrische Informationsverteilung Kennzeichen vieler Marktbeziehungen und wird durch bestimmte Institutionen des Marktsystems wie Garantien, Standards usw. gelöst.

Bei der Diskussion des Gesundheitswesens ist also weiterhin zu fragen, ob die Problematik der asymmetrischen Informationsverteilung nicht wiederum Resultat bestehender Regulierungen im System selbst ist. Bei Aufrechterhaltung des in Deutschland gültigen **Sachleistungsprinzip**s, d. h. die Kostenverantwortung für die Inanspruchnahme von Gesundheitsleistungen für den Patienten in der Wahrnehmung ohne Preis, ist kaum ein Anreiz zur Herausbildung entsprechender Informationsmärkte vorhanden. Gleichwohl zeigt das Problem der asymmetrischen Informationsverteilung, welche marktkonformen Lösungswege möglich sind. Beispielsweise kann eine Krankenversicherung, die im Wettbewerb mit anderen Krankenversicherungsanbietern steht, gegenüber dem Leistungserbringer dem einzelnen Patienten als Informationsagent dienen und somit die Informationsasymmetrie zwischen Patient und Arzt abbauen helfen.

Mit dem Einwand einer Minderschätzung zukünftiger Bedürfnisse ist auch kein Marktversagen im strengen Sinn festzustellen, da jeder einzelne Bürger grundsätzlich in der Lage ist, für künftige Bedürfnisse entweder Geldkapital anzusparen oder eine private Versicherung abzuschließen. Eine Regulierung ist jedoch aus sozialpolitischer Hinsicht sinnvoll. Es muss bei einer reinen Marktlösung die Frage beantwortet werden, ob eine Gesellschaft bereit ist, im Fall der mangelnden (finanziellen) Vorsorge den Einzelnen ohne entsprechende Hilfe zu belassen. Besteht innerhalb der Gesellschaft Konsens darüber, niemanden aufgrund mangelnder finanzieller Mittel von als notwendig erachteten medizinischen

---

[11] Im Gegensatz zur neoklassischen Vorstellung vollständiger Information sind bei der Durchsetzung von Markthandlungen die Durchsetzung von Rechtsregeln und die Übertragung von Verfügungsrechten zu organisieren (vgl. Williamson 1985).

Leistungen auszuschließen, lässt sich eine **allgemeine Versicherungspflicht** als Regulierungsansatz legitimieren. Damit ist jedoch nicht zwangsläufig verbunden, die Angebotsbedingungen weitreichend staatlich zu regeln (Pflichtversicherung). Es wäre ausreichend, dass sich jeder Versicherte eine Versicherung wählt, die einen staatlich definierten Mindestschutz anbietet. Unabhängig davon ist die Frage zu lösen, wie ökonomisch Schwache finanziell unterstützt werden sollen. Das Problem der „Minderschätzung zukünftiger Bedürfnisse" legitimiert jedoch nicht nur eine allgemeine Versicherungspflicht, sondern es wird damit auch die Vorhaltefunktion von medizinischen Leistungen deutlich. Ist mit dieser Begründung eine allgemeine Regulierung erforderlich?

Der Bedarf an Gesundheitsleistungen unterscheidet sich zwar von anderen Grundbedürfnissen dadurch, dass er in der Regel unvorhersehbar eintritt und im Einzelfall ein Ausmaß annehmen kann, das die individuelle Zahlungsfähigkeit übersteigt, gerade dies ist jedoch die Rechtfertigung für eine Krankenversicherung, die u. U. auch obligatorisch sein kann.[12] Wenn jedoch ein Bedarf nicht exakt voraussagbar ist, dieser häufig aber dringlich sein kann, spielt das Vorhandensein einer entsprechenden Kapazität eine besondere Rolle. Das Vorliegen eines öffentlichen Gutes ist zumindest teilweise festzustellen, wenn bedacht wird, dass die bloße Existenz eines Krankenhauses beispielsweise den Bewohnern einer Region, also den potenziellen Konsumenten der vorgehaltenen Krankenhausleistungen, einen Nutzen stiften kann. Sie wären damit u. U. bereit, für die Erhaltung der Einrichtung zu zahlen, unabhängig davon, ob sie das Krankenhaus jemals nutzen. Die **Optionsnachfrage** aller potenziellen Konsumenten kann mit Grenzkosten von Null befriedigt werden.[13] Ein freies Bett liefert mehreren Einwohnern einer Region Versorgungssicherheit.

Die Option der Krankenhausbehandlung ist daher ein öffentliches Gut, weil somit Nichtrivalität als auch Nichtexklusivität vorliegen. Davon ist jedoch die Bereitstellung der tatsächlichen Kapazität zu unterscheiden. Innerhalb einer gegebenen Kapazitätsgrenze gilt sowohl das Prinzip der Nichtrivalität als auch der Nichtausschließbarkeit. Ein Ausschluss kann zwar grundsätzlich als technisch machbar gelten, jedoch dürfte dies vor allem aufgrund ethischer Rahmenbedingungen als nicht opportun gelten. Unter Bezugnahme auf eine wohlfahrtstheoretische Begründung wäre ein Ausschluss auch nicht effizient, da die Ausschließung zusätzliche Ressourcen verbrauchen würde, die nicht mehr zu Kon-

---

[12] Natürlich können auch bei Versicherungsmärkten wieder Marktversagensprobleme diskutiert werden, dies soll aber in der vorliegenden Analyse nicht weiterverfolgt werden.

[13] Dies gilt nur innerhalb einer bestimmten Kapazität, d. h. im Grunde liegt eine Form des Clubgutes vor. Bei Clubgütern spielt die Höhe der Ausschlusskosten eine entscheidende Rolle (vgl. Fehl/Oberender 2004, S. 512 ff.).

sumzwecken zur Verfügung stehen würden.[14] Es gilt jedoch zu berücksichtigen, dass die Bedingung der Nichtrivalität im Hinblick auf die tatsächliche Nutzung unmittelbar von der vorhandenen Kapazität abhängig ist. Es liegen somit ab dem Überschreiten der Mindestkapazität tatsächlich wieder positive Grenzkosten vor, und somit kann eine partielle Rivalität im Konsum unterstellt werden.

Die Vorhaltung einer **Reservekapazität** kann daher eine Begründung für eine staatliche Regulierung darstellen, jedoch lässt sich daraus nicht zwangsläufig die staatliche Bereitstellung eines Gutes ableiten.[15] Gleichwohl lässt sich aus diesem Zusammenhang die Forderung nach einer ordnungspolitischen Definition des Notwendigkeitsbegriffs ableiten.

Allerdings steht eine wesentliche, allgemein anerkannte Wertvorstellung, nämlich die des gleichen Zugangs zu den Gesundheitsleistungen, einer rein individualistischen Marktlösung der Versorgung mit Gesundheitsleistungen im Wege. Eine solche, über eine bloß formale Gleichheit hinausgehende Norm setzt einkommensumverteilende Maßnahmen voraus, um den Mitgliedern einer Gesellschaft die Möglichkeit zu eröffnen, Gesundheitsleistungen im Sinne einer Mindestsicherung nachzufragen.

Unter **Mindestsicherung** können jedoch verschiedene Aspekte subsumiert werden. Zum einen lässt sich unter einer Mindestsicherung ein garantiertes Niveau von Transferleistungen ohne biographische Festlegung verstehen, das unbedingt, d.h. gänzlich unabhängig von eigenen Leistungen, festgelegt und idealtypisch aus Steuermitteln finanziert wird.[16]

Das System der Mindestsicherung kann darüber hinaus an einen Kanon von zu erbringenden Leistungen gebunden sein. Diejenigen, die höhere Einkommen haben oder mehr konsumieren, erbringen dabei ein höheres Aufkommen als diejenigen, die nur ein geringes oder gar kein Einkommen haben. Allen Mindestsicherungskonzeptionen ist aber gemein, dass zunächst nur ein grundsätzlicher Anspruch auf Hilfe in einer Notsituation abgeleitet werden kann und nicht zwangsläufig ein konkretes Versorgungsangebot in der Fläche vorhanden sein muss. Es stellt sich jedoch die Frage, ob ein wohlverstandenes Konzept der

---

[14] Vgl. zur wohlfahrtstheoretischen Bewertung von öffentlichen Gütern u. a. Breyer/Kolmar 2001, S. 186 ff.

[15] Vgl. Zerth 2000, S. 56 ff. Eine ähnliche Problematik liegt in vielen leitungsgebundenen Industrien vor. So ist beispielsweise bei der Stromerzeugung die Absicherung eines Spitzenbedarfs eine Art Kollektivgut, die eine staatliche Regulierung erforderlich machen kann.

[16] Eine sehr ausführliche Auseinandersetzung mit unterschiedlichen Abgrenzungsansätzen nimmt Stillfried 1996, S. 233 ff. vor.

Versorgung mit notwendigen Leistungen nicht zwangsläufig eine Auseinandersetzung mit der Zugangsgarantie auf medizinische Leistungen erforderlich macht, die zur Sicherstellung der notwendigen Versorgung relevant sind.

Wie schon in 2.2 formuliert, umschreiben die Aspekte Verfügbarkeit, Erreichbarkeit und Qualität von Gesundheitsleistungen die angebotsseitige und regionale Verfügbarkeit von Gesundheitsleistungen und können als Diskussionsgrundlage für eine regional notwendige Gesundheitsversorgung herangezogen werden.[17] Gleicher Zugang zu medizinischen Leistungen macht daher aber nur dann Sinn, wenn auch der gleiche Bedarf allgemeingültig unterstellt werden kann.[18] Zunächst ist aber die Einschränkung zu machen, dass gesellschaftlich nicht die Gesundheitsleistungen an sich, sondern die gesundheitlichen Ergebnisse von Bedeutung sind, zu denen die Gesundheitsleistungen jedoch nur partiell beitragen. Wie aus der Gesundheitssystemforschung bekannt ist, zeigen mittlerweile zahlreiche Studien die signifikanten Effekte, die vom sozialen Status sowie vom Bildungsgrad und der beruflichen Position ausgehen. Unter Verfügbarkeit wird das quantitative Leistungsangebot an Gesundheitsleistungen verstanden, das in einer definierten Region vorrätig ist.

Die Verfügbarkeit von Gesundheitsleistungen wird im statistischen Sinne häufig mit der Kennziffer **Versorgungsdichte von Gesundheitsleistungen** operationalisiert (vgl. Robra et al. 2003, S. 137 ff.). Dieses Maß beschreibt den Begriff der Verfügbarkeit aber nur unzureichend, da die räumliche Nähe von Bürgern zu medizinischen Einrichtungen trotz hoher Versorgungsdichte nicht in allen Gebieten einer Versorgungsregion gegeben sein muss.[19] Ein gerechter Zugang der Bevölkerung zu Gesundheitsleistungen bedingt außerdem die Gewährleistung von bestimmten Qualitätsstandards (vgl. Hellbrück 1997, S. 122 ff.). Aufgrund der Knappheit der Ressourcen, die auch bei Gesundheitsleistungen gilt, ist jedoch ein derartiger Zugang in der Regel mit einem ex ante definierten Qualitätsniveau verbunden.

---

[17] Jede Auseinandersetzung mit einem Notwendigkeitsbegriff bleibt im Kontext der Diskussion von Gesundheitszielen haften. In Anlehnung an unterschiedliche wohlfahrtstheoretische Abgrenzungsmuster hat Anand die Zielbildung und die Zielintegration bei der Gesundheitsversorgung untersucht (vgl. Anand 2003, S. 733 ff.).

[18] Williams und Cookson diskutieren die Problematik unterschiedlicher Gleichheitsideale von Gesundheit. Eine strenge Interpretation des Prinzips „gleicher Zugang zu Gesundheitsleistungen" würde die anderen Faktoren, die zum Gesundheitsoutcome beitragen, vollständig ausblenden (vgl. Williams/Cookson 2000, S. 1893 f.).

[19] Eine sehr umfassende theoretische Abhandlung verschiedener Indexverfahren zur Versorgung mit medizinischen Leistungen geben Wagstaff/Doorslaer 2000, S. 1841 ff. wider.

Eine Gewährleistung eines gerechten Zugangs zu Gesundheitsleistungen ist abhängig von der Zugrundelegung einer entsprechenden gerechtigkeitstheoretischen Interpretation.[20] Auch, wenn es Konsens in einer Gesellschaft sein soll, dass niemand von der Versorgung von notwendigen medizinischen Leistungen ausgeschlossen werden darf, bleibt die Interpretationsnotwendigkeit hinsichtlich des Ausmaßes, des Zugangs und der Regelung der Finanzierung bestehen.

Jeder Bedarfsansatz ist aber Ausdruck eines normativen Standpunkts, jedenfalls solange er von politischen, wissenschaftstheoretischen, medizinischen und auch ökonomischen Aspekten begründet wird (vgl. Williams/Cookson 2000, S. 1866 ff.). Ohne Beschränkung der Allgemeinheit lässt sich festhalten, dass der Versorgungsbedarf abstrakt als Kombination von Behandlungsanlass und Therapie beschrieben werden kann. Ein wichtiger Indikator für eine Festlegung der Versorgungsnotwendigkeit und daraus ableitbarer Mindestkapazitäten stellt daher die Morbiditätsentwicklung in einer definierten Sicherstellungsregion dar. In diesem Sinne werden Vorgaben für die Angebotsgestaltung gemacht, die aus ökonomischer Sicht einer entsprechenden Legitimation bedürfen.

Es stellt sich nun die Frage, welche institutionelle Gestaltung eine derartige Einbettung von Gerechtigkeitselementen in ein Gesundheitssystem finden soll.

Da es in einer freiheitlichen Ordnung eines gesellschaftlichen Konsenses über das Ausmaß der Umverteilungsmaßnahmen bedarf, kann den einkommensstärkeren Gruppen immer nur ein bestimmtes Maß an Solidarität abverlangt werden. In einer freiheitlichen Gesellschaft, die das Maß an individuell konsumierbaren Gesundheitsleistungen nicht nach oben begrenzt, werden von daher immer ungleiche Möglichkeiten des Konsums bestehen.

Von der Wertvorstellung eines (partiell) gleichen Zugangs zu Gesundheitsleistungen ausgehend, lässt sich aber nicht auf völlig unterschiedliche Eigenschaften der Gesundheitsleistungen im Vergleich zu anderen Gütern schließen. Auch muss die Verwirklichung der Gleichheitsnorm nicht zwangsläufig die Vornahme von einkommensumverteilenden Maßnahmen innerhalb des Krankenversicherungssystems nach sich ziehen. Entsprechende Formen einer **Umverteilung** finden sich zwar in den meisten Ländern, sind aber in der Regel historisch zu erklären. Ökonomisch sinnvoll ist es, die Einebnung von Einkommensunterschieden zur Finanzierung einer „gleichen" Absicherung im Krankheitsfall getrennt von der Absicherung des Krankheitsrisikos vorzunehmen. Den beispielsweise gegenwärtig kaum zu erfassenden, geschweige denn zu kontrollie-

---

[20] Vgl. die Gegenüberstellungen verschiedener gerechtigkeitstheoretischer Konzepte und die daraus abgeleiteten Notwendigkeitsüberlegungen bei Williams/Cookson 2000, S. 1864 ff.

renden Einkommensumverteilungsprozessen innerhalb der Gesetzlichen Krankenversicherung in Deutschland könnte auf diesem Wege ihre Bedeutung genommen werden. Dies könnte beispielsweise in Form eines Zuschlags zur Sozialhilfe geschehen, der Sozialhilfeempfänger in die Lage versetzt, auf dem Markt für Krankenversicherungspolicen als Nachfrager aufzutreten.

3 Sicherheit im Krankheitsfall – Wie lange noch?

Das Gesundheitswesen befindet sich in einem kontinuierlichen Veränderungsprozess, der Folge vielfältiger Mängel und Defizite ist. Gegenwärtig befindet sich das Gesundheitswesen in Deutschland aufgrund der vielfältigen Mängel und Defizite an einem Wendepunkt. Auch wenn durch die verschiedenen Reformanstrengungen der letzten Jahre zwar augenscheinlich die Notwendigkeit einer Reform des Sicherungssystems von fast allen Beteiligten akzeptiert worden ist, bleibt die Frage nach der Ausgestaltung noch immer offen. Bevor jedoch die Auseinandersetzung über die Fortentwicklung des Gesundheitssystems geführt werden soll, ist zunächst eine Analyse des Status quo der Sicherung erforderlich. In diesem Kapitel bietet es sich an, einige allgemeine Grundüberlegungen zum Krankenversicherungssystem zu diskutieren.

3.1 Grundprinzipien der Krankenversicherung

3.1.1 Krankenversicherung als Daseinsvorsorge

Krankheiten können zu physischen und/oder psychischen Einschränkungen führen und sowohl immaterielle wie auch materielle Folgen haben. Durch die Erkrankung können zusätzliche Ausgaben für Gesundheitsleistungen erforderlich werden (**Krankheitskostenrisiko**). Außerdem kann die Fähigkeit zur Einkommenserzielung durch die Krankheit zeitweise oder dauerhaft eingeschränkt werden (**Einkommensausfallrisiko**).

Es werden daher Vorsorgemaßnahmen gegen finanzielle Krankheitsrisiken getroffen, um den Mittelbedarf im Krankheitsfall zu decken. Hierbei lassen sich die beiden Ordnungsprinzipien Individual- und Sozialprinzip unterscheiden. Das **Individualprinzip** stellt auf die individuelle Vorsorge, das **Sozialprinzip** auf die gesetzlich verfügte staatliche kollektive Vorsorge ab. Als Gestaltungsprinzipien existieren das **Versicherungs-**, das **Versorgungs-** sowie das **Fürsorgeprinzip**. Das Individualprinzip stellt das Leitbild der **Leistungsgesellschaft** dar; jeder hat die Freiheit, seine Lebensbedingungen selbst zu gestalten. Der Einzelne ist selbst dafür verantwortlich (**Eigenverantwortung**), für die Wechselfälle des Lebens vorzusorgen.

Neben der Individualvorsorge gibt es Möglichkeiten der Vorsorge, die über das Individuum als Vorsorgeinteressent hinausgehen und die Sicherheit durch die

Zusammenarbeit mit anderen Individuen gewinnen. Solche Vorsorgemaßnahmen, die auf der Zusammenarbeit mit anderen Individuen beruhen, werden unter dem Begriff der **Kollektivvorsorge** zusammengefasst. Charakteristisch für die Versorgungsformen der Kollektivvorsorge ist daher, dass hier das individuelle Risiko auf eine Gruppe von Individuen verlagert wird.

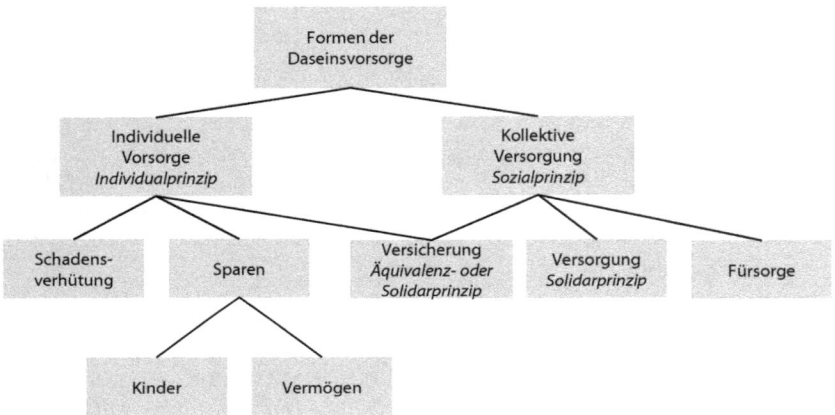

Abb. 7: Grundprinzipien der Daseinsvorsorge
Quelle: Eigene Darstellung, vgl. auch Oberender/Ecker/Zerth 2005, S. 28

3.1.2 Das deutsche Krankenversicherungssystem

Die GKV ist eine am **Versicherungsprinzip** orientierte Organisation. Ihre Mitglieder verfolgen durch ihre Mitgliedschaft das Ziel, einen möglichen Vermögensschaden, hervorgerufen durch den Eintritt eines definierten Versicherungsfalles wie hier der Krankheit, zu begrenzen oder zu eliminieren. Die **Eintrittswahrscheinlichkeit** des bedrohlichen Ereignisses ist für den einzelnen Versicherten in der Regel unkalkulierbar, bezogen auf die Gesamtheit der Versicherten ist das Risiko und der wahrscheinliche auf einen Zeitraum bezogene Finanzbedarf zur Deckung der Versichertenansprüche jedoch ermittelbar. Aufgabe der Versichertengemeinschaft ist es, diesen Schaden, von dem ungewiss ist, welches Mitglied er betreffen wird, durch Mitgliedschaftsbeiträge (Prämien) auszugleichen. In jeder Krankenversicherung, ob nun als privat geführte Versicherung oder in Form der Gesetzlichen Krankenversicherung, wird das (Vermögens-)Risiko einer Erkrankung zwischen Gesunden und Kranken umverteilt.

Es findet somit ein Kaufkrafttransfer zur Realisierung von als notwendig erachteter Gesundheitsnachfrage statt (vgl. 2.2).

Private Krankenversicherungen, die sich als klassische Marktteilnehmer am Versicherungsmarkt beteiligen, beschränken sich jedoch auf diesen Umverteilungsvorgang.[21] Da es sich bei ihnen nicht um eine Zwangsversicherung handelt, müssen sie ein Finanzierungsverfahren anwenden, das auf die Zustimmung potenzieller Kunden stößt. Dieses Verfahren ist das so genannte versicherungstechnische **Äquivalenzprinzip**. Es besagt, dass sich die Versicherungsprämie und der Versicherungsanspruch entsprechen sollen.

Die Prämie, die der Versicherte bezahlen muss, richtet sich nach dem Risiko, das die private Krankenversicherung mit Abschluss des individuellen Versicherungsvertrages übernommen hat. Soziale Aspekte und das Einkommen bleiben, da sie nicht unmittelbar das übernommene Risiko determinieren, unberücksichtigt.

Die Versicherten werden bei Abschluss des Vertrages in bestimmte, untereinander abgegrenzte Versichertengruppen aufgenommen, die jeweils autonom einen Risikoausgleich herbeiführen sollen. Diese Gruppen, auch **Kohorten** genannt, zeichnen sich durch ein gewisses Maß an Homogenität hinsichtlich des Alters aus.

Die Beiträge der Gruppenmitglieder müssen ausreichen, um die in dieser Gruppe entstehenden Kosten ausgleichen zu können. Da sich mit steigendem Alter der Mitglieder einer Kohorte die **Morbidität** und die damit verbundenen Kosten erhöhen, wäre an sich ein immer höherer Beitrag von den einzelnen Mitgliedern zu entrichten.

In diesem Zusammenhang müssen gemäß der versicherungsökonomischen Literatur zwei unterschiedliche Risikosituationen Berücksichtigung finden:

- Versicherungsschutz gegen Eintritt einer Erkrankung bei **gegebenem Erkrankungsrisiko** und
- Versicherungsschutz gegen Verschlechterung des individuellen Erkrankungsrisikos.

In der versicherungsökonomischen Literatur wird zwischen **Zufalls-, Irrtums- und Änderungsrisiko** unterschieden (vgl. Strassl 1988). Die Risiken des Zufalls und des Irrtums können durch eine Optimierung des Rückgriffs und der Auswertung auf möglichst viele Daten minimiert werden. Problematisch kann es

---

[21] Es muss in diesem Zusammenhang zwischen einer idealtypischen, privatwirtschaftlich agierenden Versicherung im Marktmodell und den Ausprägungen der Privatkrankenversicherung (PKV), wie sie in Deutschland zu finden sind, unterschieden werden. Die allgemeinen Aussagen beziehen sich zunächst auf das Referenzmodell einer idealtypischen privatwirtschaftlich agierenden Krankenversicherung.

beim **Änderungsrisiko**[22] werden, das sich vor allem auch durch das Altersrisiko erfassen lässt. Das Änderungsrisiko kann idealtypisch durch zwei Verfahren aufgefangen werden. Eine Möglichkeit wäre, die Versicherungskontrakte in kurzen Zeiträumen neu zu verhandeln und somit die potenziell sich veränderte Morbidität durch neue Verträge zu adjustieren.[23] Die Übernahme des Änderungsrisikos ist wiederum abhängig von der Vertragslaufzeit. Weder bei einperiodigen Verträgen noch bei langfristigen Verträgen mit jährlich neuen Verhandlungen und entsprechenden Anpassungen der Prämien ergibt sich aus dem Änderungsrisiko aus Sicht der Versicherungsunternehmen ein Kalkulationsproblem. In diesen Fällen trägt der Versicherungsnehmer das Risiko der Schwankung seiner Versicherungsprämien aufgrund der neuen Risikolage. Es muss jedoch folgendes Problem Berücksichtigung finden.

Unter der Annahme von so genannten zeitkonsistenten kurzfristigen Versicherungsverträgen ließe sich eine langfristige Versicherungsbindung simulieren, die sicherstellen würde, dass nur die tatsächliche Risikoveränderung Grundlage für einen neuen Kontrakt bilden würde (vgl. Cochrane 1995, S. 448). Ein Wechsel von einer Versicherung zu einer anderen wäre unter diesen Bedingungen problemlos möglich. Der Versicherte könnte sich beispielsweise gegen die Veränderung des individuellen Krankheitsrisikos wiederum auf einem zweiten Versicherungsmarkt versichern.

Gerade im Hinblick auf die Probleme der **asymmetrischen Informationsverteilung** zwischen Versicherung und Versicherten sowie auch bei Berücksichtigung, dass angebotsseitig die Entwicklung der Krankheitsausgaben neben der individuellen demographischen Prognose noch von den Bedingungen des medizinisch-technischen Fortschritts abhängig sind, ist es für eine Krankenversicherung aus Sicht der Transaktionskostenökonomie sinnvoll, auf derartige kurzfristige Kontrakte zu verzichten.[24] Darüber hinaus spielt bei kurzfristigen Verträgen die Marktmachtposition zwischen Versicherten und Versicherungen eine viel größere Rolle.

Gerade aus Sicht eines Versicherten ist daher der Anreiz zu unterstellen, einen langfristigen Kontrakt mit weitgehend konstanten Prämien abzuschließen. Wenn jedoch ein derartig langfristiger Vertrag vorliegt, der nicht jährlich indivi-

---

[22] Das Änderungsrisiko ergibt sich daraus, dass die Erwartungswerte für Eintrittswahrscheinlichkeiten und Höhe der Schäden sowie deren Ursache im Zeitverlauf nicht konstant bleiben. Vgl. auch Thielbeer 1999, S. 48 f.

[23] Vgl. zur Idee der „renewable contracts" grundsätzlich Cochrane 1995, S. 445 ff. Vgl. auch Cutler/Weber 1998, S. 433 ff.

[24] Die angebotsseitige Problematik betonen insbesondere Zweifel/Breuer 2003, S. 49.

duell neuverhandelt wird, liegt ein Abweichen von idealtypischen risikoorientierten Prämien vor, und es besteht u. U. ein neues Problem der **Risikoselektion** oder die Wechselmöglichkeit für den Versicherten wird eingeschränkt. Folgende Überlegung soll dies verdeutlichen:

Grundsätzlich wird die Versicherungsprämie durch den Aufbau von **Altersrückstellungen** für das jeweilige Versichertenkollektiv geglättet. Es liegt eine Form des **Kapitaldeckungsverfahrens** vor. Die Versicherten, vor allem in jungen Jahren, zahlen zu Beginn der Vertragslaufzeit eine Prämie, die oberhalb der erwarteten Krankheitskosten liegt. Aus den Beitragsüberschüssen der Versicherten wird durch die Bildung von **Altersrückstellungen** ein Kapitalstock für das jeweilige Kollektiv aufgebaut. In diesem Kontext ist nun das **Änderungsrisiko** zu berücksichtigen. Verändern sich die Morbiditätsbedingungen eines Versicherten über die zu Vertragsbeginn vereinbarten Bedingungen, so muss diese Morbiditätsveränderung innerhalb des Versichertenkollektivs ausgeglichen werden. Dieser Ausgleich kann durch adjustierte Altersrückstellungen unterstützt werden, wenn die jeweiligen Altersrückstellungen entsprechend individuell angehoben oder reduziert würden. Einerseits müssten die Prämien nicht zwangsläufig angepasst werden, andererseits wäre ein Wechsel zu einer anderen Versicherung möglich, wenn genau nur die risikoangepasste Altersrückstellung mitgegeben würde.

Diese idealtypische Vorstellung muss aber kritisch hinterfragt werden. Wenn beispielsweise, wie es in der deutschen PKV bis zur grundsätzlichen Möglichkeit der Weitergabe der Altersrückstellungen in Folge des **GKV-Wettbewerbsstärkungsgesetzes** üblich war, nur durchschnittliche Altersrückstellungen gebildet werden, wäre ein Anreiz für eine Krankenversicherung vorhanden, vor allem wieder „gute Risiken" anzuwerben, da bei nicht korrigierten Altersrückstellungen für die entsprechende Kasse ein Nettovorteil verbleibt.[25]

Um diese Gefahr der **Risikoselektion** zu verhindern, ist die Ablehnung der Übertragung von Altersrückstellungen zwar konsequent, führt aber zu einem eingeschränkten Versicherungswettbewerb, der bis zum GKV-Wettbewerbsstärkungsgesetz in Konsequenz bei der PKV nur ein Einstiegswettbewerb war. Durch die Einführung eines **Basistarifs** im Zusammenhang mit dem Wettbewerbsstärkungsgesetz (GKV-WSG) und der potenziellen Weitergabe der Altersrückstellungen auf dem Niveau des Basistarifs ist dieser Ansatz im Prinzip verändert worden, gleichwohl sind **individualisierte Altersrückstellungen** immer noch nicht institutionell möglich.

---

[25] Vgl. zu dieser Problematik beispielsweise Jankowski/Zimmermann 2004, S. 12 ff.

Unabhängig von der langfristigen Ausgestaltung der Prämienzahlung verlangt eine konsequente Anwendung des Äquivalenzprinzips die Prämienentrichtung von jedem einzelnen Versicherten nach einer idealisierten Risikoeinschätzung. Eine private Krankenversicherung wird von daher keine kostenlose Mitversicherung für Familienangehörige anbieten können. Auch für Kinder sind, da sie eigenständig dem Krankheitsrisiko ausgesetzt sind, risikoäquivalente Prämien zu entrichten. Die Prämien werden sich zum Zeitpunkt der Geburt am erwarteten Schadensverlauf eines Mannes oder einer Frau orientieren; damit wird die Risikoorientierung tendenziell am Durchschnittswert des Versicherungskollektivs angenähert sein. Da zu diesem Zeitpunkt außer dem Geschlecht wesentliche Merkmale, die den späteren Lebensweg beeinflussen und zugleich auch von der Person beeinflusst werden können wie etwa Lebensstil, Ausbildungsstand, Berufswahl u. ä., noch nicht bekannt sind, kann eher von **risikoorientierten** statt von risikoäquivalenten **Prämien** gesprochen werden. Eine Individualisierung der Prämien tritt demzufolge erst zu einem späteren Zeitpunkt, insbesondere beim Versicherungswechsel auf.

Die Konstruktionsprinzipien der GKV als Solidargemeinschaft sind hingegen anders. Neben dem versicherungstypischen **Risikoausgleich** (primäre Umverteilungsaufgabe) zwischen Gesunden und Kranken finden im Rahmen der GKV weitere Umverteilungen statt. Abgeleitet werden diese Umverteilungsmaßnahmen heute aus dem Grundgesetz. Der Verfassungsgrundsatz von der Unantastbarkeit der Menschenwürde und das **Sozialstaatsprinzip** verpflichten die staatliche Gemeinschaft zur Sicherung von Mindestbedingungen eines menschenwürdigen Daseins für jene Bürger, die ökonomische Hilfe bedürfen.[26]

Ein wesentliches Element der gesetzlichen Krankenversicherung basiert auf der zuvor beschriebenen Aufgabe: dem sogenannten **Solidarausgleich** (sekundäre Umverteilungsaufgabe). Dieser ist durch eine **einkommensabhängige Beitragserhebung** und eine **beitragsunabhängige Gewährung von Leistungen** gekennzeichnet (Solidarprinzip). Jeder gibt somit nach seiner **Leistungsfähigkeit** und empfängt nach seiner **Bedürftigkeit.**

Das **Solidarprinzip** hat zur Folge, dass „guten Risiken", d. h. Personen mit relativ geringem Krankheitsrisiko, eine wirtschaftliche Mehrbelastung auferlegt wird. Da für diese Versichertengruppe ein hoher Anreiz besteht, sich einer Versichertengemeinschaft anzuschließen, die ihre Prämien ausschließlich am Risiko des versicherten Mitglieds orientiert, muss für eine große Personenzahl die Pflichtmitgliedschaft in der GKV gesetzlich vorgeschrieben werden **(Prinzip**

---

[26] Vgl. BVerfGE 40, 121 S. 133 ff.

der **Zwangsmitgliedschaft**), um die Finanzierbarkeit der sozialen Krankenversicherung zu gewährleisten.

Das **Solidarprinzip** ist im Rahmen der GKV allerdings nur unvollkommen verwirklicht. So ist die Pflichtmitgliedschaft nicht für alle Bürger vorgesehen, sondern nur für einen als schutzbedürftig eingestuften Personenkreis. Dies geschieht auch mit dem Ziel, das historisch gewachsene private Krankenvollversicherungswesen nicht seiner Funktion zu berauben. Die Leistungsfähigkeit wird bei den Pflichtversicherten nur am Einkommen aus **nichtselbständiger** Arbeit gemessen. Andere Einkünfte finden bisher nur sehr rudimentär Eingang in die **Beitragsbemessungsgrundlage**. Freiwillige Mitglieder mit einem versicherungspflichtigen Einkommen oberhalb der Beitragsbemessungsgrenze sind somit nicht entsprechend ihrer vollen Leistungsfähigkeit an der Finanzierung der Einnahmen der Versichertengemeinschaft beteiligt, da Einkünfte oberhalb dieser Grenze nicht mehr in die Beitragsberechnung einbezogen werden. Anders als bei der Einkommensteuer wird die Bemessungsgrundlage nicht um Beträge gekürzt, welche die Leistungsfähigkeit mindern, und der Beitragssatz wirkt nicht progressiv, sondern belastet nur proportional das zugrunde liegende Einkommen. Dieser Aufbau der Versicherung, der einen einkommensabhängigen Beitrag und eine bedürfnisorientierte Leistungsgewährung im Krankheitsfall vorsieht, führt zu einer Umverteilung von besserverdienenden Mitgliedern hin zu geringverdienenden Mitgliedern.

Die Finanzierung der Ausgaben der GKV erfolgt nach dem **Umlageverfahren**. Dies bedeutet, dass die laufenden Ausgaben durchlaufende Einnahmen der Mitglieder gedeckt werden. Altersrückstellungen werden dabei nicht gebildet. Da die Versichertengemeinschaft nicht in Kohorten eingeteilt ist, d. h. ein Teilversichertenkollektiv in der Zeit nicht „mitaltert", hat dies zur Folge, dass ältere Versicherte, also Personen, die aufgrund einer höheren Morbidität höhere Ausgaben verursachen, in der Regel von jüngeren Mitgliedern querfinanziert werden (**Generationenvertrag**).

Da die GKV als **Familienmitversicherung** ausgelegt ist, wird der Versicherungsschutz von nicht berufstätigen Frauen und Kindern externalisiert. Durch die Einführung eines Steuerzuschusses zum Gesundheitsfonds hat der Gesetzgeber die Mitfinanzierung der Beiträge für Kinder als allgemeine Staatsaufgabe anerkannt, gleichwohl wird durch die Idee der Familienmitversicherung, das Prinzip der Risikoäquivalenz zusätzlich ausgehöhlt.

Bei der GKV handelt es sich um eine **Krankheitskostenvollversicherung**. Es besteht im Gegensatz zur privaten Krankenversicherung für die Mitglieder nicht die Möglichkeit, bestimmte Leistungskomplexe aus dem Versicherungsschutz auszuschließen. Bei einer privaten Krankenversicherung hat der Versicherte in der Regel die Möglichkeit, den artmäßigen Umfang der versicherten Heilbehandlungsformen mitzubestimmen und aus einer Vielfalt von Tarifen auszuwählen. Eine solche Versicherung wird als **Krankheitskostenteilversicherung** bezeichnet (Berufsbildungswerk der Deutschen Versicherungswirtschaft 1992, S. 149). Dieser Teilversicherungsschutz wird besonders von Mitgliedern der GKV bei privaten Versicherungsanbietern zusätzlich abgeschlossen, um Umfang und Qualität der GKV-Leistungen über das dort gewährte Maß hinaus auszudehnen. Zudem bieten private Krankenversicherungen die Möglichkeit, den Leistungsumfang und verschiedene Formen von Selbstbeteiligungen individuell zu vereinbaren. Es existiert somit im Gegensatz zur GKV kein Einheitstarif (dieser gilt in der GKV für die Versicherten innerhalb einer Krankenversicherung, da zwischen den Krankenversicherungen über den Zusatzbeitrag „Tarifunterschiede" wirksam werden). Jedoch haben die gesetzgeberischen Veränderungen der letzten Jahre insbesondere die Einführung eines Basistarifs auf Grundlage einer „standardisierten" Regelversorgung und die damit einhergehende Kontrahierungspflicht für Versicherte im Basistarif eine Annährung der Versicherungsprinzipien zwischen GKV und PKV zur Folge gehabt.

Im Rahmen der Leistungsgewährung der GKV wird als grundsätzliches Prinzip das **Sachleistungsprinzip** angewandt: Der Versicherte erhält alle Leistungen als **Naturalleistungen** und ist von einer Zahlungsverpflichtung gegenüber dem Leistungserbringer weitgehend befreit. Für die Inanspruchnahme der Leistungen wird ihm von der Krankenkasse ein Berechtigungsschein ausgestellt, die Krankenversicherungschipkarte (der frühere „Krankenschein"), die dem Leistungserbringer im Behandlungsfall präsentiert wird. Der Leistungserbringer rechnet die von ihm erbrachten Leistungen mit der Krankenkasse ab. Eingelöst werden kann dieser Anspruch im Krankheitsfall nur bei denjenigen Ärzten, die zur vertragsärztlichen Versorgung zugelassen sind (Kassenärzte).

Der Arzt seinerseits gibt den Leistungsanspruch nach Eintragung der von ihm erbrachten Einzelleistungen in Form von Gebührenziffern an die kassenärztliche Vereinigung weiter, die dann eine Abrechnung mit dem jeweiligen Versicherungsträger der GKV vornimmt. Dieses Verfahren setzt voraus, dass der Versicherungsträger umfangreiche vertragliche Beziehungen mit den Leistungsanbietern unterhält, in denen Art, Inhalt, Qualität und Vergütung für die erbrachten Leistungen geregelt sind. Durch dieses Geflecht von Verträgen zwischen der GKV und den verschiedenen Gruppen von Leistungserbringern ist die GKV daher an der Struktur und Entwicklung des gesamten Gesundheitssystems maßgeblich beteiligt. Man stelle sich vor, die Kfz-Haftpflichtversicherer würden Schäden generell in Form des Sachleistungsprinzips regulieren. Unvermeidbares Ergebnis wäre ein zentraler Einfluss der Versicherer auf das gesamte Geschehen in der Automobilindustrie wie auf Hersteller und Reparaturwerkstätten. Wo dies tatsächlich geschieht, bei der Bereitstellung eines Ersatzfahrzeugs nach einem

Unfall, ist der Einfluss der Versicherer auf die Leistungsanbieter, in diesem Fall die Branche der Autovermieter, enorm.

Systeme privater Krankenversicherungen können zwar auch Elemente des Sachleistungsprinzips integrieren, beispielsweise durch vertragliche Beziehungen mit speziellen Leistungserbringern, deren Leistungsinanspruchnahme für die Versicherten zunächst verbindlich ist (als Beispiel können etwa **Managed-Care-Strukturen** dienen). Gleichwohl finden die traditionellen Formen der privaten Krankenversicherung ihre Ausprägung in Form des **Kostenerstattungsprinzips**: Der Versicherte tritt hierbei meist in Vorleistung, indem er die an ihn gerichtete Rechnung des Leistungserbringers bezahlt und sie anschließend zur Kostenerstattung bei seinem Versicherer einreicht. Dieser erstattet den ausgelegten Betrag vollständig oder teilweise, je nach zugrundeliegendem Versicherungsvertrag.

Da zwischen der privaten Versicherung und den Leistungsanbietern bei Gültigkeit des Kostenerstattungsprinzips dementsprechend auch keine vertraglichen Beziehungen bestehen müssen, ist der Einfluss der Privatversicherer auf die Leistungsanbieter eher als gering einzustufen

Der einzelne Versicherte in der GKV besitzt – wie bereits erwähnt – im Krankheitsfall eine weitgehende **Kostenvolldeckung**. In der Regel wird aus gesundheits- und sozialpolitischen Gründen die individuelle Nachfrage nach Gesundheitsleistungen bewusst nicht durch das **Preisausschlussverfahren** begrenzt. Eine Lenkung der Nachfrage mit Hilfe einer Preissteuerung für die nachgefragten Gesundheitsleistungen findet daher mit Ausnahme der Selbstbeteiligungselemente insbesondere bei Arznei- und Hilfsmitteln kaum statt. Je geringer die individuelle Nachfrage nach Gesundheitsleistungen vom direkten Preis der Gesundheitsleistung abgekoppelt ist, je mehr ist mit einem **Verantwortungsvakuum** zu rechnen. Dieses entsteht, weil individuelles Handeln ohne entsprechende direkte finanzielle Verantwortung stattfindet. Dies hat zur Konsequenz, dass sich die Gesundheitsnachfrage weitgehend losgelöst vom Preis bildet. In der Ökonomie spricht man von einer starren, völlig preisunabhängigen Nachfrage, mit der Folge, dass die Leistungen oft über Gebühr in Anspruch genommen werden (vgl. Oberender/Ecker/Zerth 2005, S. 22 ff.). Jede Selbstbeteiligungsregelung ist daher ein Versuch, die Gesundheitsnachfrage wieder preisbewusst zu gestalten.

3.2   Struktur der Sicherung

3.2.1 Versicherten- und Mitgliederstruktur

Anfang des Jahres 2014 waren 70,3 Millionen Personen in Deutschland in der Gesetzlichen Krankenversicherung (GKV) versichert. Der Anteil der gesetzlich Krankenversicherten an der deutschen Gesamtbevölkerung betrug demnach 2014 87,1 %. Innerhalb der Versichertengemeinschaft der GKV kann zwischen freiwilligen und Pflichtmitgliedern sowie mitversicherten Familienangehörigen unterschieden werden.

Pflichtmitglieder der GKV sind jene Arbeitnehmer und Angestellte, deren Einkommen die Versicherungspflichtgrenze nicht übersteigt. Die **Versicherungspflichtgrenze** beträgt zum 1. Januar 2016 in Deutschland-West 56.250 €, in Deutschland-Ost 54.900 €. Die **Beitragsbemessungsgrenze** gibt im Unterschied zur Versicherungspflichtgrenze an, bis zu welcher Einkommenshöhe die Beiträge berechnet werden. Die Betragsbemessungsgrenze liegt einheitlich für alle Landesteile bei 50.850 €. Pflichtmitglieder der GKV sind jene Arbeitnehmer und Angestellte, deren regelmäßiges Brutto-Jahresentgelt 75 % der Beitragsbemessungsgrenze in der Gesetzlichen Rentenversicherung nicht übersteigt.

Pflichtversichert sind darüber hinaus auch bestimmte nicht erwerbstätige Bevölkerungsgruppen. Hierzu gehören insbesondere Rentner und andere Bezieher von Ruhestandszahlungen, Studenten und Arbeitslose. Rentner sind, falls keine Befreiung vorliegt, insbesondere durch Abschluss eines privaten Vollversicherungsschutzes, in der **Krankenversicherung der Rentner** (KVdR) versichert, an der als Träger die Krankenkassen aller Kassenarten mitwirken. Die Beiträge werden in der Regel zu gleichen Teilen vom Versicherten und vom Träger der Rentenversicherung gezahlt.

Personen mit einem regelmäßigen Jahresbruttoentgelt von mehr als der Versicherungspflichtgrenze sowie Landwirte, Künstler und andere Selbständige haben die Möglichkeit, nach ihrem Ausscheiden aus der Krankenversicherungspflicht eine freiwillige Mitgliedschaft in der GKV zu wählen. Sie können aber auch einer privaten Krankenversicherung beitreten. Dieser Kreis hat dann nur noch einen Anspruch auf Krankenhilfe oder vorbeugende Gesundheitshilfe im Rahmen der Sozialhilfe.

Beitragsfrei mitversichert in der GKV sind nicht erwerbstätige Ehegatten und Kinder von Mitgliedern. Grundvoraussetzung hierfür sind ein Wohnsitz in der Bundesrepublik Deutschland und bestimmte Einkommensgrenzen, welche die Familienmitglieder nicht überschreiten dürfen (vgl. Alber 1992, S. 52 f.).

Pflichtversichert waren in Deutschland im Jahr 2015 31,1 Mio. als Mitglieder der Krankenversicherung, freiwillig versichert 5,68 Mio. Personen und als Rentner waren 16,745 Mio. versichert. Über die Familienmitversicherung haben 17,18 Mio. Versicherte Krankenversicherungsschutz[27]. Von diesen waren mit Abstand die meisten über ein Pflichtmitglied versichert. Die restlichen Mitversicherten genossen Versicherungsschutz über ein freiwilliges Mitglied oder gehörten der Krankenversicherung der Rentner (KVdR) an (vgl. Tab. 2).

Die Anzahl der vollversicherten Personen in der PKV lag 2015 bei 8,83 Mio. Personen, nach 8,95 Mio. etwa im Jahr 2012. Der private Krankenversicherungsmarkt wird durch Zusatzversicherungen dominiert, im Jahr 2015 sind 24,34 Mio. Menschen zu verzeichnen, die eine Zusatzversicherung haben. Durch eine engere Form der Kooperation zwischen gesetzlichen Krankenkassen und privaten Krankenversicherungsunternehmen stieg der Anteil der Zusatzversicherungen an.

Eine ambulante Zusatzversicherung hatten 7,7 Mio Personen, eine stationäre Zusatzversicherung für Wahlleistungen im Krankenhaus 5,8 Mio.[28] Neben Gesetzlicher und Privater Krankenversicherung wurde die restliche deutsche Bevölkerung durch die freie Heilfürsorge für Beamte abgesichert, oder es bestand ein Anspruch auf Krankenhilfe oder vorbeugende Gesundheitshilfe als Sozialhilfeempfänger, Kriegsschadensrentner oder Empfänger von Unterhalt aus dem Lastenausgleich. Ein verschwindend geringer Teil war nicht krankenversichert.

Die historische Entwicklung der GKV hat zu einer Vielfalt von Trägern geführt, deren Zahl sich in den letzten Jahren deutlich angepasst hat. Im Jahr 2014 waren insgesamt 124 selbständige Krankenversicherungen zu verzeichnen, von den Ortskrankenkassen wurden 34,6 % der Versicherten betreut, die Ersatzkassen konnten 37,5 % der Versicherten auf sich vereinen, die Betriebskrankenkassen haben einen Anteil von 16,58 %. Die weiteren Versicherten wurden von Innungskrankenkassen und weiteren kleineren Kassenarten betreut.[29]

3.2.2 Ausgabenstruktur der Gesetzlichen Krankenversicherung – Diagnose: Schieflage

2014 wurden in Deutschland insgesamt ca. 327 Mrd. € für Gesundheit ausgegeben. Wird nach Ausgabenträgern unterschieden, so wird deutlich, dass die GKV

---

[27] Vgl. http://www.gbe-bund.de/ Abfrage vom 06.05.2016 auf Grundlage der KM6-Statistik, Bundesministerium für Gesundheit.

[28] www.gbe-bund.e/Abfrage vom 06.05.2016.

[29] Vgl. http://www.sozialpolitik-aktuell.de/Abfrage vom 06.05.2016.

2014 mit 205,64 € knapp über 60 % der Ausgaben trägt. Ein Blick auf die Ent-
wicklung der GKV etwa zum Jahr 1960 macht sowohl im Niveau- als auch im
Struktureffekt deutliche Veränderungen sichtbar. Bezogen auf das Bruttoinlandsprodukt, das im Jahr 1960 bei 150 Mrd. € lag, ist ein Zuwachs der wirtschaftlichen Leistungsfähigkeit um das 19,44-fache zu konstatieren (vgl. Tab. 2).
Die GKV-Ausgaben (Ausgabenentwicklung) haben im gleichen Zeitraum eine
Steigerung um mehr als das 41-fache durchgemacht. Insbesondere wird der
Bedeutungsgewinn des Arzneimittel- und des Krankenhaussektors deutlich,
wenn auf die beiden großen Ausgabenträger fokussiert wird. Die Steigerung bei
den Heil- und Hilfsmitteln lässt sich prima facie ebenfalls als ein Hinweis auf die
Veränderungen des demographisch bedingten Hilfebedarfes einerseits als auch
der Veränderung der technischen Möglichkeiten andererseits charakterisieren.

	1960		2014		Verände-rung/Vielfache
	Mrd. €	relativ	Mrd. €	relativ	
Bruttoinlandsprodukt	150		2.916		19,44
Gesamtausgaben	4,9	100 %	205,54	100 %	41,95
darunter Verwaltungskosten	0,3	6,3 %	10,03	4,9 %	33,43
Leistungsausgaben	4,6	100 %	193,63	100 %	42,09
darunter:					
ärztliche Behandlung	1	21,7 %	33,43	17,3 %	33,43
zahnärztliche Behand-lung/Zahnersatz	0,4	8,7 %	13,03	6,7 %	32,58
Arzneimittel	0,6	13,0 %	33,36	17,2 %	55,60
Heil- und Hilfsmittel	0,1	2,2 %	13,13	6,8 %	131,30
Krankenhaus	0,8	17,4 %	67,86	35,0 %	84,83
Krankengeld	1,4	30,4 %	10,62	5,5 %	7,59

Tab. 2: Ausgabenstruktur der Gesetzlichen Krankenversicherung; alte Bundesländer 1960 und Deutschland 2014

Hinweis: Die relativen Ausgaben der Verwaltungskosten beziehen sich auf die
Gesamtausgaben, alle anderen relativen Ausgaben auf die Leistungsausgaben.

Quelle: Eigene Darstellung nach GKV-Spitzenverband (2015) und BMG (2015)

Interessant ist weiterhin die strukturelle Verschiebung zwischen ambulanter und stationärer Versorgung, die 1960 mit 21,7 % noch den größten Leistungsumfang darstellt, 2014 mit 17,3 % deutlich hinter dem stationären Sektor und dem Arzneimittelbereich zurückgefallen ist. Auch wenn der statistische Vergleich dahingehend „hinkt", dass 1960 nur die alten Bundesländer berücksichtigt wurden, kann trotzdem die Trendentwicklung abgelesen werden. Überdurchschnittlich nahmen hierbei die Ausgaben für Heil- und Hilfsmittel (131-fache), für das Krankenhaus (84,8-fache) sowie für Arzneimittel (55,6-fache) zu. Wie Tab. 2 zeigt, stiegen die Ausgaben im Zeitraum 1960 bis 2014 um das 42-fache, wohingegen das BIP nur um das 19,44-fache angestiegen ist. Liegt nun ein Kostenanstieg vor, gar eine Ausgabenexplosion vor? Hier gilt es eine differenzierte Herangehensweise zu wählen.

Um den fortwährenden Anstieg der Gesamtausgaben zu decken, wurden sowohl die **Beitragsbemessungsgrenze** als auch der **Beitragssatz** kontinuierlich angehoben.

Da sich die **Grundlohnsumme je Mitglied** der Allgemeinen Krankenversicherung (AKV), die das beitragspflichtige Jahresarbeitsentgelt bildet und damit die Basis für die Beiträge zur Sozialversicherung ist, nur unterproportional entwickelt hat, ist im System der Gesetzlichen Krankenversicherung ein kontinuierliches Erodieren der Finanzierungsgrundlage und damit ein inhärentes Einnahmenproblem bei wachsenden Ausgaben zu konstatieren.

Es entstand eine Schere zwischen Einkommens- und GKV-Ausgabenentwicklung. Vor allem die bereits erwähnten Umstände, wie die permanente Ausdehnung des Leistungskatalogs in der ersten Hälfte der 1970er Jahre, sind für den enormen Zuwachs auf der Ausgabenseite verantwortlich. Neben der ständigen Fortentwicklung auf dem Gebiet der Medizintechnik und einer veränderten Altersstruktur trugen maßgeblich die Erweiterung des Mitgliederkreises, die geänderte Finanzierung der Krankenhäuser und auch die Rechtsprechung der Sozialgerichte ihren Teil dazu bei.

Der auf gesetzlich begründeter Leistungsausweitung basierende Ausgabenanstieg der GKV belegt eindrucksvoll, wie es sich auswirkt, wenn soziale Leistungen zu **politischen Gütern** werden. So wurde der Mitgliederkreis der GKV um Behinderte (Gesetz über die Sozialversicherung Behinderter in geschützten Einrichtungen vom 7. Mai 1975), Rehabilitanden und Studenten (Gesetz über die Krankenversicherung der Studenten [KVSG] vom 24. Juni 1975) erweitert.

Neben der quantitativen Ausdehnung des Leistungskataloges um Leistungen wie Vorsorge- und Früherkennungsprogramme (2. Krankenversicherungsänderungsgesetz vom 21. Dezember 1970) und Rehabilitationsmaßnahmen war auch qualitativ eine Aufwertung zu verzeichnen, insbesondere bei der Krankenhauspflege durch das Gesetz zur Verbesserung von Leistungen in der Gesetzlichen Krankenversicherung vom 19. Dezember 1973 (KLVG).

Wesentlich zu einer Ausdehnung der Ausgaben für die stationäre Versorgung trug die Einführung des **Selbstkostendeckungsprinzips** für die laufenden Kosten der Krankenhäuser durch das Krankenhausfinanzierungsgesetz (KHG) vom 29. Juni 1972 und die Bundespflegesatzverordnung (BPflV) vom 25. April 1973 bei.

Über die Sozialrechtsprechung gelangten die Kieferorthopädie und später auch der Zahnersatz (Urteil des Bundessozialgerichtes vom 24. Januar 1974) umfassend in den Leistungskatalog der GKV.

Es wurde immer deutlicher, dass sich eine Deckung der wachsenden Ausgaben nicht allein durch die Anhebung der Beitragssätze oder die Anbindung der Beitragsbemessungsgrenze an die Lohn- und Gehaltsentwicklung erreichen ließ. Es erfolgte ein **Paradigmenwechsel** zum Leitbild einer **einnahmenorientierten Ausgabenpolitik**, nachdem vorher eine **ausgabenorientierte Einnahmenpolitik** politische Grundlage war. Die nachfolgende Darstellung stellt auf den Zeitraum seit 2000 ab und zeigt rekurrierend auf das Basisjahr 2000 die Entwicklung der Pro-Kopf-Ausgaben im Vergleich zur Entwicklung der BIP/Einwohner sowie der Entwicklung der Beitragsbemessungsgrenze.

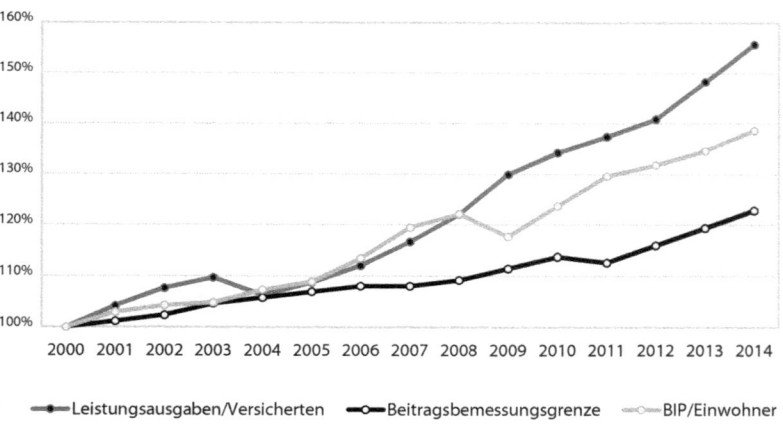

Abb. 8: Entwicklung wichtiger Indikatoren der GKV im Vergleich (Basisjahr 2000) Quelle: Eigene Darstellung nach BMG (2015); gbe-Bund (2015); Statistisches Bundesamt (2015)

Die Ausgabenentwicklung pro Mitglied bewegt sich bis Ende der 2000er Jahre weitgehend parallel zur Entwicklung des BIP/Einwohner, seit dieser Zeit geht die Schere etwas stärker auseinander. Darüber hinaus wird deutlich, dass das Wachstum der Beitragsbemessungsgrenze deutlich langsamer vonstattengeht, d. h. eine größere Finanzierungslast außerhalb der Beitragsentwicklung zu verzeichnen ist, etwa durch Entwicklung der Zusatzbeiträge oder durch den Anstieg des Steuerzuschusses (vgl. hierzu nachfolgende Abb.).

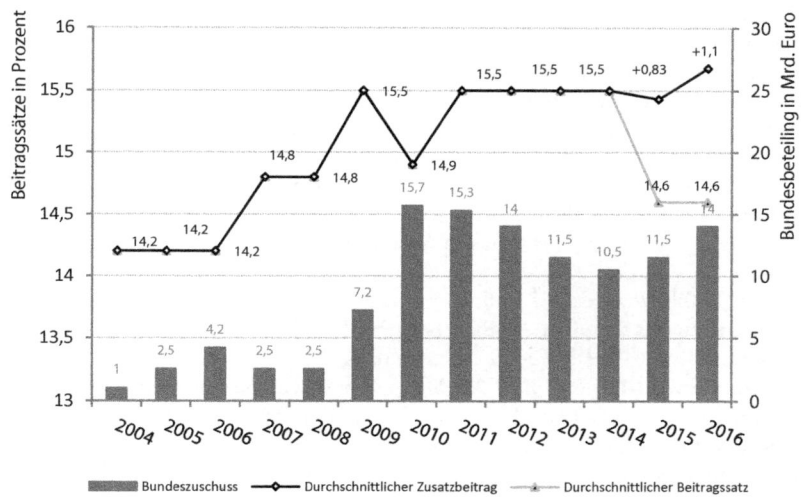

Abb. 9: Beitragssätze und Bundesbeteiligung
Quelle: Eigene Darstellung nach www.gbe-bund.de, Abfrage am 07.05.2016

In dieser Abbildung wird die Einführung des Gesundheitsfonds 2009 deutlich und die damit einhergehende Veränderung der Finanzierungsstruktur. Einerseits ist zur Finanzierung allgemeinerer Staatsaufgaben, etwa familienpolitischer Leistungen, der Steuerzuschuss angestiegen, andererseits ist bis Ende 2014 der einheitliche Beitragssatz, der nur temporär durch Zusatzbeiträge verändert wird, deutlich gestiegen. Seit 2015 greift die Absenkung des einheitlichen standardisierten Beitragssatzes auf 14,6 % und die damit spürbare Differenzierung zwischen den Beitragssätzen der einzelnen Kassen (vgl. zum Gesundheitsfonds 4.9).

3.3   Das Dilemma eines Wachstumsmarktes

Die Gesundheitswirtschaft in Deutschland steht vor einem besonderen Dilemma. Einerseits versucht die Politik seit Mitte der 1970er Jahre, durch unzählige „Kostendämpfungsgesetze" die Ausgabenentwicklung im Gesundheitswesen einzudämmen, andererseits kann der Anstieg der Gesundheitsausgaben und der damit korrespondierenden Versorgungskennzahlen sowohl auf einer höheren Wertschätzung als auch auf Preiseffekten beruhen.

Knappe und Pimpertz haben bereits in einer Arbeit 2002 dargelegt, dass eine einfache empirische Analyse der Gesundheitsausgabenentwicklung ambivalent bleibt. Es sind **Preiseffekte** zu konstatieren, die aber auch auf das politische Regulierungshandeln zurückgeführt werden müssen; andererseits sind auch deutlich Bereiche der Versorgung zu erkennen, die auf **Mengensteigerungen** beruhen und damit auch Ausdruck von Nachfragepräferenzen sind (vgl. Knappe 2001, S. 139 f.; vgl. auch Pimpertz 2002, S. 11 ff.). Ein Blick auf die Ausgabenentwicklung (vgl. Abb. 8) macht die Analyse der empirischen Entwicklung deutlich. Auch wenn die GKV-Ausgabenquote, gemessen an Anteilen am BIP von 2003 bis 2009 zwischen 6,7 und 7,1 Prozent eher moderat schwankte, lässt sich gemessen am Wachstum der jährlichen Pro-Kopf-Ausgaben im GKV-Kontext im Zeitraum von 1991 bis 2009 ein nominaler Anstieg von über 85 % festhalten (vgl. Pimpertz 2010, S. 3). Ein Vergleich zum Wachstum des beitragspflichtigen Einkommens im gleichen Zeitablauf macht deutlich, dass die Ausgaben um durchschnittlich 1,3 % pro Jahr deutlicher stiegen als die beitragspflichtigen Einkommen (vgl. Pimpertz 2010, S. 4). So kann der Gesundheitsmarkt durchaus als volkswirtschaftlicher **Wachstumsmarkt** verstanden werden, solange unterstellt werden kann, dass das konstatierte Ausgabenwachstum nachfrageseitigen Effekten zuzuordnen ist. Mit diesem Wachstumseffekt sind unmittelbar beschäftigungspolitische Effekte verbunden. Auf Ebene der Europäischen Union waren 2013 etwa durchschnittlich 11 % der Beschäftigten im Gesundheitswesen tätig (vgl. Schulz 2015).

Die Ausgaben im Gesundheitswesen und die Veränderung der Ausgaben sind aus volkswirtschaftlicher Perspektive zunächst Ausdruck des normalen Strukturwandels einer Wirtschaft. Die Bedeutung der Ausgabenproblematik in der Gesundheitswirtschaft entsteht erst durch die Koppelung der Krankenkassenbeiträge an die Lohnkosten, was unter Berücksichtigung schwach steigender Produktivität Auswirkungen auf die Wettbewerbsfähigkeit mit sich bringen kann und letztlich muss. Das Prinzip der Beitragssatzstabilität, das daraus abgeleitet ist, ist jedoch rein sozial- oder wirtschaftspolitisch begründet und hat mit der Gesundheitsversorgung per se nichts zu tun. Damit wird aber unmittelbar die Bedeutung der Steuerungsprinzipien des Gesundheitswesens deutlich.

3.3.1 Zielsetzungen der Gesundheitspolitik

Bei Betrachtung der Steuerungsprinzipien der deutschen Gesundheitsversorgung lassen sich durch einen Blick in die wesentliche Rechtsvorschrift des SGB V drei Grundziele der deutschen Gesundheitspolitik identifizieren:

- Leistungen ausreichend, zweckmäßig und wirtschaftlich anzubieten (Wirtschaftlichkeitsgebot) (§ 12 SGB V)

- die Vergütungen so zu gestalten, dass Beitragserhöhungen soweit als möglich ausgeschlossen sind (Beitragssatzstabilität) (§ 71 SGB V)

- Leistungserbringer und Krankenkassen sollen zur Sicherstellung der Versorgung zusammenwirken (Prinzip der Sicherstellung) (§ 72 SGB V)

Diese Grundziele können als Versuch der **„Außensteuerung"** verstanden werden, anhand derer versucht wird, die politische Zukunftsfähigkeit der Gesundheitspolitik zu sichern und weiter zu entwickeln.[30] Dabei ist jedoch zu berücksichtigen, dass jede Außensteuerung auf die Innensteuerung des Gesundheitssystems Rücksicht nehmen muss. Es ist also gerade die Aufgabe einer ökonomischen Analyse, die Kompatibilität zwischen Außensteuerungszielen und den entsprechenden Anreizsystemen auf der Mikroebene zu untersuchen.

Die Überprüfung der genannten Ziele bedarf aber zunächst einer Analyse der konstituierenden Steuerungsprinzipien im Gesundheitswesen (immanente Steuerung). Dabei ist zu überprüfen, ob die Zielsetzungen der Makroebene – Sicherstellung einer ausreichenden, notwendigen Versorgung der Patienten bei gleichzeitiger Sicherstellung des Prinzips der Beitragssatzstabilität – durch das System überhaupt erfüllbar ist.

Im Gesundheitswesen liegt ein System unterschiedlicher **Prinzipal-Agenten-Beziehungen** vor (vgl. etwa Holmström und Milgrom 1991). Prinzipal und Agent haben nicht zwangsläufig die gleiche Interessenlage, u. U. liegt beim Agenten (Arzt) ein Informationsvorsprung vor, und es existieren noch Kontrollkosten (vgl. Sauerland 1999, S. 281 f.). Während der Patient (Prinzipal) vor allem die Zielgröße Qualität anstrebt, ist für den Kostenträger die Effizienz der Behandlung relevant. Gleichzeitig ist für den Arzt (Agent) tendenziell die Zielgröße Qualität und angemessene Honorierung entscheidend, wohingegen die Versicherung wiederum die Zielgröße Effizienz anstrebt.

Ein derartiges Auseinanderfallen unterschiedlicher Zielgrößen ist Grundlage vieler Austausch- und Wettbewerbsbeziehungen und grundsätzlich nicht prob-

---

[30] Okruch 2001, S. 122 f. stellt sehr ausführlich die Defizite der Innensteuerung und die Versuche gesundheitspolitischer Außensteuerung dar.

lematisch, solange es institutionelle Vorkehrungen gibt, die Ausgleiche der gegenläufigen Interessen erlauben.

Durch die Finanzierung über das **Umlageverfahren** müssen – wie bereits erwähnt – steigende Ausgaben durch steigende Einnahmen (Produkt aus durchschnittlichem Beitragssatz und Grundlohnsumme der gesetzlich Versicherten) gedeckt werden. Wächst die Grundlohnsumme nicht im gleichen Maße wie die Ausgaben, so müssen unter Beachtung der weiteren Nebenbedingungen die Beitragssätze erhöht werden. Durch diesen inhärenten Zielkonflikt ist die politische Diskussion ständig von neuen Gesundheitsreformdebatten geprägt, die letztendlich immer wieder am Solidarprinzip und an der Finanzierung der Krankenversicherung ausgerichtet sind.

3.3.2 Immanente Steuerungsmängel im GKV-System

3.3.2.1   Versicherungsinduzierte Nachfrage nach Gesundheitsgütern

Die **Eintrittswahrscheinlichkeit** von Schadensfällen ist nicht unabhängig von der Existenz eines Versicherungsschutzes. Es lässt sich beobachten, dass Versicherte Gesundheitsgüter nachfragen, die sie ohne Versicherungsschutz nicht nachgefragt hätten. Dieses Phänomen wird als **versicherungsinduzierte Nachfrage** nach Gesundheitsgütern bezeichnet (vgl. Abschnitt 2.2). Es gilt dabei festzuhalten, dass dieser Effekt zunächst wirtschafts- und sozialpolitisch erwünscht ist und gerade die Effizienz einer Versicherungslösung gegenüber einer Situation der Nichtversicherung deutlich macht. Durch die Einführung der Versicherung und das damit einhergehende „Poolen" von Risiken wird der einzelne in die Lage versetzt, Gesundheitsgüter nachzufragen, die er ohne Versicherung nicht hätte nachfragen können. Dieser Wohlfahrtseffekt wird dann problematisch, wenn die Nachfrage nach Gesundheitsleistungen zum bereits beschriebenen Verantwortungsvakuum führt. Gerade bei der Idee einer Vollversicherung ohne jede Form der Selbstbeteiligung lässt sich das Problem des **Freifahrereffekts charakterisieren.**

Erfolgt eine Vollversicherung gegen das Krankheitskostenrisiko, dann muss der Versicherte für entstandene Krankheitskosten nichts selbst bezahlen. Der von ihm wahrgenommene Kaufpreis beträgt also null. Die Differenz zwischen dem Preis für die Versicherten und dem Preis, den der Anbieter für ein Gesundheitsgut fordert, wird von der Krankenversicherung bezahlt. Solange die Versicherung die entstandenen Kosten der Nachfrage trägt, ist es für den Versicherten rational, Gesundheitsgüter bis zu einem **Grenznutzen** (= Nutzen der zuletzt verbrauchten Einheit) von Null (Sättigungsmenge) nachzufragen, da mit der

Nachfrage kein Verzicht auf andere Güter verbunden ist – unabhängig vom Preis. Sein Nachfrageverhalten ist also vollkommen **preisunelastisch**.

Erschwert wird die Prämienkalkulation aber auch durch das Problem der **unvollständigen Information**. Einerseits haben die Versicherungsunternehmen nur begrenze Information über die Risikogüter der Versicherten, was zur Folge hat, dass eine Durchschnittsprämie ermittelt wird und gute Risiken einen höheren Anreiz haben, nur eine Teilversicherung zu wählen (**adverse Selektion**). Andererseits sind Verhaltensänderungen nach Versicherungsabschluss zu berücksichtigen (**Moral-Hazard**). Damit werden Verhaltensänderungen von Versicherten bezeichnet, die nach dem Abschluss eines Krankenversicherungsvertrages auftreten. Verfügt der Versicherte über einen Versicherungsschutz, so ist es für ihn rational, bestimmte bisher durchgeführte Maßnahmen zur Schadensvermeidung (Risikominderung und Risikovorsorge) zukünftig zu unterlassen.

Aus ökonomischer Sicht ist es wichtig, zwei Erscheinungsformen von Moral-Hazard zu unterscheiden. Es ist nämlich ökonomisch durchaus rational, Maßnahmen zur Schadensverhütung zu unterlassen, wenn die Versicherung das effizientere Verfahren zur Sicherheitsschaffung darstellt. Hierin liegt gerade das Motiv zum Abschluss eines Krankenversicherungsvertrages.

Bei der anderen Erscheinungsform von Moral-Hazard handelt es sich um absichtlich gefahrgeneigtes und damit gesundheitsgefährdendes Verhalten. In diesem Fall zielen die Versicherten darauf ab, mittels einer **Verhaltensänderung** den Versicherungsfall eintreten zu lassen, weil sie aus dem Versicherungsfall einen Nutzenzuwachs erwarten. Dieses Problem stellt sich besonders bei Versicherungsleistungen in Geldform dar.

Als Folge des Moral-Hazard steigen die **Schadenswahrscheinlichkeit** und die **Schadenshöhe** an. Dies führt zu einem zusätzlichen Bedarf an Gesundheitsgütern. Hierdurch nimmt die Sättigungsmenge der Nachfrage nach Gesundheitsgütern zu.

Darüber hinaus kann in vielen Leistungsbereichen das Phänomen der sogenannten **angebotsinduzierten Nachfrage** konstatiert werden (vgl. McGuire 2011). Häufig ist es den Anbietern von Gesundheitsleistungen (Ärzte, Krankenhäuser) nämlich möglich, die nachgefragte Menge über das medizinisch notwendige Maß hinaus zu erhöhen. Die Leistungsanbieter verhalten sich hierbei rational, weil für sie durch ein Mehr an Gesundheitsleistungen der Umsatz und damit in aller Regel auch der Gewinn wächst, ohne dass dies für sie – innerhalb bestimmter Grenzen – mit negativen Sanktionen verbunden wäre.

Eigentlich wäre zu erwarten gewesen, dass die sogenannte „**Ärzteschwemme**" zu einer Aufteilung der Nachfrage auf eine größere Zahl der Leistungsanbieter führt und aufgrund der **preisunabhängigen Nachfrage** der Umsatz des einzelnen Anbieters reduziert wird. Dies ist jedoch nicht der Fall. Aufgrund der bestehenden Anreizstruktur findet eine Ausdehnung der Nachfrage statt.

Noch Ende der 1990er Jahre zeigte sich ein direkter Zusammenhang zwischen **Arztdichte** und **Ausgaben** der GKV: Je höher die Arztdichte ist, desto höher sind auch die Krankheitsausgaben. Im Vergleich der Zahlen von 1998 zu 1997 war ein Anstieg aller abgerechneten Fälle in der ambulanten Versorgung zu verzeichnen. Die im Jahre 1998 abgerechneten Krankenbehandlungen (Fallzahlen insgesamt) waren im Vergleich zu 1997 um 3,3 % gestiegen. Der Anstieg aller abgerechneten Fälle war in erster Linie bedingt durch die steigende Fallzahlenentwicklung bei den Fachärzten. Betrachtet man die Veränderung der Fallzahlen pro Arzt, so zeigte sich eine differenzierte Entwicklung in den einzelnen Facharztgruppen. Es kam fast bei allen Arztgruppen zu einer Erhöhung der Fallzahlen je Arzt. Ausnahmen bildeten lediglich die Kinderärzte (-0,1 %). Die höchsten Steigerungsraten fanden sich bei Laborärzten (+4,9 %) und Urologen (+4,0 %) (vgl. Zentralinstitut für die vertragsärztliche Versorgung 2000, S. 78 ff.).

Zudem trägt die steigende Zahl der Leistungserbringer zu einer Ausgabensteigerung bei, weil deren Leistungen in Form der **Einzelleistungshonorierung** abgerechnet werden. Dieses Verfahren birgt für Ärzte den Anreiz, immer mehr Leistungen zu verordnen und zu erbringen. Der Arzt wird zwar versuchen, die einzelnen Leistungen möglichst effizient zu erbringen, an einem günstigen Kosten-Leistungs-Verhältnis der Gesamttherapie eines Krankheitsbildes ist er hingegen wegen fehlender Anreize nicht unbedingt interessiert.

Den Anbietern im Gesundheitswesen ist eine derartige Ausweitung der Nachfrage primär durch ihren **Informationsvorsprung** gegenüber dem Patienten (Informationsasymmetrie) möglich. Der Patient merkt nur sehr selten, wann der Leistungsumfang das erforderliche Maß übersteigt. Für den Patienten besteht unter den gegenwärtigen Rahmenbedingungen auch kein Anreiz, sich die fehlenden Informationen zu beschaffen, empfindet er doch die Inanspruchnahme ärztlicher Leistungen bei häufig vollständiger Kostenübernahme durch die Krankenkassen als kostenlos. Jüngere Untersuchungen zum Phänomen angebotsinduzierter Nachfrage zeigen die Problematik einer eindeutigen Verantwortungszuordnung auf. Dabei ist es wichtig, auf die grundlegende Problematik angebotsinduzierter Nachfrage einzugehen. Im grundlegenden Modell im Sinne von Evans (1974) wird zwischen dem Spannungsverhältnis zwischen dem ärztlichen Selbstinteresse eine angemessene Honorierung für medizinische Leistungen und dem Interesse für den anvertrauten Patienten unterschieden (vgl. auch grundsätzlich McGuire 2011, p. 607). Eine angebotsinduzierte Nachfrage kann in dieser Hinsicht nur vorliegen, wenn der Arzt entgegen seiner eigenen medizinischen Interpretation der medizinischen Notwendigkeit handelt, d. h. der erwartete medizinische Nutzen ist kleiner als ein durch die Gesellschaft oder auch durch das soziale Sicherungssystem vorgegebener medizinischer Zielparameter (vgl. etwa Zerth 2015a).

Genau an der Interpretation dieses Schwellenwertes gilt es aber anzusetzen, da dieser für die empirische Erfassung angebotsinduzierter Nachfrage von hoher Bedeutung ist. Eine Beeinflussung des Patienten, eine größere Leistungsmenge zu akzeptieren, ist nur der erste Schritt für eine Mengenausweitung durch angebotsinduzierte Nachfrage, da sowohl die Einflussnahme des Arztes, die Mitwirkung des Patienten als auch die Lebensumstände des Patienten relevant sind und der Arzt betriebswirtschaftlich seine Kapazitätsaspekte berücksichtigen muss (vgl. Zerth 2015b, S. 132 f.). Wenn etwa ein vollkommenes Sachleistungsprinzip vorliegt und somit der Patient von jeglicher Kostenverantwortung ausgeschlossen ist, bestimmt der Leistungserbringer vor allem in Folge der Honorierungslogik den Leistungsmitteleinsatz (vgl. McGuire 2011, S. 608).

In einer jüngeren niederländischen Untersuchung wurde deutlich, dass durch die Reduktion von Kostenbeteiligungen von Patienten und gleichzeitige Einführung von Einzelleistungsvergütung bei Leistungen, die vorher pauschal vergütet worden sind, partielle Mengensteigerungen feststellbar waren, insbesondere in der Altersgruppe der Versicherten zwischen 25 und 54 Jahren (Van Dijk et al. 2013). So lässt sich gerade durch den Bedeutungsgewinn von Gesundheitssteuerungsmodellen, etwa Managed-Care-Verträgen und die damit einhergehende veränderte Verantwortungsrolle eine veränderte Form zur Diskussion angebotsinduzierter Nachfrage ableiten (Johnson 2014). Neuere Untersuchungen etwa zur Erklärung regionaler Unterschiede in der Versorgungsinanspruchnahme etwa von ambulanten Leistungen können zeigen (vgl. insbesondere Ozegowski/Sundmacher 2014), dass angebotsseitige Aspekte eine wesentliche Rolle spielen, diese in der Struktur aber selbst differenzierter untersucht werden müssen, etwa nach der angebotreibenden Wirkung der Angebotsdichte niedergelassener Leistungserbringer aber auch im Hinblick auf die Möglichkeit des Leistungszusammenhangs mit anderen ambulanten, wie stationären Leistungserbringern, und die Rückkoppelung auf präferenzorientierte Wahlentscheidungen der Patienten.

3.3.2.2   Synthese: Der Teufelskreis im Gesundheitswesen

Die bisherige Analyse hat gezeigt, dass sowohl angebots- als auch nachfrageseitig ein **Steuerungsproblem** im Gesundheitswesen zu konstatieren ist. So stellt lediglich die zur Inanspruchnahme der Gesundheitsleistungen erforderliche Zeit ein Begrenzungskriterium für die nachgefragte Menge dar, nicht aber die individuelle Zahlungsbereitschaft der Patienten. Ganz generell kann somit bei allen Beteiligten der Eindruck entstehen, die Gesundheitsleistungen würden zum

Nulltarif zur Verfügung gestellt, und bei diesen handele es sich nicht um knappe, sondern um **freie Güter und Dienste.**

Dieses Verhalten wird häufig noch dadurch verstärkt, dass bei den meisten Menschen die Vorstellung besteht, je teurer eine Gesundheitsleistung ist, um so effektiver sei sie auch. Dadurch werden häufig sowohl zu viele als auch zu teure Gesundheitsleistungen nachgefragt. Es besteht eine **Rationalitätenfalle**: Der Einzelne handelt aufgrund der vorhandenen Rahmenbedingungen aus seiner Sicht rational, indem er möglichst viele und teure Gesundheitsleistungen in Anspruch nimmt. Gesamtwirtschaftlich aber liegt eine Verschwendung vor, weil weniger und günstigere Gesundheitsleistungen für eine erfolgreiche Therapie ausreichen würden. Insoweit besteht eine Diskrepanz zwischen individueller und gesellschaftlicher Rationalität.

Ein wesentlicher Anteil an der Ausgabenentwicklung ist auf die besondere Dynamik des **Fortschritts** in der Medizin zurückzuführen. In diesem Fall kann tatsächlich von einer **Besonderheit** des medizinisch-technischen Fortschritts gesprochen werden, die wesentlich auf die Anreizwirkungen, die von den Einrichtungen des Gesundheitswesens ausgehen, zurückzuführen ist. Durch die konsequente **Entökonomisierung** des Gesundheitswesens ist der technische Fortschritt dort in der Regel dadurch gekennzeichnet, dass bei immer mehr Patienten zunehmend neue Krankheiten diagnostiziert und therapiert werden können. Diese sogenannten **Add-On-Technologien** sind daher fast immer mit Kostensteigerungen verbunden. Klassische **Prozessinnovationen**, mit deren Hilfe der für ein gegebenes Ziel erforderliche Faktoreinsatz gesenkt werden kann, findet man im Gesundheitswesen nur selten. da sie bisher von der medizintechnischen Industrie als nicht lukrativ genug erachtet werden.

Das Sachleistungsprinzip in der Form der Vollversicherung und die damit einhergehende **Kollektivierung** der durch individuelle Nachfrageentscheidungen verursachten Kosten lassen den **Kosten-Nutzen-Kalkülen**, die in anderen Bereichen typischerweise der Anwendung neuen Wissens vorausgehen, keinen Raum mit dem Resultat eines ständig **steigenden Anspruchsniveaus** (vgl. Prosi 1988, S. 68). Da vor allem auf Seiten der Anwender der neuen Technologien kein Zwang zu einem Wettbewerb über Kostensenkungen besteht, sondern komparative Vorteile scheinbar nur über eine Steigerung des quantitativen und qualitativen Behandlungsinputs aufgebaut werden können, haben sich kostensenkende Prozessinnovationen bislang kaum durchsetzen können.

Die zuvor beschriebenen Rahmenbedingungen lassen jenes **Verantwortungsvakuum** entstehen, welches zu einem für das Gesamtsystem fatalen Verhalten aller Beteiligten führen muss. Die Schuld hierfür darf nicht den beteiligten Leistungserbringern und Patienten angelastet werden, denn sowohl die Ärzte, die auf eine maximale Sicherheit und maximale Versorgung ihrer Patienten bedacht sind, als auch die Patienten, die möglichst viele medizinische Leistungen nachfragen, verhalten sich aus ihrer subjektiven Perspektive rational.

Die Ursachen für diese gesamtgesellschaftlich unerwünschten Erscheinungen liegen vielmehr in den staatlich festgesetzten Rahmenbedingungen begründet. Aus gesamtwirtschaftlicher Perspektive sind die **Verhaltensanreizstrukturen** für die Beteiligten des Gesundheitswesens als **kontraproduktiv** zu werten, weil sie eine Verschwendung knapper Mittel fördern. Unter den gegenwärtigen Rahmenbedingungen funktioniert das von dem Moralphilosophen und Nationalökonomen Adam Smith (1723–1790) beschriebene **Prinzip der unsichtbaren Hand** im Gesundheitswesen nicht. Hierunter verstand er das Phänomen, dass in einem wettbewerblich organisierten Markt das individuelle Vorteilsstreben des einzelnen das Wohl der Allgemeinheit steigert.

Zusammenfassend lässt sich die Situation im Gesundheitswesen als **Teufelskreis** bezeichnen (vgl. Abb. 5), der als Grenzbetrachtung interpretiert, das Verantwortungsvakuum dokumentieren hilft. Das **Freifahrerprinzip** in Form der Vollversicherung sowie das **Solidaritätsprinzip** verleiten Versicherte und Leistungserbringer dazu, sich nicht mehr mit den monetären Konsequenzen ihres Handelns auseinander zu setzen. Der **Nutzen** der Gesundheitsleistungen ist **individualisiert,** die **Kosten** werden **kollektiviert.**

Dieses **Verantwortungsvakuum**, das versicherungstypische **Moral-Hazard-Phänomen**, der mangelnde Widerstand seitens der Leistungsanbieter und auch deren Anreize zur Leistungsausweitung induzieren ein ständig **steigendes Anspruchsdenken**. Individuelle Kosten-Nutzen-Abwägungen, die dieser Entwicklung Einhalt gebieten könnten, sind aufgrund der Rahmenbedingungen kaum möglich. Die **Rationalitätenfalle** führt zu gravierenden Folgen für das finanzielle Gebaren der GKV. Ständig steigende Leistungsausgaben führen zu permanenten **Ausgabenunterdeckungen,** denen mit einer ständigen **Ausweitung der Mitgliedschaftspflicht** sowie **Erhöhungen der Beitragssätze** begegnet wird. Mussten bis zur Einführung des Gesundheitsfonds die Krankenkassen diesem Trend durch individuelle Beitragserhebungen begegnen, so lässt sich seit der Einführung des Gesundheitsfonds sowohl ein Anstieg des durchschnittlichen Beitragssatzes, der Steuerfinanzierung und insbesondere des Zusatzbeitrags konstatieren, der gerade nach 2015 wieder zu einem stärkeren Differenzierungsmaßstab zwischen den Krankenversicherungen geführt hat.

Letztlich findet auf diese Weise eine **„Ausbeutung aller durch alle"** statt, verbunden mit einem zunehmenden Missbrauch und zunehmender **Aushöhlung des Solidarprinzips.**

Sachleistungs- und Sozialprinzip

Verantwortungsvakuum der Beteiligten

Freifahrer-Mentalität
Moral-Hazard-Verhalten
angebotsinduzierte Nachfrage

Einnahmeerhöhung
(Versichertenkreis und Beitragssatz)

steigendes Anspruchsdenken
der Versicherten

Rationalitätenfallen

Finanzprobleme der GKV:
Einnahme < Ausgaben

steigende Nachfrage
nach Gesundheitsgütern

steigende Leistungsausgaben
der GKV

Abb. 10: Teufelskreis im Gesundheitswesen
Quelle: Eigene Darstellung

Es stellt sich also die Frage nach den Mitteln, mit denen den aus bestimmten Strukturelementen resultierenden Mängeln der GKV begegnet werden kann und wie ihre Ursachen bekämpft werden können. Wie kann die Nachfrage nach kostensenkenden Behandlungsmethoden wirksam gestärkt werden? Wie ist eine angebotsinduzierte Nachfrage zu reduzieren? Welche Wege sind einzuschlagen, um individuelle und kollektive Rationalität wieder stärker zusammenzuführen?

3.3.3 Organisationsdefizite der GKV

Aus der vorwiegenden Bemessung des Versicherungsbeitrages an den **Einkünften aus nichtselbständiger Arbeit** resultieren Verzerrungen, da viele Versicherte weitere Einkünfte aus anderen Quellen beziehen. Die Beschränkung auf eine Einkunftsart als Maßstab für die Leistungsfähigkeit eines Mitglieds ist von daher nicht sachgemäß.

Darüber hinaus findet ein Solidarausgleich nur bis zur **Beitragsbemessungsgrenze** statt, was dazu führen kann, dass Bezieher höherer Einkommen als freiwillige Mitglieder, die in der Regel mehr Familienangehörige mitversichern als Bezieher niedriger Einkommen, von den Versicherungspflichtigen sogar noch subventioniert werden. Im Ergebnis werden die aus Sicht der Solidargemeinschaft „guten Risiken" bestrebt sein, diese zu verlassen. Zugleich werden Personen mit einem Einkommen oberhalb der Versicherungspflichtgrenze, die aber aufgrund ihrer persönlichen Umstände für die Solidargemeinschaft der GKV-Versicherten ein eher „schlechtes Risiko" darstellen, versuchen, als freiwillige Mitglieder in der GKV zu verbleiben oder als Mitglieder einer privaten Krankenversicherung wieder zurück zu wechseln. Die Abwanderung der „guten" und der Verbleib und die Rückkehr der „schlechten Risiken" wird als **adverse Selektion** bezeichnet.

Häufig wird übersehen, dass aus einer Mitgliedschaft in der Solidargemeinschaft der Gesetzlichen Krankenversicherung nicht nur Rechte, sondern auch Pflichten erwachsen. Für die Leistungsinanspruchnahme bedeutet dies, dass nur die Lasten unverschuldeter Krankheitsfälle auf die Solidargemeinschaft verteilt werden dürfen. Gegenstand von Versicherungsleistungen der GKV sind aber seit langem nicht nur unverschuldete Krankheitsfälle. Auch Krankheiten, die infolge ungesunder Lebensweise – etwa durch übermäßigen Alkohol- oder Nikotingenuss und Fehlernährung – eingetreten sind, werden auf Kosten der Solidargemeinschaft behandelt. Ebenso für Unfälle, die bei besonders risikoreichen Sportarten eintreten, tritt die Solidargemeinschaft GKV ein.

3.3.4 Probleme der Angebotsstruktur

Gravierende Probleme erwachsen aus dem Prinzip der **gemeinsamen Selbstverwaltung**. Sowohl auf Seiten der Versicherten als auch auf Seiten der Leistungsanbieter besteht die gesetzliche Pflicht zur verbandlichen Selbstorganisation. Diesen, in der Regel mehrgliedrigen Organisationen – auf der Seite der Versicherten die Verbände der Krankenkassen, auf der Seite der Ärzte die Kassenärztlichen Vereinigungen (KV) – wird gesetzlich die Aufgabe zugeschrieben, Verhandlungen über den Leistungsumfang und die Leistungsentlohnung durchzuführen. Diese Konstellation stellt ökonomisch ein **bilaterales Monopol** dar.

Auch wenn durch die jüngere Gesetzgebung der Einfluss der Kassenärztlichen Vereinigungen gesunken ist und vor allem der Idee der selektiven Verträge ein größerer Stellenwert eingeräumt werden soll, bleibt die wettbewerbliche Situation ambivalent.

Gerade wenn Krankenversicherungen dazu übergehen, regional mit Leistungserbringern selektiv zu kontrahieren oder mit Arzneimittelherstellern Rabattverträge zu schließen, spielt der Aspekt der Nachfragemacht von Krankenversicherungen eine immer wichtigere Rolle. Allgemein lässt sich festhalten, dass je stärker zwischen den Kostenträgern ein Wettbewerb um Versicherte zu konstatieren ist, desto geringer wird die Gefahr einer regionalen Nachfragemacht der Krankenversicherungen sein.

Dies gilt insbesondere, wenn die Patienten bereit sind, Versorgungsangebote – beispielsweise durch die Fortentwicklung der Medizintechnik unterstützt – auch überregional zu substituieren. In dieser Folge sinkt zunächst die Abhängigkeit der Patienten von regionalen Leistungserbringer und abgeleitet auch die Abhängigkeit von den Kostenträgern, die mit den regionalen Leistungserbringern kontrahieren. Damit wird aber deutlich, dass die Frage regionaler Nachfragemacht von Krankenkassen eine wichtige Rolle spielt und insofern Missbrauchsaufsicht sowie Fusionskontrolle ebenfalls auf die Krankenkassen angewendet werden müssen.

Letztendlich gilt es noch, die Strategievariablen der Leistungserbringer im veränderten Krankenversicherungswettbewerb zu betrachten. Diese können entweder durch Kooperation innerhalb des regionalen Marktes oder außerhalb des regionalen Marktes Verhandlungsmacht gegenüber der Versicherung anstreben und so die Monopsonmacht des Kostenträgers begrenzen.[31]

Vor diesem Hintergrund ist insbesondere die **Integrationsentwicklung** zwischen Leistungserbringern, die im Gesundheitswesen an Bedeutung gewinnen, näher zu beleuchten. Der Verhandlungsspielraum der Leistungserbringer wird durch Integrationsbestrebungen zwischen den Leistungserbringern teilweise erweitert, zumindest dann, wenn sie Teil eines größeren Unternehmensverbundes wird. Interessant ist jedoch die Frage, wie sich ein diskretes Verhandlungsergebnis wiederum auf die Situation des Patienten auswirkt. Ob bei einer derartigen Entwicklung die Versicherten noch die Möglichkeit haben, einem Leistungsbündel, das zwischen Versicherungs- und Leistungsunternehmen verhandelt worden ist, auszuweichen und damit eine wettbewerbliche Kontrollfunktion vorhanden ist, ist neben der grundsätzlichen Abgrenzung der Versicherungs-

---

[31] Einen Überblick über die allgemeine Problematik monopsonistischer Strukturen im Gesundheitswesen geben Gaynor und Vogt (2000).

pflicht – und damit des Umfangs eines vom Versicherten kontrahierten Leistungsumfangs – von den Bedingungen des Versicherungswettbewerbs abhängig.

4 Lösungsversuche: Anspruch und Wirklichkeit

Die politische Entwicklung im Bereich der GKV lässt sich sehr instruktiv anhand der **„Ausgabenfieberkurve"** der GKV (alte Bundesländer bis 1990) von 1970 bis 2014 darstellen (vgl. Abb. 11). Es zeigt sich deutlich, dass insbesondere ab 1971 unter der sozial-liberalen Koalition der Leistungskatalog der GKV ausgedehnt wurde, was zu einer Zunahme der Gesamtausgaben von 25 Mrd. DM 1970 auf 61 Mrd. DM 1975 geführt hat. Dies entspricht einer Zunahme um 144 %. Angesichts dieser rasanten Entwicklung der Ausgaben der GKV sowie konjunkturbedingter Einnahmeausfälle geriet das Gesundheitswesen immer stärker in den Mittelpunkt der politischen und wissenschaftlichen Diskussion.

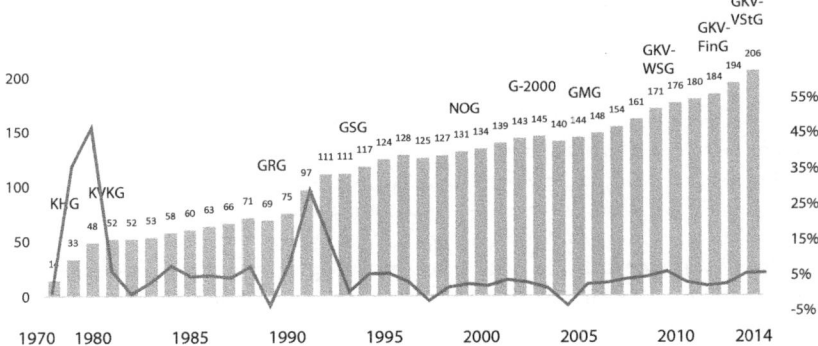

Abb. 11: Fieberkurve der GKV-Ausgaben
Quelle: Eigene Darstellung nach gbe-Bunde (2015)

Die in dieser Zeit aufgekommene und seither nicht mehr abgeflaute Kostendämpfungsdebatte offenbarte das Fehlen einer für die politische Diskussion hilfreichen ökonomischen Fundierung. Die Entstehung einer eigenständigen Forschungsrichtung Gesundheitsökonomie datiert aus dieser Zeit.

Aufgrund der zunehmenden finanziellen **Atemnot** der GKV, die vor allem durch die vehemente Ausgabenexpansion ausgelöst wurde, griff die Politik seit Mitte der siebziger Jahre verstärkt zu Maßnahmen, die den Ausgabenanstieg bremsen sollten.

Inwieweit diese **Kostendämpfungsbemühungen** von Erfolg gekrönt waren, soll im Folgenden untersucht werden.

4.1   Kriterien einer kritischen Würdigung

Sozialpolitische Maßnahmen haben sich, wie bereits weiter oben gezeigt, nach dem **Prinzip der Nichtdiskriminierung** und infolgedessen der **Subsidiarität** auszurichten. Eine Begrenzung erfahren alle sozialpolitischen Maßnahmen in der Tradition Euckens durch die notwendige Gewährleistung der Markt- und Wettbewerbswirtschaft in ihrer Gesamtheit (vgl. Eucken 1975, S. 312 f.). Daraus lässt sich als weiteres Kriterium zur Subsidiarität eine Konformitätsprüfung konzipieren.

Das Kriterium der **Ordnungskonformität** bezieht sich auf die Vereinbarkeit mit der ökonomischen und politischen Rahmenordnung. Mit der Unterscheidung zwischen **Ordnungs-** und **Prozesspolitik** werden Anhaltspunkte für staatliche Interventionen geliefert, weil der Eingriff in den Koordinationsprozess des Marktes bzw. den freiwilligen Austauschprozess auf der Mikroebene besonders „verdächtig" oder in hohem Maße legitimationsbedürftig ist.[32] Ordnungspolitische Maßnahmen haben allgemeine Rahmenbedingungen zum Ziel, nach deren abstrakten Grundlagen die individuellen Handlungen auf Märkten frei gestaltbar sind. Eine typische Ordnungsregel ist die Formulierung des allgemeinen Eigentumsrechts. Freilich folgt eine wettbewerbliche Orientierung im Gesundheitswesen den Bedingungen eines „regulierten Marktes"[33], der etwa die Solidargarantie im Sinne einer Regelleistungsgarantie mit wettbewerblichen Steuerungskonzeptionen verknüpfen kann. In diesem Sinne ist die Abgrenzung prozess- von ordnungspolitischen Aspekten vor allem darin zu sehen, inwiefern der Staat bzw. eine kollektive Steuerungsphilosophie dezentrale Entscheidungsfindungsprozesse behindert und somit stärker prozesspolitisch wirkt oder befördert und der ordnungspolitischen Regel einer Erwartungsstabilität für die Akteure Rechnung trägt. In diesem Sinne greift der Staat mit prozesspolitischen Maßnahmen direkt in die individuelle Entscheidung des einzelnen Bürgers ein, indem er den Möglichkeitenraum für alternative Lösungskonzepte deutlich verengt oder gar nur noch einen Durchführungsweg offen lässt. Hinsichtlich Zielkonformität wird der Zielerreichungsgrad der Maßnahmen hinterfragt, na-

---

[32] Dabei soll nicht unerwähnt bleiben, dass es viele Grauzonen zwischen Ordnungs- und Prozesspolitik gibt und damit im Rahmen der vorliegenden Analyse lediglich eine erste Orientierung vorgenommen werden soll. Wegner 1996, S. 15 ff. nimmt beispielsweise eine anderweitige Abgrenzung vor, in dem er bei marktwidrigen Interventionen von "Ablaufpolitik" spricht.

[33] Eine der Grundformulierungen einer Idee eines „regulated managed competition"-Ansatzes ist auf Enthoven (1993) zurückzuführen.

mentlich bei den gesundheitspolitischen Reformen die Minimierung oder gar das Einfrieren des Ausgabenanstiegs (vgl. ausführlich Oberender/Zerth 2005c).

4.2 Kostendämpfungsgesetze

Angesichts der Ausgabenentwicklung in der GKV fand Mitte der 1970er Jahre ein Umdenken in der Gesundheitspolitik statt. An die Stelle einer **ausgabenorientierten Einnahmenpolitik** trat die **einnahmenorientierte Ausgabenpolitik**. Am 1. Juli 1977 traten das „Krankenversicherungs-Kostendämpfungsgesetz" (KVKG) und am 1. Januar 1982 das „Kostendämpfungs-Ergänzungsgesetz" (KVEG) in Kraft. Mit Hilfe dieser Gesetze sollte der für die GKV bedrohlichen Entwicklung der Finanzlage Einhalt geboten werden; insbesondere sollte durch ein preisbewussteres Verhalten von Ärzten und Patienten die weitere Zunahme der Gesundheitsausgaben der GKV gebremst werden.

4.2.1 Maßnahmen

Das KVKG sah halbjährliche Plenarsitzungen einer **Konzertierten Aktion im Gesundheitswesen** (KAiG) vor. Die der gesamtwirtschaftlich ausgerichteten Konzertierten Aktion des Stabilitätsgesetzes vom 8. Juni 1967, § 3, nachempfundene Einrichtung wurde mit der Rolle bedacht, unter Berücksichtigung einer „bedarfsgerechten Versorgung und einer ausgewogenen Verteilung der Belastungen medizinische und wirtschaftliche Orientierungsdaten sowie Vorschläge zur Erhöhung der Leistungsfähigkeit, Wirksamkeit und Wirtschaftlichkeit im Gesundheitswesen" zu erarbeiten. Dieses Gremium, dessen gesetzliche Basis sich heute in den §§ 141, 142 SGB V findet, ist dem Grundsatz einer einnahmenorientierten Ausgabenpolitik verpflichtet.

Bei der KAiG handelte es sich um einen Versuch der **Globalsteuerung** von volkswirtschaftlich bedeutsamen Aggregaten: Einnahmenentwicklung und Ausgabenentwicklung der GKV (vgl. Deutscher Bundestag 1990, S. 15–88). Auf der Grundlage eines durch die Politik vorgegebenen Paradigmas, der **einnahmenorientierten Ausgabenpolitik**, sollte die Konzertierte Aktion eine Verhaltensabstimmung der beteiligten Gruppen herbeiführen und so die Diskrepanz zwischen **individueller** und **kollektiver Rationalität** im Gesundheitswesen beseitigen helfen. Konkret sollten Ausgabenspielräume ausgelotet, begrenzt und auf die einzelnen Bereiche des Gesundheitswesens verteilt werden (vgl. grundsätzlich Gitter/Oberender 1987, S. 28 ff.).

Der KAiG konnte somit eine allokative Funktion zugeschrieben werden, indem sie Empfehlungen für die Ausgabenstruktur sowie für die absolute Höhe der

Gesundheitsausgaben abgeben sollte. Daneben hatte sie aber auch eine distributive Aufgabe, indem sie „eine ausgewogene Verteilung der Belastungen" (§ 141 Abs. 1 SGB V) herzustellen hatte. Im Wege einer freiwilligen Verhaltensabstimmung soll die Kostenentwicklung, die maßgeblich auch auf den ungebremsten Verteilungskampf zwischen den Partikularinteressen der einzelnen Leistungserbringer zurückzuführen war, gesteuert werden.

Unter anderem war im Gesetzestext auch vorgesehen, gemeinsam einen **Arzneimittelhöchstbetrag** für die GKV festzulegen. Geschah dies nicht, so sollten die Spitzenorganisationen der Kassenärzte und der Krankenkassen eine solche Empfehlung abgeben. Bei der Festlegung des Höchstbetrags waren die durchschnittliche Grundlohnsumme der beteiligten Krankenkassen, die Entwicklung der Arzneimittelpreise und die Zahl der Behandlungsfälle zu berücksichtigen.

Daneben verlangte das KVKG die Erstellung von **Transparenz-** und **Preisvergleichslisten** für Arzneimittel. Mit Hilfe von Transparenzlisten der Transparenzkommission „Arzneimittel" beim Bundesgesundheitsamt sowie durch die Preisvergleichsliste des Bundesausschusses der Ärzte und Krankenkassen sollte die Preistransparenz bei Arzneimitteln für die Ärzte erhöht werden. Durch Preisinformationen sollten die Ärzte zu einem unter Kostengesichtspunkten effizienteren Verschreibungsverhalten bewegt werden.

Die **Preisvergleichsliste** enthielt – von wenigen Ausnahmen abgesehen – nur Monopräparate. Sie sollte zu einer verbindlichen Informationsquelle für Ärzte werden. Bei der Erstellung dieser Liste galt es, gravierende methodische Hindernisse zu überwinden. So mussten möglichst allgemeingültige Kennzahlen für eine rationelle Arzneimitteltherapie gefunden werden. Gelöst wurden diese methodischen Probleme mit der Definition einer **durchschnittlichen mittleren Tagesdosis (DDD)**.

Darüber hinaus wurden Kombinationspräparate vernachlässigt, da nur Monopräparate erfasst und empfohlen wurden. Kombinationspräparate gelten – fälschlicherweise – nach wie vor als unwirtschaftlich und tauchen daher in großem Umfang auf der später eingeführten Negativliste auf.

Die **Transparenzliste** enthielt neben den Preisen auch Informationen über therapeutische, pharmakologische und pharmazeutische Merkmale der Arzneimittel.

4.2.2   Ergebnisse und Bewertung

Die Wirksamkeit der KAiG war bereits von Anfang an eingeschränkt. Wegen der Unverbindlichkeit der KAiG-Vorschläge entstand bei den Adressaten ein **Verantwortungsvakuum**; sie fühlten sich in ihrem Handeln nicht an diese

Empfehlungen gebunden. In den bilateralen Verhandlungen zwischen den Krankenkassen und den Leistungsanbietern gelang es den Vertragspartnern bisher immer, eigene Verbandsinteressen unabhängig von den Beschlüssen der KAiG zu verfolgen und durchzusetzen.

Da die eigentlichen Ursachen der von allen Seiten konstatierten Probleme des Gesundheitswesens aber nicht aus der dezentralen Planerstellung der Individuen, sondern vielmehr aus den Schwächen der zu ihrer Koordinierung vorgesehenen Regulierungen und Instanzen resultierten, hat die Konzertierte Aktion bis heute keinen grundlegenden Wandel der Situation herbeiführen können, eher hat sie den Blick auf die wirklichen Ursachen weiter verstellt.

Daneben stellt eine derartige Instanz in einer freiheitlich demokratischen Ordnung eine höchst fragwürdige Einrichtung dar: Entscheidungsbefugnisse werden demokratisch nur unzureichend legitimierten Verbandsfunktionären zugeordnet, deren Beschlüsse letztlich jeden einzelnen Zwangsversicherten treffen. Folglich ist weder das Subsidiaritätsprinzip gewahrt, noch sind die Maßnahmen grundsätzlich ordnungskonform (vgl. Gitter/Oberender 1987, S. 28).

Durch den **Arzneimittelhöchstbetrag** sollte eine Parallelentwicklung von Einkommen und Gesundheitsausgaben festgeschrieben werden. Die zu erwartende Verbrauchsentwicklung bei Arzneimitteln sah jedoch anders aus. Die demographische Entwicklung, die Veränderung des Morbiditätsspektrums und die Verbesserungen der medikamentösen Therapie selbst ließen eher eine Zunahme des Arzneimittelkonsums erwarten, die über einem erzwungenen paritätischen Anstieg von durchschnittlicher Grundlohnsumme und Arzneimittelausgaben liegt. Unwirtschaftlichkeit wäre die Konsequenz einer strikten Durchsetzung dieser Form der Budgetierung gewesen, wenn eine medikamentöse Therapie durch eine teurere operative Therapie substituiert werden muss. Wie die weitere Ausgabenentwicklung zeigt, hat sich dieses Instrument jedoch nicht bewährt, so dass sich in der Realität sehr wohl Strukturveränderungen ergaben.

Die ebenfalls vorgesehenen **Transparenz- und Preisvergleichslisten** fanden nur sehr zögernd Eingang in die ärztliche Verschreibungspraxis. Als Steuerungsinstrumente vermochten es weder Preisvergleichs- noch Transparenzliste, wesentlichen Einfluss auf das Verschreibungsverhalten der Ärzte von Arzneimitteln zu nehmen. Es zeigte sich, dass ohne pekuniäre Anreize ein Preis- und Kostenbewusstsein auf Seiten der Nachfrage nicht erzeugt werden kann.

Im Rahmen des KVEG reagierte der Gesetzgeber nicht mit einem verstärkten Einsatz pekuniärer Anreize, sondern mit einem Verbot der Kostenerstattung durch die GKV. Die Kosten sogenannter **Bagatellarzneimittel** zur Behandlung „geringfügiger" Gesundheitsstörungen wurden ab sofort nicht mehr oder nur noch in begründeten Ausnahmefällen von der GKV erstattet (§ 34 SGB V).

Mit dem **Gesundheitsmodernisierungsgesetz** (GMG) wurden mit Wirkung zum 1. Januar 2004 die bislang noch erstattungsfähigen nicht verschreibungspflichtigen Medikamente endgültig aus der Übernahme durch die Gesetzliche Krankenversicherung herausgenommen.

4.3   Gesundheits-Reform-Gesetz (GRG)

Auch die in den Folgejahren weiter steigenden **Beitragssätze** (1988 betrug der durchschnittliche Beitragssatz der GKV 12,9 % des Bruttoeinkommens) sowie die permanente Anhebung der **Beitragsbemessungsgrenze** vermochten es nicht, die Finanzierungsprobleme der GKV dauerhaft zu lösen. Die Defizite der GKV der Jahre 1984 bis 1988 addierten sich zu über 8 Mrd. DM, so dass einschneidende Maßnahmen unabdingbar wurden.

Mit Hilfe des am 20. Dezember 1988 verabschiedeten Gesundheits-Reformgesetzes (GRG) wurde der Versuch unternommen, die unbefriedigende Situation der GKV grundlegend zu verbessern. Daneben wurde das gesamte Recht der Krankenversicherung neu kodifiziert und mit Ausnahme der Leistungsbereiche „sonstige Hilfen" und der Leistungen bei Schwangerschaft und Mutterschaft, die ihre Rechtsgrundlage auch nach dem 31. Dezember 1988 in der Reichsversicherungsordnung haben, als Fünftes Buch in das **Sozialgesetzbuch** (SGB) eingefügt (Art. 1 GRG).

4.3.1 Zielvorstellungen und Maßnahmen

Im Zentrum des GRG standen die bereits erwähnten **drei Grundsätze** (§§ 70 ff. SGB V):

- Beitragssatzstabilität,
- Sicherung einer notwendigen medizinischen **Versorgung,**
- angemessene **Vergütung** ärztlicher Leistungen.

Die politische Priorität lag auf der **Beitragssatzstabilität**. Da es sich bei den vorgestellten Grundsätzen um konfligierende Zielvorstellungen handelt, konnte diese Prioritätssetzung nicht ohne Konsequenzen für die „notwendige" medizinische Versorgung sowie für die „angemessene" Vergütung der ärztlichen Leistung bleiben. Entweder musste, sollte Beitragssatzstabilität erreicht werden, der Leistungsumfang der GKV beträchtlich reduziert werden, und/oder es mussten die ärztlichen Honorare merklich beschnitten werden.

Das GRG war mit einer Reihe von Instrumenten ausgestattet worden, die primär auf eine Reduktion des Leistungskataloges und eine Einschränkung der Diagnose- und Therapiehoheit des Arztes hinausliefen. Das **Sachleistungsprinzip** wurde grundsätzlich festgeschrieben, damit war eine Kostenerstattung nur ausnahmsweise möglich. Bei der zahnmedizinischen Versorgung waren hingegen Zuzahlungsregelungen in Verbindung mit einer Stärkung der Individualprophylaxe vom Gesetzgeber aufgenommen worden. Zur Zielerreichung der Beitragssatzstabilität wurden hauptsächlich Maßnahmen im Bereich der Arzneimittel eingeführt.

So wurde die Erstellung einer **Negativliste** gesetzlich vorgeschrieben, die alle Medikamente enthalten sollte, die Ärzte nicht mehr zu Lasten der GKV verschreiben durften. In eine solche Negativliste sollten gemäß § 34 Abs. 3 Satz 2 SGB V gemäß des GRG insbesondere Arzneimittel aufgenommen werden,

- „die für das Therapieziel oder zur Minderung von Risiken nicht erforderliche Bestandteile enthalten; oder
- deren Wirkungen wegen der Vielzahl der enthaltenen Wirkstoffe nicht mit ausreichender Sicherheit beurteilt werden können; oder
- deren therapeutischer Nutzen nicht nachgewiesen ist."

Objektive Kriterien für die Festlegung der auszugrenzenden Präparate existierten jedoch nicht und konnten von daher auch nicht gesetzlich kodifiziert werden, infolgedessen bestanden große Ermessensspielräume der Verantwortlichen.

Neben diesen Arzneimitteln, die aufgrund ihrer Wirkstoffzusammensetzung von einer Erstattung ausgeschlossen wurden, wurden auch die medikamentösen Therapien ganzer Indikationsgebiete aus der Erstattungspflicht genommen (§ 34 SGB V). Hiervon betroffen waren die sogenannten **Bagatellarzneien**.

Ferner wurde eine **Festbetragsregelung** eingeführt, mit der ebenfalls beträchtliche Einsparungen bei der Arzneimittelversorgung erzielt werden sollten. Die Festbetragsregelung sollte zugleich die als zu gering erachtete Wettbewerbsintensität auf dem Pharmamarkt spürbar erhöhen (§ 35 Abs. 5 Satz 1 SGB V). Bei Festbeträgen handelt es sich um eine besondere Form der Selbstbeteiligung, bei der für bestimmte GKV-Leistungen Höchstbeträge der Erstattung festgelegt werden.

Nach § 35 SGB V hatte der Bundesausschuss der Ärzte und Krankenkassen in Richtlinien vorzugeben, für welche **Arzneimittelgruppen** Festbeträge festzusetzen sind. Diese Arzneimittelgruppen bestehen jeweils aus Arzneimitteln, die gegeneinander ohne Therapiebeeinträchtigung austauschbar sein sollen. Das GRG sah Maßnahmen vor, die das Verschreibungsverhalten der Ärzte im Sinne einer umfassenden Senkung der Arzneimittelausgaben beeinflussen sollten. So sollten nach § 84 SGB V gemäß des GRG zwischen den Partnern der Gesamtverträge, also den Krankenkassen und den Kassenärztlichen Vereinigungen, **Richtgrößen** vereinbart werden. Diese stellten arztgruppen- und patientengruppenspezifische Vorgaben für eine mengenmäßig zurückhaltende ärztliche Verschreibungspraxis dar. Das Verschreibungsvolumen wurde zwar nicht für jeden Arzt individuell festgelegt, dennoch bestand die Möglichkeit der **Wirtschaftlichkeitsprüfung** nach § 106 Abs. 2 Nr. 2 SGB V gemäß des GRG bei Richtgrößenüberschreitungen. Die Richtgrößen sollten Ärzte nicht nur veranlassen, sich auf die Verordnung von Festbetragspräparaten zu konzentrieren, sondern auch durch eine reduzierte Verschreibungsmenge Einsparpotenziale zu erschließen. Richtgrößen stellten daher ein zentrales Instrument zur Unterstützung der Ziele des Festbetragskonzepts dar (vgl. Vogelbruch 1992, S. 27).

Neben der gesetzlichen Verankerung verschiedenster Kostendämpfungsmaßnahmen wurden aber auch neue Leistungskomplexe aufgenommen, so die **ambulante häusliche Pflege**. Ab dem 1. Januar 1989 wurde langjährig Versicherten ein Anspruch auf eine maximal vierwöchige professionelle pflegerische Versorgung (Urlaubspflege) zuerkannt. Voraussetzung hierfür war, dass bereits mindestens zwölf Monate lang Schwerpflegebedürftigkeit bestand. Ab dem 1. Januar 1991 wurde den Versicherten ein Anspruch auf Dauerpflege (25 Pflegeeinsätze pro Monat mit Maximalkosten in Höhe von 750 DM je Versicherungsfall) eingeräumt.

Darüber hinaus hat das Gesetz Änderungen in der Abgrenzung des versicherten Personenkreises beinhaltet, wie z. B. die **Gleichstellung** von Angestellten und Arbeitern durch Wegfall der Versicherungspflicht für Arbeiter mit einem Einkommen oberhalb der Beitragsbemessungsgrenze.

4.3.2 Bewertung

Die Einführung der **Negativliste** hat dazu geführt, dass Ärzte, denen es aufgrund des mit der zunehmenden Ärztedichte verbundenen härter werdenden Wettbewerbs immer schwerer fiel, Patientenwünsche für die Verschreibung von Medikamenten zurückzuweisen, sich „gezwungen" sahen, teure, dafür aber als wirksam erachtete Arzneimittel, die nicht Bestandteil der Negativliste sind, zu verschreiben. Das Auftreten derartiger Substitutionsvorgänge macht klar, dass es sich bei „Unwirtschaftlichkeit", dem Attribut, mit dem die Präparate der Negativliste abqualifiziert werden sollen, um ein Kriterium handelt, das sich nicht allein aus der isolierten Bewertung eines Medikamentes ergibt. Erforderlich sind vielmehr Ziel-Mittel-Betrachtungen.

Der **Festbetrag** „spaltet" den Arzneimittelpreis in einen „Krankenkassenpreis" und einen „Patientenpreis". Damit ist nicht zwangsläufig ein **Höchstpreis** de jure intendiert, aber in der Regel de facto, insbesondere wenn die Marktsituation derart ausgestaltet ist, dass der größte kumulative Nachfrager, die Kassen der GKV für die gesetzlich Versicherten, nur noch den Festbetrag übernehmen. Sobald Generikanbieter im Markt sind oder die Möglichkeit zu günstigeren Re-Importen besteht, zeigte die bisherige Entwicklung eine generelle Entwicklung zur Preisanpassung auf die Höhe der Festbeträge an.[34]

Hersteller von Generika, deren Preise unterhalb des einzuführenden Festbetrags liegen und deren vornehmliches Verkaufsargument bisher der niedrige Preis war, werden vermutlich ihre Preise langfristig in Richtung des Festbetrags erhöhen. Das Ergebnis der Festbetragsregelung ist also keine Intensivierung des Wettbewerbs bezüglich des Aktionsparameters Preis, sondern vielmehr eine Reduzierung des Preiswettbewerbs.

Ordnungspolitisch ist zu beanstanden, dass die Festbeträge von den Spitzenverbänden der Krankenkassen und Ärzte **zentral** festgelegt werden und so einem in der Wirkung an die pharmazeutische Industrie gerichteten Preisdiktat nahekommen. Neben großen Spielräumen bei der Einordnung von Medikamenten in Festbetragsgruppen bestehen erhebliche Differenzen zwischen Krankenkassen und Herstellern aufgrund zahlreicher unbestimmter Rechtsbegriffe.

Für die Patienten wurde durch die Einführung des Festbetragskonzepts eine umfassende Versorgung ohne jede **Zuzahlung** verankert. Aus wahltaktischen Gründen ist dies eine verständliche Zielvorstellung, die aber mit dem grundsätzlichen Reformziel einer erhöhten Eigenverantwortung nichts mehr gemein hat. Aus der Regelung resultierte daher auch nur ein kurzfristiger Preissenkungseffekt, wogegen eine effizientere Durchführung medikamentöser Therapien, bezogen auf die Gesamtkosten und nicht nur auf den Packungspreis, nicht erzielt werden konnte.

Das **Pflegekonzept** des GRG muss als gescheitert angesehen werden, da es an den Bedürfnissen der Betroffenen vorbeizielt. So hatte das Bundesarbeitsministerium für das Jahr 1992 hierfür zwar 6,4 Mrd. DM eingeplant, in Anspruch genommen wurden jedoch nur 1,2 bis 1,3 Mrd. DM. Die Gründe für diese Nichtbeanspruchung sind vielfältig: Ein großer Teil der Pflegebedürftigen konnte die Leistung gar nicht in Anspruch nehmen, weil der Gesetzgeber **lange Vorversicherungszeiten** zur Bedingung gemacht hatte. Die Schwerpflegebedürftigkeit wurde vom Bundesausschuss Ärzte/Krankenkassen unter medizini-

---

[34] Als Beispiel sei das Präparat „Adalat" genannt. Durch die verzögerte Anpassung des Herstellers an die Festbetragshöhe waren deutliche Umsatzeinbußen feststellbar. Hauptprofiteur in diesem Fall war ein Re-Importeur von Adalat (vgl. ausführlich Litsch et al. 1990, S. 126 f.).

schen Gesichtspunkten sehr restriktiv definiert, vor allem mit dem Ziel, eine mögliche Überinanspruchnahme von vornherein auszuschließen. Darüber hinaus musste die Schwerpflegebedürftigkeit vorab vom Hausarzt und vom Medizinischen Dienst (MDK) der Krankenkassen in einem komplizierten und zeitraubenden Antragsverfahren bescheinigt werden. Es hat sich herausgestellt, dass die Anspruchsberechtigten Geldleistungen den Sachleistungen vorzogen, welche nur in wertmäßig geringerem Umfang gewährt werden konnten. Nahezu alle Kernziele des GRG wurden verfehlt (vgl. Übersicht 1).

Einsparungen durch	Ziel 1992	erreicht 1992
Festbeträge	1.400 Mio. DM	600 Mio. DM
Struktureffekt durch Transparenz	2.000 Mio. DM	0 Mio. DM
Wirtschaftlichkeit im Krankenhaus	1.570 Mio. DM	0 Mio. DM
Neue Leistungen, häusliche Pflege	6.400 Mio. DM	1.250 Mio. DM
Beitragssatz	12,6 %	12,7 %
Defizit	0 Mio. DM >	10.000 Mio. DM

Tab. 3: Blüms Reform: Wunsch und Wirklichkeit
Quelle: Oberender, P./Zerth, J. 2001, S. 23

Erreicht wurden zwar jene Sparziele, die durch Leistungsabbau (Sterbegeld und Selbstbeteiligung der Patienten, z. B. Zahnersatz) bewirkt werden sollten, hingegen wurden die auf strukturelle Wirkungen ausgerichteten Kostendämpfungsziele völlig verfehlt. Besonders eklatant sind die Defizite zwischen Anspruch und Wirklichkeit bei den Struktureffekten durch eine höhere Transparenz des Arzneimittelmarktes für die Ärzte sowie bei der Festbetragsregelung.

Es muss darauf hingewiesen werden, dass im GRG die **Kostendämpfung** und nicht das Ziel einer bedarfsgerechten Gesundheitsversorgung im Mittelpunkt stand. Die im GRG enthaltenen kostendämpfenden Maßnahmen konzentrierten sich außerdem auf wenige Gesundheitsbereiche, vor allem auf die Versorgung mit Arznei-, Heil- und Hilfsmitteln sowie auf zahnärztliche Leistungen. Keine Berücksichtigung fanden im Rahmen des GRG, wie zum Teil bereits erwähnt, der Krankenhausbereich, die ambulante Versorgung sowie die zukünftiger Herausforderungen, auf die im Folgenden noch eingegangen wird.

Zusammenfassend kann das GRG nur als punktuell ansetzende **Symptomthe-rapie** bezeichnet werden, bei der die kostentreibenden Strukturen im Wesentlichen unbehandelt blieben. Es traten zwar kurzfristige Spareffekte („**Blüm-Delle**") als Folge der Vorwegnahme von Leistungen im zahnärztlichen Bereich im Jahre 1988 („**Blüm-Bauch**") ein, die eigentlichen kostenverursachenden Strukturen blieben hiervon aber unberührt. Die Behauptung, wonach die erzielten Einsparungen als Zeichen eines Umbruchs oder als Beginn eines anhaltenden strukturellen Abschmelzungsprozesses der Gesundheitsausgaben zu deuten seien, mochte zwar wahltaktisch verständlich sein, erwies sich aber sehr bald schon als unhaltbar.

Ordnungspolitisch stellte das GRG das Ergebnis planwirtschaftlichen und dirigistischen Denkens **zentralverwaltungswirtschaftlicher Provenienz** dar. Es ging von einem **kollektivistischen Menschenbild** aus, das beherrscht wurde vom **Glauben der Planbarkeit** und der **Illusion der Machbarkeit**. Der einzelne Bürger, ob Patient oder Leistungserbringer, wurde zunehmend in seinen Entfaltungsräumen beeinträchtigt.

4.4   Gesundheitsstrukturgesetz (GSG)

Die nach Inkrafttreten des GRG sich abzeichnende Erholung auf der Ausgabenseite – 1989 ergab sich ein Überschuss der Einnahmen über die Ausgaben in Höhe von fast 10 Mrd. DM – hielt nur kurzzeitig an. Bereits 1990 stiegen die Ausgaben wieder stärker als die Einnahmen. Der Überschuss verringerte sich 1990 auf 6 Mrd. DM, 1991 ergab sich wieder ein Defizit. Aufgrund des Defizits des Jahres 1992 in Höhe von fast 9 Mrd. DM und der Gefahr steigender Beitragssätze sah sich die Bundesregierung zum Handeln gezwungen (vgl. Bundesministerium für Arbeit und Sozialordnung 1993, S. 92 ff.).

Steigende Beitragssätze in der Gesetzlichen Krankenversicherung (GKV) bedeuten nicht nur eine höhere Belastung der Lohneinkommen und hemmen damit die Leistungsbereitschaft der Arbeitnehmer, sondern zugleich nehmen die **Lohnnebenkosten** für die Arbeitgeber zu, was die Beschäftigungschancen negativ beeinflusst. Dies gilt insbesondere in den Branchen, die in einer wachsenden weltwirtschaftlichen Verflechtung steigende Lohnnebenkosten nur schwer verkraften können, d. h. über Preiserhöhungen überwälzen können.

4.4.1 Maßnahmen und Ziele

Das Gesundheitsstrukturgesetz (GSG) wurde in einer Rekordzeit von vier Wochen zum 21. Dezember 1992 verabschiedet. Insgesamt sollte mit seiner Hilfe eine Entlastung der Ausgabenseite der GKV von über 10 Mrd. DM erzielt werden.

Das Gesetz folgte in seinen wesentlichen Zügen dem Grundgedanken von der totalen Budgetierung aller Leistungsbereiche und der Verwaltungsausgaben. Die Budgets stellten Obergrenzen dar, Steigerungen sollten nur noch im Rahmen der Steigerung der beitragspflichtigen Einnahmen der Mitglieder zulässig sein, d.h., es wurde eine Bindung an die **Grundlohnsumme** implementiert. Besondere Schwerpunkte im Rahmen des GSG waren der Krankenhausbereich, die ambulante ärztliche und zahnärztliche Versorgung, die Organisationsreform der GKV und wiederum die Versorgung mit Arzneimitteln.

Die größten Veränderungen der Krankenkassenlandschaft rief die **Organisationsreform der GKV** hervor. Die Ungleichbehandlung von Arbeitern und Angestellten bei der Wahl ihrer Gesetzlichen Krankenkasse sowie die berufsbezogenen Gliederungskriterien der GKV hatten in beträchtlichem Umfang zu divergierenden Risikostrukturen, Risikoselektionsmöglichkeiten und Beitragssätzen geführt. Die Regelungen des § 173 SGB V i. d. F. des GSG sahen daher die grundsätzlich **freie Wahl einer Krankenkasse**, deren Zuständigkeit sich auf den Beschäftigungs- oder Wohnort erstrecken musste, erstmals ab 1. Januar 1997 vor. Mitglieder konnten am 1. Januar 1996 die Mitgliedschaft bei ihrer Krankenkasse mit einjähriger Kündigungsfrist kündigen und einer anderen Kasse beitreten, deren Zuständigkeit sich auf ihren Beschäftigungs- oder Wohnort erstrecken musste. Damit wurde die Wahlfreiheit für Versicherungspflichtige bezüglich der GKV eingeführt.

Die Krankenkassen unterliegen seit dem GRG einem **Kontrahierungszwang**, d. h., sie sind dazu verpflichtet, beitrittswillige Personen in ihren Versichertenkreis aufzunehmen. Zugleich dürfen sie diese nicht diskriminieren (**Diskriminierungsverbot**).

Mit dem Ziel, Wettbewerbsverzerrungen zu neutralisieren, wurde vorgesehen, bereits ab 1. Januar 1994 in der allgemeinen Krankenversicherung und ab 1. Januar 1995 unter Einbeziehung der Krankenversicherung der Rentner (KVdR) einen permanenten, bundesweiten und kassenartenübergreifenden **Risikostrukturausgleich** zu implementieren, der Unterschiede in den beitragspflichtigen Einnahmen (Grundlohn), in der Zahl der kostenfrei mitversicherten Familienangehörigen (Familienlast), von alters- und geschlechtsbedingten Risikofaktoren sowie Invalidität ausgleichen sollte. Einnahmen- und Ausgabenunterschiede, die nicht auf den im Risikostrukturausgleich einbezogenen Faktoren beruhten, sollten nicht ausgeglichen werden. Weitere bestehende Wettbewerbsungleichheiten sollten durch eine Vereinheitlichung des bisher noch unterschiedlichen Vertragsrechts von Ersatz- und Primärkassen erreicht werden, so dass die Sonderstellung der Ersatzkassen entfiel.

Das GSG sah weiterhin vor, die **duale Finanzierung** der Krankenhäuser, bei der die **Investitionskosten** von der öffentlichen Hand (§ 2 Abs. 2 KHG), die **Betriebskosten** hingegen durch tagesgleiche Pflegesätze der Krankenkassen finanziert wurden, schrittweise durch eine Finanzierung rein über **Fallpauschalen, Sonderentgelte** und **differenzierte Pflegesätze** abzulösen. Zum 1. Januar 1993 wurde das **Selbstkostendeckungsprinzip** in Form der begleitenden prospektiven Budgetierung auf der Basis tagesgleicher Pflegesätze, das wesentlich zu unwirtschaftlichen Verhaltensweisen im Krankenhausbereich beigetragen hatte, durch Gesamtbudgets abgelöst. Das Selbstkostendeckungsprinzip war eine Konsequenz der staatlichen Angebotsplanung durch selektive Investitionsförderung im Krankenhaussektor, in dem die Art der Betriebskosten weitgehend fremdbestimmt wurde.

Neben der Veränderung der Vergütungsform griffen erleichterte **Kündigungsmöglichkeiten** seitens der Krankenkassen in den Fällen, in denen das Krankenhaus nicht mehr den Erfordernissen einer bedarfsgerechten, leistungsfähigen und zugleich wirtschaftlichen Behandlung der Versicherten genügte. Diese grundsätzliche Abkehr von dem bisher vorwiegend angewendeten dirigistischen Instrumentarium wurde allerdings konterkariert durch eindeutig dirigistische Vorschriften, zu denen die **Pflegepersonalverordnung** und auch die weiter ausgebaute **Großgeräteplanung** gezählt werden mussten (vgl. Neubauer 1993, S. 83).

Auch die Ausgaben für Arzneimittel wurden budgetiert. Dem Budget für 1993 wurden die Ausgaben des Jahres 1991 zugrunde gelegt, erhöht um den Anstieg der Vertragsärzte und bereinigt um die finanziellen Auswirkungen der Festbetragsregelung, die Veränderungen der Arzneimittelpreise, die Effekte einer Neuregelung der Zuzahlungen und der Leistungspflicht der Krankenkassen (§ 84 SGB V).

Ein Überschreiten des **Arzneimittelbudgets** von 24 Mrd. DM war mit finanziellen Einbußen der Ärzteschaft verbunden. Für die Deckung eines Defizits bis zu 280 Mio. DM hafteten die Ärzte, bei einer höheren Überschreitung haftete zusätzlich die pharmazeutische Industrie ebenfalls bis zu 280 Mio. DM.

Eine Ausgleichsforderung gegenüber der Industrie wurde durch eine Verlängerung des **Preismoratoriums**, das ebenfalls durch das GSG eingeführt wurde, geschaffen. Hierbei handelte es sich um eine gesetzlich vorgeschriebene Preissenkung von festbetragsfreien Arzneimitteln.

Nach Artikel 30 GSG war beabsichtigt, die Preise festbetragsfreier, verschreibungspflichtiger Medikamente ab 1. Januar 1993 um fünf Prozent und die Preise für festbetragsfreie, aber zu Lasten der GKV verordnungsfähige, nicht verschreibungspflichtige Präparate, die der Apothekenpflicht unterliegen, um zwei

Prozent zu senken und bis zum 31. Dezember 1994 im Preis unverändert zu lassen. Ausgenommen von dieser Regelung waren Präparate, die gemäß der Negativliste nach § 34 Abs. 3 SGB V nicht zu Lasten der GKV verordnet werden können.

Nach § 84 Abs. 4 SGB V sollte das Budget frühestens zum 1. Januar 1994 durch eine **indikationsbezogene Richtgrößenvorgabe** abgelöst werden. Hierbei war geplant, die im GRG vorgesehene Einführung von arztgruppenspezifischen Richtgrößen für das Volumen verordneter Leistungen weiter zu differenzieren. Mit Hilfe von indikationsbezogenen Richtgrößen sollte die Verantwortung für eine sparsame Verordnung von Arzneimitteln weg vom Kollektiv auf die Ebene des einzelnen Arztes verlagert werden. Dies ist aber in den meisten Bundesländern nicht geschehen, so dass auch 1994 die Budgetregelung fortgeführt wurde.

Daneben war geplant, eine wirtschaftliche Verschreibungsweise von Arzneimitteln wieder durch die Einführung einer **Positivliste**, die jene Medikamente enthält, die zu Lasten der GKV verordnet werden dürfen, zu fördern (§ 34a i.V.m. § 92a SGB V). Dieses Vorhaben wurde jedoch nicht realisiert und wurde auch – obwohl anders geplant – bei der Gesundheitsreform 2000 sowie dem eigens geplanten Gesetz zur Positivliste nicht umgesetzt.

4.4.2 Würdigung der Maßnahmen

Durch die Einführung der **Kassenartenwahlfreiheit** sind erste zentrale reformpolitische Forderungen erfüllt worden. Dennoch sind die Mängel nicht zu übersehen, die auch gegenwärtig noch Bestand haben.

Der **Risikostrukturausgleich** wurde und wird über die Gefahr des Wettbewerbsversagens legitimiert (vgl. Cassel 1993). Die Begründung dafür ist aber im Prinzip der Beitragserhebung zu suchen. Die Beiträge einer einzelnen Kasse werden gemäß dem Solidarprinzip nach einem einheitlichen Beitragssatz erhoben. Dieser Beitragssatz ergibt sich als Quotient aus den Krankheitsausgaben, die eine Krankenkasse zu tragen hat, und den beitragspflichtigen Einkommen ihrer Mitglieder. Wenn der Beitragssatz de facto der wichtigste Aktionsparameter für die Krankenversicherungen im Wettbewerb um Versicherte ist, vor allem dann, wenn die Möglichkeiten zur eigenständigen Leistungserstellung durch einen weitgehend gesetzlich vorgegebenen Leistungskatalog eingeschränkt sind, resultiert zwangsläufig daraus ein Anreiz zur Risikoselektion. Durch den **Risikostrukturausgleich** (RSA) versuchte man nun, die nachfrageseitig gezahlten solidarischen Beiträge aus Anbietersicht in risikoäquivalente Prämien zu transferieren.

Grundsätzlich lässt sich die Idee des Risikostrukturausgleichs mit folgendem Gedankenmodell skizzieren: Alle Versicherten zahlen in eine einheitliche Finanzierungsstelle ein, die Kassen erhalten dann die Zahlungen, die entsprechend das

Ausgabenrisiko der Versicherten abbilden. Ziel ist es, damit eine Form der **„Quasi-Risikoäquivalenz"** zu schaffen.[35]

Gelänge es den Kassen, bei einem perfekten Risikostrukturausgleich das Ausgabenrisiko vollständig abzubilden, so wären schlechte Risiken aus Sicht der Krankenkasse gar keine schlechten Risiken mehr, und die Kasse könnte sich lediglich auf das Leistungsmanagement für ihre Versicherten konzentrieren. Allerdings funktioniert dieses Modell realiter nur mit erheblichen Schwierigkeiten, die vor allem darin begründet liegen, dass der **Risikostrukturausgleich** als reguliertes Verfahren zwangsweise ein einheitliches und für alle Kassen geltendes Verfahren der Einnahmen- und Ausgabenzuweisung vorsieht. Darüber hinaus wurden weitgehend nur die Faktoren Alter und Geschlecht als Indikator für das Risiko herangezogen. Ansatzpunkte zur Reform wurden mit der Veränderung des RSA betrieben und sollen daher an späterer Stelle noch einmal aufgegriffen werden.

Der Risikostrukturausgleich setzt grundsätzlich ein einheitliches Basisniveau voraus, das exogen vorgegeben werden muss. Von diesem Niveau aus erfolgt der Ausgleich. Ohne ein einheitliches Basisniveau an Leistungen könnten sich gute Risiken durch Wahl eines niedrigeren Versicherungsniveaus vom Einkommenstransfer an die schlechten Risiken zumindest teilweise befreien.[36] Jegliche Differenzierung des Leistungsangebotes muss sich daher immer dem Vorwurf ausgesetzt sehen, es läge eine **versteckte Risikoselektion** vor.[37] Das Problem wird beispielsweise bei der Ausgestaltung von Wahlleistungen in Form der freiwilligen Abwahloption deutlich. Solange eine solidarische, risikounabhängige Beitragssatzerhebung erfolgt, wird eine Inanspruchnahme von freiwilligen Abwahloptionen wahrscheinlich tendenziell von jungen, gesünderen Versicherten gewählt werden. Dies führt aber dann zu einem Problem für die Finanzierungsfähigkeit des Krankenversicherungssystems, wenn die durch die Abwahloption resultierende Beitragsreduzierung die Finanzierung derjenigen, die diese Leistung in Anspruch nehmen, in Gefahr gerät. Dies ließe sich nur vermeiden, wenn der Beitrag in einen **Risikoanteil** und einen **Solidaranteil** aufgegliedert werden könnte. Genau dies wird jedoch beim Solidarprinzip nicht intendiert.

---

[35] Die Idee einer „Risikoäquivalenz" skizziert die Vorstellung, dass über eine Angebotsregulierung ein „als-ob-Risikomarkt" vorhanden wäre. Vgl. dazu Oberender/Fleischmann 2001, S. 602.

[36] Vgl. dazu Zweifel/Breuer 2003, S. 22; vgl. ähnl. auch Oberender/Ecker 1999, S. 56 f.

[37] Knappe 2003, S. 30 ff. weist auf das Problem einer möglichen „Entsolidarisierung bei Abwahloptionen" hin, wenn es nicht gelingt, Risikoanteil und Solidaranteil im Beitragssatz trennscharf auseinander zu halten.

Wettbewerbliche Prozesse sind jedoch immer mit ungleichen Marktlagen für die Wettbewerber verbunden. Die Aufgabe des Gesetzgebers liegt darin, gleiche rechtliche Rahmenbedingungen für die Wettbewerber zu schaffen sowie den Marktzutritt für neue Krankenversicherungsanbieter, aber auch den Marktaustritt von Krankenkassen zu ermöglichen. Gerade Letzteres geschah nicht.

So sah das GSG Erschwernisse bei der Neugründung von Betriebs- und Innungskrankenkassen sowie auch bei deren Schließung vor. Absicht des Gesetzgebers war es, **Entsolidarisierungsprozesse** durch die Neugründung von Betriebs- und Innungskrankenkassen zu vermeiden. **Konzentrationsprozesse** auf der Seite der Krankenkassen, erstaunlicherweise nicht kassenartenübergreifend, wurden ausdrücklich gefördert. Den Landesregierungen wurde explizit das Recht zugestanden, Krankenkassen zwangsweise zu fusionieren.[38] Aber auch der erschwerte Marktaustritt bei nicht nachfragegerechtem Angebot der Krankenkassen förderte konzentrative Tendenzen.

Eine marktwirtschaftlichen Prinzipien genügende Ausgestaltung des Krankenkassenwettbewerbs in der GKV hätte den Kassen weitere Aktionsparameter auf Seiten des Leistungseinkaufs eröffnet. Dies hat der Gesetzgeber im Rahmen des GSG nicht ermöglicht.

Auf die vom jeweiligen **Honorierungssystem** der Leistungsbereiche (Ärzte, Krankenhäuser, Medikamente) ausgehenden Anreize zur unwirtschaftlichen Leistungserbringung und zur Mengenausweitung reagierte der Gesetzgeber bisher (Arzneimittelhöchstbetrag des KVKG) und auch im Rahmen des GSG mit der Vorgabe von festen, an die Grundlohnentwicklung **gebundenen Jahresbudgets**, für deren Einhaltung die Leistungsanbieter haften. Neu war hingegen die vollständige Anbindung der Ausgabenentwicklung aller Leistungsbereiche an die **Grundlohnentwicklung**, wenn auch nur befristet bis einschließlich 1995.

Die Anbindung an den Anstieg der Grundlohnsumme mag dem Anspruch der Beitragssatzstabilität genügen, den Bedürfnissen der Versicherten wird mit einer solchen Anbindung aber kaum Rechnung getragen. In vielen Ländern haben empirische Untersuchungen gezeigt, dass, unabhängig von den politischen und sozialen Verhältnissen, die Gesundheitsausgaben mit einem höheren Prozentsatz als das Einkommen ansteigen. Wird eine Anbindung der Gesundheitsausgaben an die Grundlohnentwicklung staatlich verordnet, so kann, jedenfalls sobald die möglichen Rationalisierungspotenziale erschöpft sind, nicht mehr von einer bedarfsgerechten Versorgung gesprochen werden.

Die zentrale Planung und Steuerung des Gesundheitswesens über eine konsequente **Budgetierung** ist daher verfehlt. Die Unmöglichkeit, alle erforderlichen

---

[38] Als Beispiel mag die Fusion der Orts-AOKen zu Landesverbänden der AOK dienen.

Informationen in die Budgetierung einzubeziehen, da sie nicht zentral vorliegen, kann anhand der vernachlässigten Substitutionsbeziehungen zwischen den Leistungsbereichen verdeutlicht werden.

Wie schon Jahre zuvor beim GRG so waren auch beim GSG kurzfristige Einspareffekte zu verzeichnen, die aber den langfristigen Anstieg der Gesundheitsausgaben nicht aufhalten konnten. So konnten beispielsweise bei den Arzneimitteln Vorzieheffekte beobachtet werden, die ebenfalls partiell der Intention des Gesetzgebers zuwiderliefen (vgl. Abb. 12).

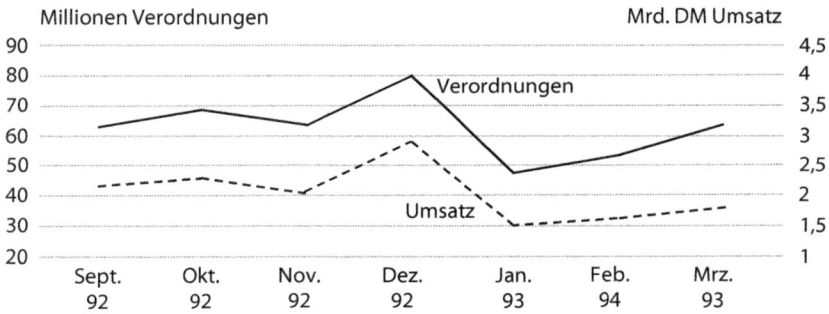

Abb. 12: Vorzieheffekte durch Einführung des Arzneimittelbudgets ab 1.1.1993
Quelle: Oberender, P./Zerth,J. 2001, S. 31

Die Budgetierungsnormen des GSG stellten daher lediglich Symptombekämpfungen dar. Maßnahmen, die an den Ursachen ansetzen, sind kaum darin enthalten, sollten jedoch später folgen. Darauf lässt auch die zeitliche Befristung der Budgetierungsregelungen schließen.

Einen besonderen Schwerpunkt innerhalb der Bestimmungen des GSG bildete der **Arzneimittelbereich**. Man schien sich von Regulierungen in diesem Feld besonders rasche Wirkungen zu versprechen, weil angenommen wurde, dass hier die Verschwendung am größten sei und deshalb am ehesten gespart werden könne.

Das **Preismoratorium** stellte einen schwerwiegenden Eingriff in die unternehmerische Handlungsfreiheit dar. Wie schon durch die Einführung der Festbetragsregelung wurden die pharmazeutischen Unternehmen zu Preissenkungen gezwungen, nun allerdings nicht mehr nur faktisch, sondern durch die strikte Vorgabe eines Absenkungsprozentsatzes. Besonders problematisch erscheint die unsachgemäße Ausgestaltung des Preismoratoriums, die dazu führte, dass nicht nur der GKV-Bereich berührt wurde, sondern auch Absenkungen im Bereich der Selbstmedikation vorgeschrieben wurden.

Das Gesundheitsstrukturgesetz (GSG) war **ordnungspolitisch ambivalent**. Zum einen enthielt es sehr konstruktive Ansätze, die mit einer marktwirtschaftlichen Ordnung vereinbar waren. So waren die Aufhebung des Selbstkostendeckungsprinzips und die schon damals projektierte, aber bis zum Jahr 2004 noch nicht realisierte Abschaffung der dualen Finanzierung der Krankenhäuser, die erhöhte Selbstbeteiligung der Patienten und die Kassenartenwahlfreiheit für die Versicherten wichtige Schritte auf dem richtigen Weg, da sie mit den Grundprinzipien einer sozialen Marktwirtschaft vereinbar sind. Die drastischen Eingriffe in die Entscheidungsfreiheit aller Beteiligten, insbesondere die dirigistisch verfügte Deckelung der GKV-Ausgaben in allen Leistungsbereichen, stellte aber wiederum nur einen Versuch dar, die Symptome zu bekämpfen.

4.5 Neuordnungsgesetze

Da auch das Gesundheitsstrukturgesetz nur ansatzweise zur Lösung der Ausgabenentwicklung beitrug, versuchte der Gesetzgeber, mit dem **Beitragsentlastungsgesetz (1996)** und vor allem mit den beiden **Neuordnungsgesetzen (1997)** eine höhere Effizienzorientierung im deutschen Gesundheitswesen zu erreichen.

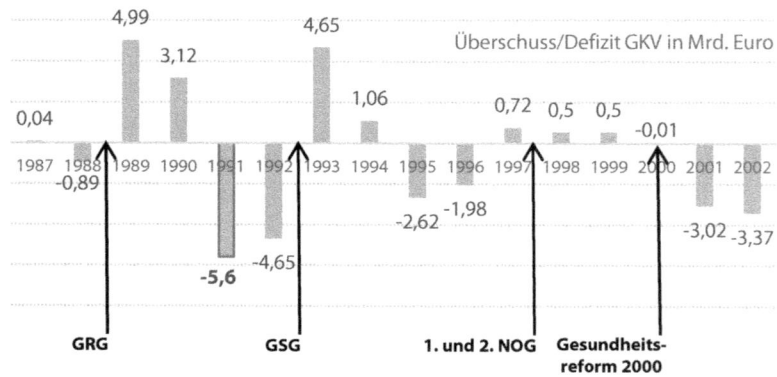

Abb. 13: Überschuss / Defizitentwicklung in der GKV in Mrd. €
Quelle: Eigene Darstellung nach statista (2015)

4.5.1 Maßnahmen und Ziele

Die GKV-Neuordnungsgesetze (NOG), die am 1. Juli 1997 in Kraft traten, waren ein Versuch, die **Wirksamkeit des Wettbewerbs** in der GKV zu erhöhen. Eine Stärkung des Wettbewerbs zwischen den Kassen sollte über die Schaffung von Satzungsleistungen angestrebt werden (vgl. Art. 1/15 Abschnitt 2 NOG), was aber in der politischen Diskussion zu umstritten war und deshalb nicht in die Gesetzesrealität überführt wurde. Insbesondere mit der Einführung von **Modellvorhaben** (§§ 63 ff. SGB V) und **Strukturverträgen** (§ 73 a SGB V) sollten den Krankenkassen Möglichkeiten für effiziente Vertragsstrukturen gegeben werden. Jedoch unterlagen diese Regelungen einer zeitlichen Befristung und waren von der Zustimmung der Kassenärztlichen Vereinigung abhängig – eine Regelung, die auch heute noch weitgehend im SGB V verankert ist.

Ein besonderer Schwerpunkt der Neuordnungsgesetze galt der Stärkung der **Eigenverantwortung** der Versicherten. Insbesondere sollten diese bei Beitragssatzsteigerungen der Krankenkasse überproportional beteiligt werden: Bei jeder Beitragssatzerhöhung um 0,1 Prozentpunkte war vorgesehen, die Zuzahlung automatisch um 1 DM bzw. einen Prozentpunkt zu erhöhen. Damit verknüpfte der Gesetzgeber eine Festschreibung der Beitragssätze bis Ende 1996, was der politischen Priorität der **Beitragssatzstabilität** entspricht. Zum 1.1.1997 sollten die Beitragssätze dann einheitlich um 0,4 Prozentpunkte reduziert werden. Mit der Beitragssatzerhebung unmittelbar verbunden wurde auch ein automatisches Kündigungsrecht für den Versicherten, woraus sich der Gesetzgeber ebenfalls einen stärkeren Wettbewerbsdruck auf die Krankenkassen versprach.[39] Darüber hinaus sah das Gesetzesvorhaben ein **Wahlrecht auf Kostenerstattung** für den Patienten vor, was als erster Schritt zur Flexibilisierung des Solidarprinzips gedacht war.

Insgesamt nahm in beiden NOG die Bedeutung der **Selbstbeteiligung** zu. Es wurden folgende Zuzahlungen angehoben:

- für Arzneimittel um jeweils 5 DM auf 9, 11 und 13 DM, je nach Packungsgröße N1, N2 und N3,
- für Heilmittel um 5 % auf insgesamt 15 %,
- weitere Erhöhungen bei Krankenhausleistungen sowie im Fahrkostenbereich.

Einen besonderen Stellenwert der Reform nahmen die Änderungen in der zahnmedizinischen Versorgung ein. Die bislang prozentualen Zuschüsse wur-

---

[39] Bis zum Inkrafttreten des Solidaritätsstärkungsgesetzes nach dem Regierungswechsel Ende 1998 wurde diese Beitragssatzkoppelung jedoch nicht in die Praxis umgesetzt (Änderung durch das GKV-Finanzstärkungsgesetz 1998).

den in einen **Indemnitätstarif** (Festzuschuss) überführt, verbunden mit einer Aufwertung der Eigenvorsorge durch regelmäßige prophylaktische Leistungen.

In den Neuordnungsgesetzen war weiterhin vorgesehen, die Arznei- und Heilmittelbudgets durch **Richtgrößen** zu ersetzen.

4.5.2 Würdigung der Maßnahmen

Die mit den NOG erhofften durchgreifenden wettbewerblichen Reformanstrengungen wurden nur teilweise in die Realität umgesetzt. Vor allem die Erprobungsregelungen auf der Vertragsseite mit Modell- und Strukturverträgen waren nur eingeschränkt durchführbar ausgestaltet worden und zudem an den Zustimmungsvorbehalt der Kassenärztlichen Vereinigung geknüpft.

Trotzdem hatte der Gesetzgeber versucht, Elemente einer der individuellen **Eigenverantwortung** und **Handlungsfreiheit** entsprechenden Ordnungspolitik zu implementieren. Dazu gehörten in erster Linie das Wahlrecht zwischen Kosten- und Sachleistung, die angestrebten Wahlmöglichkeiten für die Versicherten und die höheren Selbstbeteiligungsregelungen. Hierdurch wurden das **Versicherungsprinzip** und die **Versichertenpräferenzen** stärker zur Geltung gebracht und namentlich die Eigenverantwortung von Versicherten und Leistungserbringern gestärkt sowie der Wettbewerb zwischen den Kassen intensiviert.

Ordnungspolitisch ambivalent ist jedoch zu vermerken, dass neben den gerade aufgezeigten Elementen auch wiederum dirigistische Eingriffe ausgeweitet wurden. Die Festschreibung der Beitragssätze bis 2006 und vor allem die geplante Koppelung der Zuzahlungen an mögliche Beitragssatzerhöhungen waren mit einer freiheitlichen, marktwirtschaftlichen Ordnung kaum konform. Insbesondere die kartellrechtlichen Strukturen auf der Steuerungsebene zwischen den Krankenkassen und den Kassenärztlichen Vereinigungen waren durch den Zustimmungsvorbehalt bei Erprobungsregelungen sogar noch verstärkt worden. Ob dem Ziel einer Stabilisierung der Beitragssätze und damit der Lohnnebenkosten mit den Gesetzen geholfen wurde, scheint eher zweifelhaft zu sein, wurde doch das Problem der Beitragsbemessungsgrenze in den NOG weitgehend vernachlässigt

4.6   Gesundheitsreform 2000

Nach dem Regierungswechsel im Herbst 1998 waren durch das **Solidaritätsstärkungsgesetz** einige Maßnahmen, insbesondere der Neuordnungsgesetze, wieder zurückgenommen worden. Dieses sogenannte „**Vorschaltgesetz**" sollte nur der erste Schritt einer **„Gesundheitsreform 2000"** sein, die nach etlichen politischen Auseinandersetzungen Ende Dezember 1999 in sehr reduziertem Umfang in Gesetzesform festgehalten wurde.

Zur Sicherung der **finanziellen Stabilität** wurden im Solidaritätsstärkungsgesetz folgende Maßnahmen verabschiedet:

- Reduzierung der Zuzahlungen bei Arzneimitteln auf 8, 9 und 10 DM je nach Packungsgröße,
- Befreiung chronisch Kranker von den Zuzahlungen,
- Aufhebung der Dynamisierung der Zuzahlungen, die ab Juli 1999 zu einer Anhebung von 0,50 bis 1 DM geführt hätte,
- Aufhebung der Koppelung der Beitragssatzerhöhung einer Kasse an eine Anhebung der Zuzahlungen,
- Aussetzung des Krankenhausnotopfers,
- Wiederaufnahme des Zahnersatzes für nach 1978 Geborene in den Leistungskatalog,
- Rücknahme der Gestaltungsmöglichkeiten für die Krankenkasse bei der Beitragsgestaltung.

Ordnungspolitische Grundentscheidung war die **„Stärkung der Solidarität"**, was in der Abschaffung der erst durch die Neuordnungsgesetze vorgesehenen Gestaltungselemente bei Beiträgen und Leistungen seinen Ausdruck fand.

Das politische Ziel der Beitragsstabilität sollte ausschließlich über die Erschließung von **Effizienzreserven** erreicht werden. Ein Wettbewerb im Austauschprozess zwischen Versicherten und Versicherungsgeber wurde als „unsolidarisch" abgelehnt.

Als grundlegendes Ziel der Gesundheitsreform 2000 konnte „die Sicherung einer zweckmäßigen, ausreichenden, wirtschaftlichen und das Maß des Notwendigen nicht übersteigenden Gesundheitsversorgung innerhalb des solidarischen Krankenversicherungssystems" festgehalten werden (BMG 1999, S. 4).

Ein besonderer Stellenwert sollte der **Verzahnung** zwischen ambulanter und stationärer Pflege zukommen. So war ein **Globalbudget** projektiert. Darüber hinaus sollte in einem neuen Versuch das duale Finanzierungssystem bei der Krankenhausfinanzierung auf ein **monistisches Verfahren** umgestellt werden. Nach der Veränderung der Mehrheitsverhältnisse im Bundesrat und anhaltender Kritik trat Ende des Jahres 1999 nur ein Rumpfpaket des ursprünglichen Gesetzesvorhabens in Kraft.

4.6.1 Maßnahmen und Ziele

Entgegen dem ursprünglichen Vorhaben eines **Globalbudgets** blieb auch nach dem 1.1.2000 eine **sektorale Budgetierung** bestehen. Die Einzelbudgets für ärztliche Gesamtvergütung, Arznei- und Heilmittel und den stationären Sektor wurden fortgeschrieben. Um die Beitragssatzstabilität zu sichern, sollten sich die Budgets jährlich um die vom Bundesministerium für Gesundheit (BMG) festgestellte bundesdurchschnittliche Veränderungsrate der beitragspflichtigen Einnahmen verändern. Auch wurde die ursprüngliche Planung, die Krankenkassen schrittweise für die gesamte Krankenhausfinanzierung verantwortlich zu machen, nicht realisiert.

Bei den Betriebsausgaben des stationären Sektors sollte ab dem 1. Januar 2003 ein einheitliches leistungsorientiertes und pauschalierendes Vergütungssystem eingeführt werden (§§ 17a, 17b KHG). Diese generelle Einführung einer Finanzierung über Fallpauschalen hatte sich an den **Diagnosis Related Groups** (DRG) zu orientieren.

Ein besonderer Schwerpunkt blieb bei der Förderung der **Integrationsversorgung**. Dabei konnten die Krankenkassen mit einzelnen Vertragsärzten oder mit den Kassenärztlichen Vereinigungen Verträge über integrative Versorgungsformen schließen. Die Kassen mussten mit der Kassenärztlichen Bundesvereinigung eine Rahmenvereinbarung schließen. Modellvorhaben waren möglich zwischen Krankenkassen und einzelnen Vertragsärzten oder einer Kassenärztlichen Vereinigung. Krankenkassen und Kassenärztliche Bundesvereinigung konnten in Bundesmantelverträgen Grundsätze für Modellvorhaben vereinbaren. Die ursprünglich vorgesehene Regelung, dass bei fehlender Involvierung der Kassenärztlichen Vereinigung Verträge nur im Benehmen mit der KV geschlossen werden können, entfiel.

Explizit gefordert wurde durch das Gesetz die Einführung eines umfangreichen **Qualitätsmanagements** für sämtliche Leistungserbringer (§§ 135a ff. SGB V). Das Qualitätsmanagement sollte dabei ein durchgängiges Gestaltungsprinzip werden, um die Patienteninteressen zu wahren und gleichzeitig die Verschwendung solidarisch finanzierter Gelder zu vermeiden.

Einen erheblichen Impuls für eine Wirtschaftlichkeitserhöhung erhoffte sich die Bundesregierung durch die **Positivliste** bei Arzneimitteln. Trotz erheblichen politischen Diskurses wurde diese Regelung schließlich in das Gesetz aufgenommen. Sie blieb jedoch zunächst ohne Wirkung, weil die Umsetzung per Rechtsverordnung im Bundesrat zustimmungspflichtig war.

Einen persönlichen Schwerpunkt legte die damalige Gesundheitsministerin Andrea Fischer auf die Förderung von Prävention, Selbsthilfe und Patientenberatung. Die Kassen sollten in ihren Satzungen Leistungen zur Prävention anbieten. Dabei durften sie pro Versichertem und Kalenderjahr 5 DM ausgeben. Die Spitzenverbände der Krankenkassen sollten hierbei **gemeinsam und einheitlich** prioritäre Handlungsfelder und Kriterien für Leistungen im Rahmen der Prävention beschließen (§ 20 Abs. 1 SGB V).

4.6.2 Bewertung der Maßnahmen

Die ursprünglich geplante Gesundheitsreform 2000 konnte aufgrund der politischen Mehrheitsverhältnisse im Bundesrat zwangsläufig nur ein Rumpfgesetz werden. Vor allem die anfänglich projektierten Steuerungsinstrumente sind nicht realisiert worden. Die „Lotsenfunktion" des Hausarztes beschränkt sich auf die Vorschrift, mit Zustimmung des Patienten eine erweiterte Dokumentationskompetenz zu erhalten. Einen neuen Ansatz hat das Hausarztprinzip im Rahmen des **Gesundheitsmodernisierungsgesetzes (GMG) 2003** erhalten.

Die Beibehaltung der **sektoralen Budgetierung** hat zwangsläufig zu einer neuen Diskussion über die zukünftige Finanzierung der solidarischen Krankenversicherung geführt. Soll das Solidarprinzip erhalten bleiben, so ist die Bemessungsgrundlage für die Beitragskalkulation erheblich auszuweiten, da ein Festhalten am Arbeitseinkommen für die weitere Entwicklung nicht mehr ausreichend ist. Das geplante **Globalbudget** wäre zwar aus ordnungspolitischer Sicht bedenklich gewesen, da das Ausgabenwachstum weiterhin auf zentraler Ebene allgemeingültig vorgegeben werden sollte, im Hinblick auf eine integrierte Versorgung wäre es jedoch ein Schritt in die richtige Richtung gewesen. Sind doch im Vergleich zur sektoralen Budgetierung Verschiebungen zwischen den einzelnen Sektoren möglich, was für eine integrierte Versorgung eine notwendige Bedingung darstellt.

Die Gesundheitsreform 2000 bejahte zwar grundsätzlich den Mechanismus des Wettbewerbs unter den Krankenkassen, lehnte aber die Stärkung der finanziellen Eigenverantwortung der Versicherten ab. Die im neuen Abschnitt 11 vorgesehenen Formen der **Integrierten Versorgung** (§§ 140 a–g SGB V) ermöglichten einerseits Verträge zwischen Leistungserbringern, Leistungserbringerverbänden oder Kassenärztlichen Vereinigungen und Krankenkassen im Sinne einer sektorübergreifenden Versorgung, die Reformpolitik blieb aber andererseits weiterhin ambivalent: Einerseits wurde verstärkt auf wettbewerbliche Elemente zur Lösung der vielfältigen Probleme gesetzt, andererseits wurde der Wettbewerb um Mitglieder der Krankenversicherungen untereinander stark beschränkt (vgl. zur Fortentwicklung der „Integrierten Versorgung" die Ausführungen zum GMG).

Trotz Modellvorhaben und Möglichkeiten zur integrativen Versorgung hat auch die Gesundheitsreform 2000 den Leistungskatalog der GKV weitgehend vorgegeben. Auch der permanente, bundesweite und kassenartenübergreifende **Risikostrukturausgleich** führte zu einer Einebnung der Beitragssatzunterschiede. Im Sinne einer marktorientierten Reform sollte die Ausweitung der Wahlfreiheit der Patienten mit einer Ausweitung der Vertragsfreiheit zwischen Kassen und Leistungserbringern einhergehen (vgl. bereits Wissenschaftliche Arbeitsgruppe Krankenversicherung 1987, S. 12 ff.).

Die Gesundheitsreform betonte vor allem die Bedeutung eines umfassenden **Qualitätsmanagements.** Die Verpflichtung zur Teilnahme an Maßnahmen der Qualitätssicherung, die auch weiterhin gilt, muss allerdings als ein weitgehend dirigistisches Instrument bezeichnet werden, das kaum geeignet ist, die Leistungserbringer zu einer wirklichen Qualitätsverbesserung zu motivieren.

Der Qualitätsbegriff wird in der wissenschaftlichen Diskussion mit unterschiedlichen Inhalten belegt. Grundsätzlich wird zwischen **Struktur-, Prozess- und Ergebnisqualität** unterschieden. Folglich ist bei jeder Art der Qualitätssicherung der eingenommene Blickwinkel zu beachten. Eine **administrierte Qualitätssicherung** würde die Ausgestaltung einzelner Qualitätssicherungsmaßnahmen der freien Disposition der Leistungserbringer entziehen. In einer marktwirtschaftlichen Ordnung erfolgt eine Bewertung der Qualität grundsätzlich auf dezentraler Ebene über Märkte (vgl. Oberender/Daumann 1997).

Eine Ausnahme und damit eine Legitimation für einen Eingriff in eine dezentrale Koordination liegen nur vor, wenn es einen objektiven Qualitätszusammenhang gibt. Die **Qualität** einer medizinischen Versorgung hängt jedoch maßgeblich vom zugrunde gelegten Verständnis des Phänomens „Krankheit" ab. Qualität ist folglich dann erreicht, wenn unterschiedliche Zielvorstellungen über die Realisation von „Gesundheit" erreicht werden. Jedoch entzieht sich „Gesundheit" weitgehend der Objektivierung, da sich Kriterien wie Konstitution, Schmerzempfinden, Krankheitsstruktur und Wahrnehmung einer Krankheit individuell sehr stark unterscheiden. Darüber hinaus lassen sich häufig valide, reliable und sensitive Kriterien auf der Ergebnisebene – wenn überhaupt – nur sehr schwer finden und messen (vgl. dazu Oberender/Daumann 1997). Als Konsequenz einer fehlenden Eindeutigkeit des Qualitätsbegriffes ist einer Vielfalt von Qualitätsangeboten der Vorrang zu geben, unter denen der Patient mit Unterstützung des Mediziners und unter Einbeziehung der Krankenkasse wählen kann. Dies lässt sich aber wiederum im Wettbewerb der Kassen und der Leistungserbringer untereinander am besten erreichen.

Nach dem Gesetzentwurf bildeten die **Förderung der Gesundheit** und die **Verhütung von Krankheit** einen unverzichtbaren Bestandteil eines modernen Gesundheitswesens. Aufgrund des vorgesehenen bescheidenen Ausgabenspielraums, insbesondere unter Berücksichtigung der Budgetneutralität, ist die Frage

offengeblieben, ob die beabsichtigten Erfolge der verstärkten **Prävention** eingetreten wären.

Dabei darf jedoch die Wirksamkeit präventiver Maßnahmen generell nicht über-
schätzt werden. Insbesondere vor dem Hintergrund eines freiheitlichen Men-
schenbildes ist zu berücksichtigen, dass Forderungen nach Maßnahmen der
Verhaltensprävention immer einen Eingriff in die individuelle Lebensführung
bedeuten. Präventionsmaßnahmen können aber bei einem Wettbewerb der
Leistungsangebote als Differenzierungsmöglichkeit von Leistungserbringern
und Krankenkassen dienen. Folglich hat eine sinnvolle Präventionspolitik an
den Freiheitsgraden der Leistungserstellung anzusetzen. Die zwangsweise Ho-
mogenisierung durch die vorgesehene Rolle der Spitzenverbände der Krankenkassen, wie im Gesundheitsreformgesetz 2000 vorgesehen, oder die Vorgabe
einer staatlich definierten Präventionsstiftung, wie in der Gesundheitspolitik im
Jahr 2004 diskutiert, steht einer wettbewerblichen Präventionspolitik jedoch
entgegen.

4.7   Reform des Risikostrukturausgleichs

Nachdem die Anfang des Jahres 2000 in Kraft getretene GKV-Gesundheits-
reform 2000 in zentralen Bereichen nicht den erhofften politischen Zielsetzungen entsprach (**Integrationsversorgung** und **Qualitätssicherung**), geriet die
Weiterentwicklung des Risikostrukturausgleichs (RSA), der mit dem GSG von
1992 eingeführt worden war, wieder in die Diskussion. Vordergründig ging es
dabei um eine Reform des Risikostrukturausgleichs, insbesondere um die Frage,
ob die gegenwärtige Ausgestaltung des RSA eine Risikoselektion verhindern
kann. Letztendlich stand die Frage nach der Zukunft der sogenannten „**solidarischen Wettbewerbsordnung**" im Vordergrund, die bereits mit dem GSG
eingeführt werden sollte.

Zwei Problemfelder haben die Diskussion angefacht: Einmal waren mit der Einführung des **Kassenwahlrechts** durch das GSG deutliche Veränderungen der
Kassenstrukturen eingetreten. So war die Mitgliederzahl der AOK von 22,14 Mio.
in 1996 auf 20,08 Mio. Mitglieder im Jahr 2000 gesunken. Gleichzeitig hatten auch
die Ersatzkassen leichte Rückgänge zu verzeichnen. Mitgliederzuwächse konnten
die Betriebskrankenkassen verzeichnen, die von 5,2 Mio. Mitglieder 1996 auf 7,19
Mio. Mitglieder im Jahr 2000 angewachsen sind. Bis zum Jahr 2004 hat sich die
Konsolidierung der Kassenanzahl noch fortgesetzt. Waren im Jahr 2000 noch 420
selbständige gesetzliche Kassen zu verzeichnen, so reduzierte sich die Zahl auf
unter 300 Anfang 2004 (vgl. Mühlnickel 2004, S. 16).

Im Jahr 2001 nahm in der Politik und der öffentlichen Meinung die Kritik zu, dass der **Risikostrukturausgleich** in seiner grundsätzlichen Form, mit den Ausgleichskriterien Alter, Geschlecht, Invalidität und Einkommensunterschiede, die Morbiditätssituation nicht ausreichend genug abbildete und vor allem chronisch Kranke benachteiligte (vgl. vor allem Lauterbach/Wille 2001).

4.7.1 Maßnahmen und Ziele

Als Sofortmaßnahme wurde der Stichtagstermin 30. September eines Jahres für einen Kassenwechsel aufgehoben (Gesetz zur Neuregelung der Kassenwahlrechte von Juli 2001). Ab 2002 konnte zum Ende des jeweils übernächsten Kalendermonats die Mitgliedschaft in einer Kasse gekündigt werden. Diese Erweiterung des Wahlrechts ist bis heute mit einer Bindungsfrist von mindestens 18 Monaten verbunden. Das **Sonderkündigungsrecht** bei Beitragssatzerhöhungen, das durch die NOG eingeführt worden war, blieb bestehen. Mit Beginn des Jahres 2002 sollte die Versorgung chronisch Kranker besonders gefördert werden. Zu diesem Zweck wurden den Krankenkassen für diejenigen chronisch kranken Versicherten, die in eigens akkreditierte und evaluierte **Disease-Management-Programme (DMP)** eingeordnet sind, erhöhte standardisierte Leistungsausgaben zugeschrieben. Darüber hinaus war mittel- und langfristig geplant, einen **morbiditätsorientierten Risikostrukturausgleich** zu entwickeln. Bis zur Einführung im Jahr 2007 sollte ein Risikopool die Kosten von chronisch Erkrankten übernehmen.

4.7.2 Bewertung der Maßnahmen

Die Implementierung von Disease-Management-Programmen in den RSA, der weiterhin erweitert und ausgebaut wird, stellt grundsätzlich einen eklatanten Bruch mit der Risikostrukturausgleich-Systematik dar, da damit explizit ausgesuchte Ausgabenprogramme vergütet wurden (vgl. Wille/Resch 2004, S. 25 f.). Mit der Verbindung von Chroniker-Bonus und Einschreibung in ein akkreditiertes Programm wird der RSA mit gesundheitspolitischen Steuerungsaufgaben belastet, was leicht zu einem Präzedenzfall für andere als förderungswürdig erachtete Versorgungsformen werden kann. Wie bereits bei den Ausführungen zum GSG erwähnt, soll der RSA eine Quasi-Risikoäquivalenz herstellen, so dass eine Kasse nicht mehr Interesse an guten Risiken hat, sondern nur noch an der effizienten Versorgung der Patienten (vgl. Oberender/Zerth 2005a, S. 43). Der Wirtschaftlichkeitsanreiz wird dabei durch eine Orientierung an standardisierten Leistungsausgaben erreicht. Es ist versicherungsökonomisch nachzuvollziehen, dass der RSA bei Berücksichtigungen der Faktoren Alter, Geschlecht, Individualität und Einkommensentwicklung diese Aufgabe nur bedingt erfüllen kann.

Unter Beachtung der systemimmanenten Logik des RSA ist eine Hinwendung zur Morbidität, wie sie mit den DM-Programmen vorgezeichnet ist, sinnvoll, jedoch muss beachtet werden, dass gesundheitsökonomisch und gesundheitspolitisch nicht die Morbidität entscheidend ist, sondern die **Inanspruchnahme** von Gesundheitsleistungen.

Ziel des RSA ist es, eine **Risikoselektion** zu unterbinden. Dies ist aber insofern fragwürdig, als es inzwischen unumstritten ist, dass der RSA Anreize zur Risikoselektion erst schafft – z. B. wenn es Kassen gelingt, eine feinere Risikounterscheidung zu treffen, als es durch die recht groben Ausgleichsparameter des RSA gewährleistet ist. Denn ein Anreiz zur Risikoselektion ist immer dann gegeben, wenn die Vorstellung der Kassen, mit einzelnen Risiken mehr Einnahmen zu erzielen als spätere Leistungsausgaben zu erwarten sind, bestehen bleibt. Unter der Annahme der Komplexität der Realität wird eine derartige Situation in einem Wettbewerbsumfeld immer bestehen bleiben.

Darüber hinaus ist grundsätzlich die Frage zu stellen, in welcher Weise eine Risikoselektion auftreten kann. Im aktuellen System wirken Diskriminierungsverbot und Kontrahierungszwang einer Selektion entgegen. Eine **Selbstselektion** der Versicherten (beispielsweise festgemacht an der Wechslerbereitschaft) muss bei Annahme eines mündigen und eigenverantwortlichen Bürgers dem Verantwortungsbereich des Einzelnen zugeschrieben werden. Der Einwand, Kassen hätten jedoch aufgrund der Problematik der Risikostruktur keinen Anreiz, Versorgungsangebote für chronisch Kranke zu generieren, ist zunächst nicht von der Hand zu weisen. Jedoch gilt insbesondere in diesem Zusammenhang der Hinweis, dass es bislang auf Seiten des Leistungsangebotes kaum Ausdifferenzierungsmöglichkeiten für die einzelne Krankenkasse gibt. Erst wenn die Kassen ausreichend viele Aktionsparameter zur Verfügung haben, werden sie Anreize haben, sich von ihren Wettbewerbern zu unterscheiden und differenzierte Versorgungsangebote zu entwickeln.

Letztendlich ist die Versicherung von Hochrisikopatienten eine Frage der Kalkulation der Risikoäquivalenz und muss zu einer Diskussion über die Ablösung der allokativen Steuerung von der distributiven Ebene führen. Theoretische Modelle einer **Subjektförderung** von Versicherungsnehmern bei Zulassung risikoäquivalenter Prämien stellen hier einen möglichen Weg dar.

4.8   Gesundheitsmodernisierungsgesetz (GMG)

Ein weiteres Gesetzgebungsverfahren trat am 1.1.2004 mit dem **Gesundheitsmodernisierungsgesetz (GMG)** in Kraft. Nach den Ergebnissen eines Re-

formkompromisses zwischen der Bundesregierung und dem unions-
dominierten Bundesrat im August 2003 wurde ein gemeinsamer Gesetzentwurf
verabschiedet, der vor allem dem steigenden Defizit der gesetzlichen Krankenkassen Rechnung tragen sollte. Im Jahr 2003 verbuchten die Kassen der GKV
nämlich einen Fehlbetrag von etwa 2,5 Mrd. €, dazu kamen noch die aufgelau-
fenen Kassenschulden von ca. 8 Mrd. € (DKG 2004, S. 3).

4.8.1 Maßnahmen und Ziele

Im Kern des Gesetzentwurfes steht der Umbau der GKV. Als Hauptziel des
GMG ist ein bis zum Jahre 2007 determiniertes Einsparziel von insgesamt 23,1
Mrd. € genannt, das vor allem dem Ziel der Beitragssatzstabilität Rechnung
tragen soll. Der durchschnittliche Beitragssatz aller Krankenkassen soll von 14,2
% im Jahr 2003 auf deutlich unter 13 % im Jahr 2007 abgesenkt werden. Die
politische Vorgabe des GMG besteht einerseits in einer deutlichen Erhöhung
der Eigenbeteiligung der Pflichtversicherten und andererseits in einer Veränderung der Organisations- und Leistungsstrukturen.

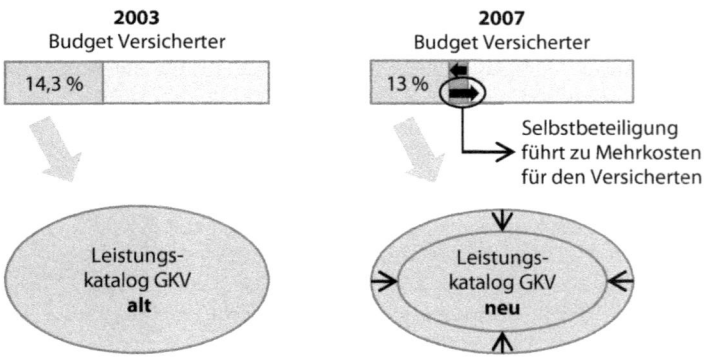

Abb. 14: Grundidee des GMG
Quelle: Eigene Darstellung

Ein wesentlicher Schwerpunkt des Gesetzes ist die Etablierung der gesetzlichen
Grundlage eines **Instituts für Qualität und Wirtschaftlichkeit im Gesund-**

heitswesen (IQWIG). Zielsetzung dieses Instituts, das dem neu gegründeten **Gemeinsamen Bundesausschuss** zuarbeiten soll, ist es, medizinische Behandlungen oder Operationsverfahren auf ihren Nutzen zu untersuchen und auf der Grundlage aktueller medizinischer Erkenntnisse zu bewerten. Diese Nutzenbewertung soll die Festbetragsregelung für patentgeschützte Arzneimittel, die nur einen „geringen therapeutischen Nutzen" vorweisen, verschärfen.

Das Institut reiht sich damit ein in die allgemeine Tendenz des GMG, die Aufgaben der so genannten gemeinsamen Selbstverwaltung zu stärken. Mit der Konstitution des „Gemeinsamen Bundesausschusses" wurde ein einheitliches Organ der gemeinsamen Selbstverwaltung festgelegt, dessen hauptsächliche Aufgabe es ist, Richtlinien für die Inhalte der Versorgung zu geben.

In dem ursprünglichen Entwurf des Gesetzes sollte vor allem das Vertragsrecht in der ambulanten vertragsärztlichen Versorgung flexibilisiert werden. Der parteiübergreifende Kompromiss hat das Primat des Kollektivvertrags noch aufrechterhalten. Gleichwohl wurden die Bedingungen zur **Integrierten Versorgung** nach dem § 140 a–d SGB V im Vergleich zum Gesundheitsreformgesetz 2000 deutlich verändert. Als wesentliche Neuerung kann die Aufnahme der Idee der „**Medizinischen Versorgungszentren**" im § 95 SGB V bezeichnet werden. Darüber hinaus wurde mit § 73 b SGB V ein Modell der **hausarztzentrierten Versorgung** institutionalisiert. Die Integrierte Versorgung (§ 140 SGB V) ist durch das GMG mit einer Anschubfinanzierung von bis zu 1 % der ambulanten und stationären Versorgung durch Rechnungskürzung bis zum Jahr 2006 ausgestattet worden. Im Gegensatz zur ursprünglichen Fassung im Reformgesetz 2000 sind die Kassenärztlichen Vereinigungen als Vertragspartner ausgeschlossen.

Die Medizinischen Versorgungszentren stellen eine neue organisatorische Form der Leistungserbringung im ambulanten Bereich dar. Gegenüber ambulanten Gemeinschaftspraxen oder Praxisgemeinschaften unterscheiden sich diese durch die Verpflichtung zur fachübergreifenden Versorgung. Gleichzeitig sind die Medizinischen Versorgungszentren in der ambulanten Bedarfsplanung einbezogen und stellen damit eine neue Form der Kassenzulassung dar. Die Förderung von Hausarztmodellen ist vor allem von der politischen Seite massiv eingefordert worden. Als Differenzierungsangebot für Krankenkassen bietet sich die Möglichkeit an, Patienten durch Bonuszahlungen gemäß § 65 SGB V für ein Hausarztmodell zu motivieren.

4.8.2 Bewertung der Maßnahmen

Die Gründung eines **Instituts für Qualität und Wirtschaftlichkeit** im Gesundheitswesen ist aus ordnungsökonomischer Sicht unmittelbar mit Skepsis zu betrachten. Einerseits greift ein derartiges Institut zwar die Problematik der fehlenden Transparenz von medizinischen Leistungen und Produkten auf und kann insofern dazu beitragen, Unsicherheiten bei der Leistungsinanspruchnahme und Leistungsdefinition zu reduzieren; andererseits stellt sich die Frage, ob es gleichwohl notwendig ist, ein zentrales Qualitätssicherungsinstitut zu implementieren, und ob die selbstgestellte Aufgabe nicht zu komplex ist.

Bei einer **Nutzenbewertung** durch ein zentrales Qualitätsinstitut ist zu fragen, nach welchen Kriterien eine einheitlich geltende Nutzen- und auch Kostenbewertung vorgenommen werden soll. Bei der Festlegung der Prüfmerkmale ist in der internationalen Qualitätsforschung in erster Linie „clinical performance" gemeint. Jedoch ist eine theoretisch schnelle Erreichbarkeit und Machbarkeit einzelner klinischer Messgrößen nicht einfach auf die Versorgungsrealität zu übertragen (vgl. Geraedts et. al 2002, S. 91 ff.). Dieser Einwand kann auch auf eine zentrale Nutzenbewertung übertragen werden. So kann der Effekt eintreten, dass nur die gemessenen Aspekte der Versorgung bei der offiziellen Betrachtung Beachtung finden, und unter Umständen weitergehende Tatbestände, insbesondere im Hinblick auf subjektive Aspekte der **Lebensqualität** bei vielen chronischen Erkrankungen unberücksichtigt bleiben.

Besonders problematisch ist in diesem Zusammenhang die Tatsache, dass in **Evaluationsstudien** objektivierbare, also zählbare, messbare Größen immer ein stärkeres Gewicht haben werden als nicht messbare und nicht zählbare. Das bedeutet aber auch eine systematische Minderschätzung „weicher" Größen.

Positive und negative Wirkungen einer Therapie sind oft nur im Zeitraum von Jahren feststellbar. Dabei ist zu berücksichtigen, dass auch eine leitliniengestützte Pharmakotherapie von der Mitwirkung des Patienten abhängig ist. Bei chronischen Erkrankungen gibt es häufig nicht die ursächlich wirkenden Arzneimittel. Gleichwohl gilt es in diesem Zusammenhang, so genannte Placeboeffekte oder nicht wissenschaftlich belegte Therapiealternativen wie etwa Naturheilverfahren zu berücksichtigen.

Die Beurteilung der Wirksamkeit und des klinischen Nutzens eines Arzneimittels ist demzufolge nicht ohne weiteres möglich. Es wäre eine entsprechende **Versorgungsforschung** notwendig, die aber gegenwärtig – wenn überhaupt – nur sehr rudimentär vorhanden ist. Vor diesem Hintergrund stellt sich die ordnungspolitische Frage, ob eine **zentrale Nutzenbewertung** in Anbetracht der eingeschränkten Zielkonformität ein verhältnismäßiges Instrument ist.

Die Versuche des GMG, die Entflechtung der engen kollektivvertraglichen Regelungen mit den Neuregelungen zur Integrationsversorgung und der Initiierung Medizinischer Versorgungszentren zu lösen, kann als erster Schritt einer Liberalisierung der Vertragsbeziehungen zwischen Kostenträgern und Leistungserbringern bezeichnet werden. Die erweiterten Möglichkeiten in der Vertrags- und Organisationsgestaltung sind grundsätzlich zwar als positive Elemente eines Vertrags- und Qualitätswettbewerbs zu bewerten, gleichwohl machen diese Ansatzpunkte eine Reform der gesamten Wettbewerbsordnung im Gesundheitswesen notwendig.

Sollen die Vertragsärzte mit den Krankenkassen auch nur unter einigermaßen gleichen Bedingungen über selektive Verträge verhandeln können, so müssen die Krankenversicherungen als Unternehmen betrachtet werden, die dem Kartellrecht untergeordnet sind. **Abgestimmte Verhaltensweisen**, wie dies bei einheitlichen und gemeinsamen Verträgen der Verbände der Krankenversicherungen bislang möglich ist, können daher nur als **Zwangskartell** bezeichnet werden.

Eine offene Flanke der Vertragsflexibilisierung liegt auch in der Vergütungsfrage. Da im ambulanten Bereich langfristig morbiditätsorientierte Regelleistungsvolumina gelten, im stationären Sektor die DRG-bezogenen Fallpauschalen aber weiter ausgebaut werden, ist die Sektorenabschottung und damit ein wesentliches Schnittstellenproblem im Endeffekt nur verschoben worden. Eine Budgetverantwortung im Sinne einer ganzheitlichen integrierten Versorgung muss vor allem an der Längsschnittverantwortung des Behandlungsverlaufes ansetzen. Durch die sektorale Budgetierung war es bislang möglich, Patienten aus dem jeweiligen Finanzierungssystem „heraus zu überweisen" und damit die Kosten auf andere Leistungserbringer zu externalisieren. Notwendig sind deshalb **kombinierte Budgets**, die das Morbiditätsrisiko eindeutig einem Versorgungsnetz zuordnen. Konkret bedeutet dies, dass auf dezentraler Ebene zwischen dem einzelnen Netz und einer einzelnen Krankenkasse eine Pauschale für jeden Versicherten ausgehandelt werden müsste, der sich für das Netz entscheidet.

Korrespondierend dazu ist über materielle und/oder immaterielle Anreize für Versicherte nachzudenken, die sich für die integrierte Versorgung entscheiden. Die Ausgestaltung der Patientensouveränität im Gesundheitswesen ist somit unmittelbar mit den Möglichkeiten der integrierten Versorgung verbunden. Die **optimale Höhe der Eigenbeteiligung** der Versicherten hängt entscheidend sowohl vom individuellen Krankheitsrisiko als auch von den jeweiligen Präferenzen ab. Eine für alle Versicherten einheitlich vorgeschriebene Versicherungsdeckung kann somit nicht zielführend sein. Vielmehr sind auch im Hinblick auf die Effizienz dezentrale Vertragslösungen zu empfehlen, indem der Gesetzgeber lediglich einen Mindestumfang der Versicherungsdeckung (**Regelleistung**) verbindlich vorschreibt.

Die Einführung einer **Praxisgebühr** bei Facharztbesuchen ohne Überweisung des Hausarztes stärkt zwar einerseits das Bewusstsein des Patienten für seine Leistungsinanspruchnahme, gibt aber andererseits einen konkreten Versorgungsweg vor, ohne dabei die Gewissheit zu haben, dass damit Qualität und Wirtschaftlichkeitsanreize zwingend vorhanden sein müssen.

Es muss sich auch für den Leistungserbringer lohnen, sparsam mit Ressourcen umzugehen und Versorgungsstrukturen zu entwickeln, die den Bedürfnissen der Nachfrager (Patienten) entsprechen. Allerdings kann es nicht Aufgabe der Gesundheitsreform sein, Patentlösungen für eine optimale Angebotsstruktur zu präsentieren. Ziel muss es vielmehr sein, Experimente mit neuen Versorgungsformen anzuregen und starre Strukturen aufzubrechen. Es stellt sich insbesondere die Frage, inwiefern das Gesetz nur bestimmte Organisationsformen, wie etwa die Medizinischen Versorgungszentren, oder ausdrücklich definierte Vertragsformen im Sinne der integrierten Versorgung oder der Hausarztmodelle vorgibt.

Eine Liberalisierung der Vertragsstrukturen muss sich der Herausforderung stellen, ob es nicht genügt, die Vorgabe von Versorgungszielen als eine gemeinsame Aufgabe des Staates und der Vertragspartner im Gesundheitswesen zu sehen. Die organisatorische und vertragliche Umsetzung muss jedoch allein den Akteuren selbst überlassen werden.

Das GMG setzt daran an, den Charakter der „Krankenversicherung" stärker hervorzuheben. So ist es vor diesem Hintergrund ein konsequenter Schritt, rein umverteilungspolitische Aufgaben wie das Mutterschaftsgeld, Entbindungsgeld und sonstige Leistungen bei Schwangerschaft und Mutterschaft, die in erster Linie zur eigenen Lebensplanung der Versicherten gehören, künftig eigenverantwortlich oder als allgemeine Staatsaufgabe über Steuermittel zu finanzieren. Auch die Herauslösung des Arbeitgeberanteils beim Krankengeld lässt sich in diese Systematik einordnen.

Durch das Festhalten an der Finanzierung über das **Umlageverfahren** werden jedoch auch weiterhin steigende Ausgaben durch steigende Einnahmen (Produkt aus durchschnittlichem Beitragssatz und Grundlohnsumme der gesetzlich Versicherten) gedeckt werden. Wächst die **Grundlohnsumme** nicht im gleichen Maße wie die Ausgaben, so müssen die Beitragssätze erhöht werden. Durch diesen inhärenten Zielkonflikt ist die politische Diskussion ständig von neuen Gesundheitsreformdebatten geprägt, die letztendlich immer wieder an der Ausrichtung des Gesundheitswesens am Solidarprinzip und an der Finanzierung am Umlageverfahren anknüpfen (vgl. dazu Kapitel VI). Insofern ist auch im GMG die Saat für künftige Kostendämpfungsdebatten angelegt.

4.9   Gesetz zur Stärkung des Wettbewerbs in der gesetzlichen Krankenversicherung (GKV-WSG)

Dieses Gesetzgebungsverfahren ist ein Produkt der großen Koalition von CDU/CSU und SPD und trat am 01.04.2007 in Kraft. Bereits im Koalitionsvertrag vom November 2005 einigten sich die Koalitionspartner auf eine Reform des Gesundheitswesens, um auch in Zukunft die steigenden Kosten im Gesundheitswesen zu kontrollieren. Damit reiht sich das GKV-WSG nahtlos in die lange Liste der Kostendämpfungsgesetze ein. Von Anfang an wurde dieses Reformvorhaben von beiden Seiten als eine Kompromisslösung angesehen. Im neuen **Gesundheitsfonds** finden sich Elemente des von den unionsgeführten Ländern favorisierten Gesundheitsprämienmodells sowie dem Modell der Solidarischen Bürgerversicherung, welches seitens der SPD verfolgt wird, vereinigt.

4.9.1 Maßnahmen und Ziele

Hauptziel des Wettbewerbsstärkungsgesetzes ist es, stabile Beitragssätze zu gewährleisten und dabei eine weitere Dämpfung der Gesundheitsausgaben zu erwirken. Gleichzeitig soll die Transparenz der Kostenentwicklung sowie der Ausgabenstruktur erhöht werden. Um diese Ziele zu erreichen, soll der Wettbewerb durch zahlreiche Veränderungen im bisherigen System angekurbelt werden. Im Mittelpunkt der Maßnahmen steht dabei der sogenannte Gesundheitsfonds, welcher am 01.01.2009 in Kraft trat (vgl. Abb. 15).

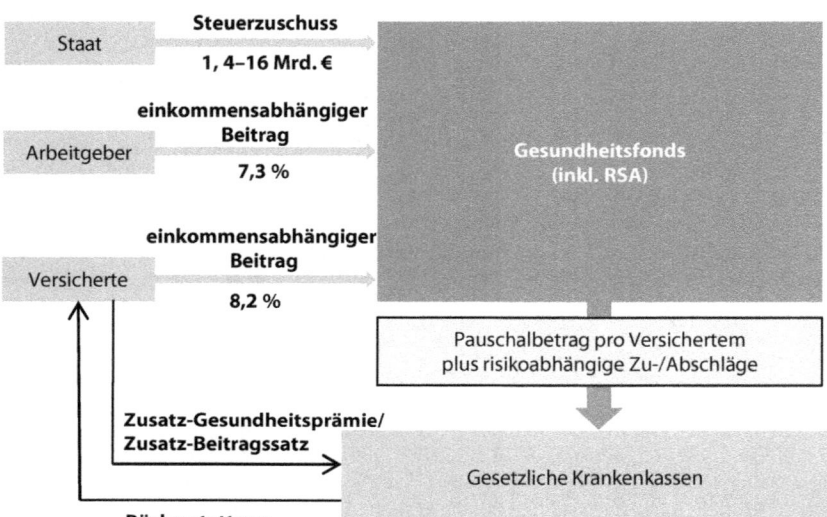

Abb. 15: Grundstruktur des Gesundheitsfonds
Quelle: Eigene Darstellung

Beim deutschen Fondsmodell gemäß dem GKV-Wettbewerbsstärkungsgesetz bleiben die bisherigen Versicherungsverhältnisse erhalten – sowohl in der GKV als auch in der PKV. Somit gelten weiterhin eine **Versicherungspflichtgrenze** und eine Beitragsbemessungsgrenze. Gleichwohl werden die Bedingungen zum Übertritt von der Gesetzlichen Krankenversicherung zur Privaten Krankenversicherung mit der Anhebung der Versicherungspflichtgrenze erschwert. Beim Fondsmodell wird versucht, die Elemente aus der Bürgerversicherung und der Gesundheitsprämie zu kombinieren. Wie in der Bürgerversicherung werden weiterhin **lohnabhängige Beiträge** erhoben und einer zentralen Verwaltungsstelle, dem Fonds, zugeführt.

Allerdings sind weiterhin andere Einkommensarten nicht Bestandteil der Beiträge, so dass z. B. weder Mieteinnahmen noch Kapitalerträge berücksichtigt werden. Ebenso bleibt es bei einer Trennung in GKV und PKV im Fondsmodell, es sind folglich nicht alle Bürger im Fonds eingeschlossen. Elemente der Gesundheitsprämie finden sich vor allem in der Zuteilung des Pauschalbeitrages.

Der Pauschalbeitrag wird vom Fonds **risikoadjustiert** an die Krankenkassen weitergegeben.

Zusammenfassend kann die Erhebung der Beiträge der Bürgerversicherung zugeschrieben werden und die Verteilung als risikoadjustierte Prämie ist als Ausdruck eines Prämienmodells zu werten.

Die **Risikoadjustierung** soll sich im Sinne einer **Morbiditätsorientierung** an 80 Krankheiten orientieren. Zusätzlich ist es den Krankenkassen erlaubt, eine individuelle **Zusatzprämie** zu erheben, falls die Zuweisungen aus dem Fonds nicht ausreichen. Die pauschale Zusatzprämie ist jedoch auf 8 €/Monat begrenzt; oberhalb dieser Grenze muss eine **Einkommensprüfung** erfolgen und die Zusatzprämie darf **maximal ein Prozent** des versichertenpflichtigen Einkommens betragen. Ebenso können gut wirtschaftende Krankenkassen ihren Mitgliedern **Rückzahlungen** in Aussicht stellen.

Seit Anfang 2010 verlangen die ersten Krankenkassen einen solchen Zusatzbeitrag. Dabei fordern sechs Krankenkassen den höchsten Pauschalsatz von 8 €. Zwei weitere Kassen bitten ihre Mitglieder sogar mit 1 % des monatlichen versicherungspflichtigen Einkommens zur Kasse. Auf der anderen Seite sind drei Kassen dazu bereit, jährlich zwischen 50 € und 72 € an die Mitglieder zurück zu zahlen. Insgesamt ist dabei noch unklar, wie sich dies auf die Bereitschaft der Versicherten zum Kassenwechsel auswirken wird.

Durch die Einrichtung einer zentralen Inkassostelle der Beiträge ist es in Zukunft einfacher, Steuerzuschüsse in das System der gesetzlichen Krankenversicherung einzubringen. Über solche Zuschüsse sollen schrittweise versicherungsfremde Leistungen und gesamtgesellschaftliche Aufgaben wie die Versicherung von Kindern geregelt werden.

Des Weiteren sieht das GKV-WSG eine **Versicherungspflicht für alle Bürger** vor. Somit muss es jedem Bürger ermöglicht werden, in eine Krankenversicherung zurückzukehren. Für die Privaten Krankenversicherungen gilt nun ein **Basistarif** ohne Gesundheitsuntersuchung. Dieser Basistarif ähnelt dem Leistungskatalog der GKV und soll erheblich günstiger sein als die bisherigen Tarife der PKV. Durch den Basistarif verändert sich de facto die risikounabhängige Prämienkalkulation in der PKV und dadurch sind Prämienerhöhungen für die Bestandskunden intendiert. Die institutionelle Trennung zwischen GKV und PKV wird aber grundsätzlich nicht angetastet. Typische Leistungen der PKV wie Chefarztbehandlung würden beim Basistarif wegfallen.

Ein weiterer Bestandteil der Reform stellt die **Mobilität der Altersrückstellungen** dar. Erstmals können Privatversicherte beim Wechsel ihrer Krankenkasse bisher angesammelte Altersrückstellungen mitnehmen. Jedoch ist die

Höhe der Mitnahme begrenzt auf denjenigen Betrag, den ein Versicherter angesammelt hätte, wenn er im Basistarif versichert gewesen wäre.

Außerdem sind zahlreiche Änderungen im Bereich der Versorgungsstruktur und Kassenorganisation vorgenommen worden.

4.9.2 Ergebnisse und Bewertung

Das **Modell des Gesundheitsfonds** nimmt keine Stellung zur zukünftigen Ausgestaltung des Versicherungsverhältnisses, sondern verbleibt als Kompromisslösung, die jederzeit zu einer Bürgerversicherung oder Gesundheitsprämie umgebaut werden kann und daher konsensfähig war.

Problematisch ist die Einordnung der **Zusatzprämie** im Fondsmodell. Da diese nur erhoben werden kann, wenn die finanziellen Mittel aus dem Fonds nicht ausreichen, wird eine Krankenversicherung kein großes Interesse haben, eine Zusatzprämie zu verlangen. Gleichwohl kann der Fonds, trotz der hohen Regulierungsdichte, die insbesondere den Kern einer Regulierungsspirale in sich trägt, den Kassenwettbewerb versorgungsseitig auch positiv beeinflussen. Dies geschieht dann, wenn die Kassen infolge des „Einfrierens" des Aktionsparameters „Beitragssatz" versuchen, auf andere Aktionsparameter im Leistungs- und Versorgungskontext auszuweichen („zirkulare Interdependenz der Aktionsparameter"). Beispielsweise können durch **Selektiv- und Rabattverträge** Möglichkeiten gesucht werden, sich von anderen Kassen zu differenzieren. De facto wurde mit der Vereinheitlichung der Beitragssätze den Kassen aber zunächst ein Wettbewerbsparameter genommen. Der Wettbewerb muss auf die oben genannten Ersatzparameter ausweichen und wird hierdurch unmittelbar erschwert. Die tatsächlichen Auswirkungen auf den Versorgungsmarkt sind dabei bisher noch völlig unklar.

Durch die Einführung des **morbiditätsorientierten Risikostrukturausgleichs** hat eine Kasse darüber hinaus ein wachsendes Interesse daran, Soll- mit Istkosten bezogen auf eine definierte Versichertenkohorte zu optimieren. Der Anreiz Versorgungsangebote für spezielle Versichertenpopulationen steigt, wenn die Kasse antizipieren kann, dass ihre Istkosten niedriger liegen als der Sollerstattungsbetrag aus dem Morbi-RSA (vgl. beispielsweise Oberender/Zerth 2008).

Der Gesundheitsfonds ist zumindest bezüglich des Zieles der Sicherung einer **nachhaltigen Finanzierung** grundsätzlich zu kurz gesprungen. Die ursprüngliche Idee, die Arbeitgeber durch eine zentrale Inkassostelle zu entlasten, scheiterte am Widerstand der Krankenkassen und deren Drohung, dass in diesem Fall eine große Anzahl Mitarbeiter nicht länger benötigt werde. Dass die Beiträge jetzt weiterhin von den Krankenkassen eingesammelt, dann an den Fonds überwiesen und anschließend an die Kassen zurücküberwiesen werden, ist eine höchst fragwürdige Regelung, die viel **Bürokratie** erzeugt, ohne dass dem ein entsprechender Nutzen gegenübersteht. Die Frage, ob durch den Gesundheitsfonds eine Stabilisierung der Beitragssätze gelingt, ist fraglich. Als Alternative bleiben nur Steuerzuschüsse oder die flächendeckende Einführung von Zusatzbeiträgen durch die Kassen. Doch aufgrund der Deckelung des Zusatzbeitrages in Höhe von 1 % des einkommensabhängigen Einkommens ist es zweifelhaft, ob dieses Defizit durch die Zusatzbeiträge überhaupt aufgefangen werden kann.

Die **Deckelung des Zusatzbeitrages** zieht zudem noch weitaus grundlegendere Probleme nach sich. Krankenkassen mit einer schlechten Risikostruktur geraten so in eine **Abwärtsspirale**: Wegen der hohen Ausgaben müssen höhere Zusatzbeiträge von den Versicherten erhoben werden. Weil aufgrund der schlechten Risikostruktur viele Versicherte auch bei geringfügig höheren Zusatzprämien die 1 %-Hürde überschreiten, müssen sie keinen höheren Zusatzbeitrag bezahlen. Dadurch fallen die Einnahmen geringer aus als zunächst erwartet, der Zusatzbeitrag muss erhöht werden und es fallen noch mehr Versicherte in den Geltungsbereich der 1 %-Regelung.

Verstärkt wird dieser Effekt dadurch, dass für Geringverdiener keinerlei Anreize zum Kassenwechsel bestehen, weil sie von der Erhöhung des Zusatzbeitrags gar nicht betroffen sind. Mit zunehmender Höhe wird der Beitrag aber auch für höhere Einkommensgruppen verstärkt spürbar, so dass der Anreiz zum **Kassenwechsel** steigt. Durch die steigende Zahl der Wechsler verschlechtert sich die Einkommensstruktur der Versicherten abermals, die Einnahmen aus den Zusatzbeiträgen sinken und es kommt wiederum zu Beitragssatzerhöhungen.

Auf diese Weise kommt es zu einer zunehmenden Selektion in Kassen mit einer einkommensstarken Versichertenstruktur und Kassen mit einer einkommensschwachen Versichertenstruktur. Der Grundgedanke des RSA, nämlich gleiche Ausgangsbedingungen für einen Wettbewerb zu schaffen, wird so zunehmend persifliert. Gleichwohl ist ein weiterer Effekt durch den Wettbewerb über die Deckelung der Zusatzbeiträge zu erwarten. Kann eine Kasse infolge der Deckelung bei wachsenden Kosten pro Versichertem keine zusätzlichen Einnahmen mehr erzielen, so sind zwei Ansatzpunkte zu erwarten. Einerseits erhöht sich der Druck auf das Kostenmanagement der Krankenversicherung, das unmittelbar damit verbunden ist, welche Möglichkeit die Krankenversicherung im Leistungsbereich hat, ihre Kosten pro Versichertem zu senken. Andererseits steigt die Wahrscheinlichkeit, dass eine Krankenversicherung illiquide werden kann. Da infolge des Gesetzes zur Weiterentwicklung der Organisationsstrukturen in der gesetzlichen Krankenversicherung (GKV-OrgWG) eine Kasseninsolvenz nunmehr möglich ist, kann die Deckelung des Zusatzbeitrages zumindest indirekt zu einer Konzentrationswirkung im Kassenwettbewerb beitragen.

Inwiefern die Ausgestaltung des Zusatzbeitrags Selektionsaktivitäten befördert ist umstritten. So lässt sich auch vermuten, dass der Wettbewerb über Beitrags-rückerstattungen weiterhin gewährleistet werden kann, weil die Effekte hier genau umgekehrt auftreten – eine pauschale Rückerstattung hat für Geringver-diener relativ stärkere Anreizwirkungen als für einkommensstarke Gruppen, so dass ein Wechselanreiz entsteht. Dieses Szenario erscheint aber relativ unwahr-scheinlich, weil zum einen die Steuerungsmöglichkeiten zur Vermeidung einer Rückerstattung vielfältiger sind als für die Vermeidung eines Zusatzbeitrages; man denke hier z. B. an zusätzliche Satzungsleistungen oder kulantes Vorgehen in Zweifelsfällen, um die Überschüsse abzubauen. Zum anderen sollen über den Gesundheitsfonds ab 2010 nur **durchschnittlich 95 %** der Ausgaben gedeckt werden. Daher werden nur sehr wenige Kassen überhaupt in der Lage sein, ohne Zusatzbeiträge auszukommen.

Die Frage nach der **wettbewerblichen Wirkung des Gesundheitsfonds** ist unmittelbar mit der Fortentwicklung der Versorgungsangebote verbunden (vgl. u.a. Oberender/Zerth 2010). Gerade wenn Krankenversicherungen dazu über-gehen, regional mit Leistungserbringern selektiv zu kontrahieren oder mit Arz-neimittelherstellern Rabattverträge zu schließen, spielt der Aspekt der **Nachfra-gemacht** von Krankenversicherungen eine immer wichtigere Rolle.

Allgemein lässt sich festhalten, dass je stärker zwischen den Kostenträgern ein Wettbewerb um Versicherte zu konstatieren ist, desto geringer wird die Gefahr einer regionalen Nachfragemacht der Krankenversicherungen sein. Dies gilt insbesondere, wenn die Patienten bereit sind, Versorgungsangebote – beispiels-weise durch die Fortentwicklung der Medizintechnik unterstützt – auch überre-gional zu substituieren. In dieser Folge sinkt zunächst die Abhängigkeit der Patienten von regionalen Leistungserbringer und abgeleitet auch die Abhängig-keit von den Kostenträgern, die mit den regionalen Leistungserbringern kontra-hieren.

Damit wird aber deutlich, dass die Frage regionaler Nachfragemacht von Kran-kenkassen eine wichtige Rolle spielt und insofern **Missbrauchsaufsicht** sowie **Fusionskontrolle** ebenfalls auf die Krankenkassen angewendet werden müssen.

Letztendlich gilt es noch, die Strategievariablen der Leistungserbringer im ver-änderten Krankenversicherungswettbewerb zu betrachten. Diese können ent-weder durch Kooperation innerhalb des regionalen Marktes oder außerhalb des regionalen Marktes Verhandlungsmacht gegenüber der Versicherung anstreben und so die Monopsonmacht des Kostenträgers begrenzen.

Vor diesem Hintergrund sind insbesondere **Integrationsentwicklungen** zwi-schen Leistungserbringern, die im Gesundheitswesen an Bedeutung gewinnen, näher zu beleuchten. Der Verhandlungsspielraum der Leistungserbringer wird durch Integration ceteris paribus erweitert, zumindest dann, wenn sie Teil eines größeren Unternehmensverbundes wird. Interessant ist jedoch die Frage, wie sich ein diskretes Verhandlungsergebnis wiederum auf die Situation des Patienten auswirkt. Ob bei einer derartigen Entwicklung die Versicherten noch die Möglichkeit haben, einem Leistungsbündel, das zwischen Versicherungs- und Leistungsunternehmen verhandelt worden ist, auszuweichen und damit eine wettbewerbliche Kontrollfunktion vorhanden ist, ist neben der grundsätzlichen Abgrenzung der Versicherungpflicht – und damit des Umfangs eines vom Versicherten zu kontrahierenden Leistungsumfangs – von den Bedingungen des Versicherungswettbewerbs abhängig. Gleichwohl gilt es festzuhalten, dass die idealtypischen Ausprägungsformen von Managed Care, die im dritten Kapitel dargestellt worden sind, in Deutschland immer vor dem Hintergrund einer garantierten Regelversorgung diskutiert werden müssen.

Somit lässt sich festhalten, dass sowohl auf Seiten der Versicherungen als auch bei den Leistungserbringern **Marktmachtstrategien** zu erwarten sind und diese, weil in ihren Wirkungen häufig gegeneinander gerichtet, wettbewerbspolitisch ambivalent sein können. Diese Schlussfolgerung führt zur immanenten Bewertung, dass die Fragen einer **Wettbewerbsordnung im Gesundheitswesen** auch nach dem GKV-WSG noch **nicht gelöst** sind. Fraglich ist vor allem, ob es mit dem Gesundheitsfonds in Verknüpfung mit dem Vertragswettbewerb der Krankenversicherungen gelingen kann, eine nachhaltige und qualitätsorientierte Versorgungsstruktur zu implementieren.

4.10 Arzneimittelmarktneuordnungsgesetz (AMNOG)

Trotz einer Vielzahl von regulierenden Eingriffen in den verschiedenen Bereichen des Arzneimittelmarktes durch vorhergehende Gesetze konnte die Entwicklung steigender Arzneimittelausgaben in der GKV nicht nachhaltig aufgehalten werden. Als letzter bisher unregulierter Bereich wurden die **patentgeschützten Arzneimittel** als Kostentreiber identifiziert. Mit Hilfe des am 01.01.2011 in Kraft getretenen AMNOG sollte diese Lücke nun geschlossen werden. Das AMNOG beinhaltet dabei sowohl eine Strukturreform als auch weitere Sparmaßnahmen.

4.10.1   Maßnahmen und Ziele

Ziel des AMNOG ist es, einerseits den Versicherten innerhalb des GKV-Systems nach wie vor den Zugang zu innovativen Arzneimitteln zu garantieren und andererseits sogenannte unangemessene Erstattungsbeiträge für neue Präparate, die keinen Zusatznutzen gegenüber dem momentanen Therapiestand darstellen, zu verhindern.

Die Preissetzung neuer Arzneimittel erfolgt nun mit dem AMNOG über den **Nachweis eines Zusatznutzens**. Auf Grundlage dieser frühen Nutzenbewertung nach § 35 a SGBV kommt es dann zu Preisverhandlungen zwischen dem Hersteller und dem GKV-Spitzenverband; d.h. hier wird ein von Grund auf neuer Preisfindungsprozess gestaltet.

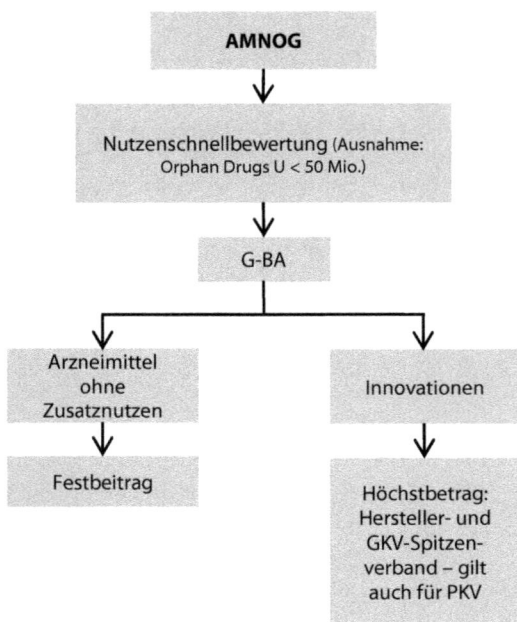

Abb. 16: AMNOG
Quelle: Eigene Darstellung in Anlehnung an BMG

Obligatorisch ist die frühe Nutzenbewertung bei Arzneimitteln, die erstmals mit diesem Wirkstoff in Verkehr gebracht werden, aber auch bei Zulassung eines bereits am Markt befindlichen Präparats für ein neues Indikationsgebiet. Des Weiteren war es auf Antrag der Mitglieder des G-BA auch möglich, für bereits

am Markt befindliche Arzneimittel die frühe Nutzenbewertung einzuleiten (Bestandsmarktaufruf) (vgl. Windeler 2011, S. 92ff.).[40]
Andererseits können Arzneimittel freigestellt werden, wenn zu erwarten ist, dass der GKV hier nur geringfügige Ausgaben von max. 1 Mio. Euro innerhalb von 12 Kalendermonaten entstehen (sog. Orphan Drugs).

Problematisch an der frühen Nutzenbewertung ist, dass keine sozialrechtliche Legaldefinition des Nutzenbegriffs im SGB V existiert und sich dieser daher aus der Verordnung 35 a Absatz 1 SGB V für Erstattungsvereinbarungen nach § 130 b SGB V (Arzneimittel-Nutzenbewertungsverordnung) ableitet. Demnach wird unter Nutzen verstanden, dass ein patientenrelevanter therapeutischer Effekt vorhanden sein muss, der zu einem auf verbesserten Gesundheitszustand, einer verkürzten Krankheitsdauer, einer Lebensverlängerung, einer Verringerung der Nebenwirkungen oder auch zu einer Verbesserung der Lebensqualität führt (vgl. § 2 Abs. 3 AM-NutzenV). Ein Zusatznutzen ist dementsprechend ein Nutzen, der quantitativ oder qualitativ höher ist als der, den die zweckmäßige Vergleichstherapie aufweist (vgl. Heinemann und Lang 2011, S. 150). Der Zusatznutzen eines Präparates wird dabei in Form eines Stufenverfahrens bewertet.[41]

Daraus ergeben sich nun auf Basis der Nutzenbewertung zwei alternative Szenarien: Wird vom G-BA der Zusatznutzen nicht anerkannt, wird das Präparat einer Festbetragsgruppe mit pharmakologisch-therapeutisch vergleichbaren Produkten zugeordnet. Der Erstattungsbetrag richtet sich dann nach der Höhe des bereits existierenden Festbetrags.

Bei Arzneimitteln mit nachgewiesenem Zusatznutzen ist der Hersteller in den ersten 12 Monaten nach Markteinführung hinsichtlich der Preisbildung frei.[42] Im Anschluss daran kommt es zu Preisverhandlungen zwischen dem Hersteller und dem GKV-Spitzenverband. Dabei soll möglichst ein Rabatt auf den Herstellerpreis herausgehandelt werden.

---

[40] Durch das 14. SGB V-Änderungsgesetz wurde am 20.1.2014 die Möglichkeit aufgehoben, Arzneimittel aus dem Bestandsmarkt einer Nutzenbewertung zu unterziehen.

[41] Die Kategorien des Zusatznutzens reichen dabei von erheblich (1) bis geringer (6) nach § 5 Abs. 7 AM-Nutzen V.

[42] Dies soll in Zukunft nach Verlautbarungen des BMG durch einen „Schwellwert" als Ausgabenobergrenze im Arzneimittelrecht verhindert werden.

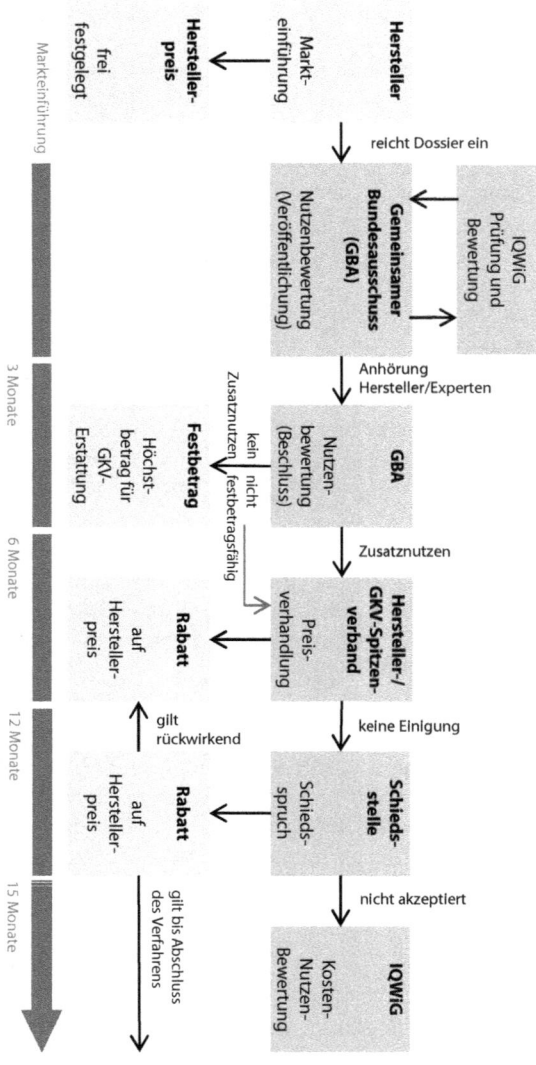

Abb. 17: Preisgestaltung nach dem AMNOG
Quelle: Sachverständigenrat zur Begutachtung der Entwicklung
im Gesundheitswesen 2014, S. 99

Ergänzt wird dieser Prozess durch die im Rahmen des AMNOG geschaffene Möglichkeit zur selektiven Vertragsgestaltung einzelner Krankenkassen mit den pharmazeutischen Unternehmen (vgl. § 130 c SGB V). So können kassenindividuelle Rabattvereinbarungen für patentgeschützte Arzneimittel abgeschlossen werden. Allerdings ist dies erst möglich, wenn ein zentral verhandelter Erstattungsbetrag vorliegt (vgl. Cassel und Ulrich 2015, S. 157).

4.10.2   Bewertung der Maßnahmen

Hier ist insbesondere die Rolle des AMNOG im Spannungsfeld zwischen Kostendämpfung und innovativer Arzneimittelversorgung zu sehen. Das AMNOG stellt mit seiner Preisregulierung gemäß dem Prinzip „Money for value" einen tiefgreifenden Einschnitt in die Preisbildung innovativer Arzneimittel dar.

Dabei zeigt das AMNOG-Verfahren sowohl in Bezug auf die Nutzenbewertung als auch in Bezug auf die Preisverhandlungen gravierende Schwachstellen auf, die eine Einigung zwischen Herstellern und GKV-SV erheblich erschweren.

Die frühe Nutzenbewertung ist ein zentraler Bestandteil des AMNOG, der – dem Beispiel anderer Länder folgend – eine nutzenbasierte Preisbildung auch in Deutschland ermöglichen soll.[43] Diese nutzenbasierte Preisregulierung erfolgt mit dem AMNOG in Deutschland erstmalig (vgl. Cassel und Zeitner 2010, S. 2019). Die frühe Nutzenbewertung stellt dabei den methodischen Ansatz dar, der die Implementierung entsprechender Steuerungsinstrumente ermöglicht. Nur wenn ein solcher Zusatznutzen nachgewiesen werden kann, ist es den Herstellern möglich, einen höheren Erstattungsbeitrag als den Festbetrag der Vergleichstherapie zu vereinbaren. Grundsätzlich ist aber der Nutzen immer eine subjektive Größe, die im Gegensatz zur Wirksamkeit letztlich nicht messbar ist. Insofern ist die Einordnung des Zusatznutzens häufiger Streitpunkt zwischen Herstellern und GKV-Spitzenverband.

In Bezug auf die Preisverhandlungen ist folgendes festzustellen: Mit der Feststellung eines Zusatznutzens seitens des G-BA wird dem Hersteller ein Alleinstellungsmerkmal attestiert und somit eine Monopolstellung „amtlich" attestiert (vgl. May und Bauer 2011, S.89). Diesem Hersteller steht auf der anderen Seite als alleiniger Verhandlungspartner der GKV-Spitzenverband gegenüber. Somit werden die allgemeinverbindlichen Erstattungsbeträge, die erstmalig auch für die private Krankenversicherung und für die Beihilfe gelten, innerhalb eines bilateralen Monopols verhandelt (vgl. Cassel und Heigl 2013, S. 14). Allerdings ist die Macht innerhalb dieser Verhandlungspartner ungleich verteilt, weil der GKV-

---

[43] Zu den Vorgehensweisen anderer Länder vgl. Zentner und Busse (2011) , S. 25ff.

Spitzenverband ein dauerhaftes Verhandlungsmonopol mit Bindungswirkung für die Kostenträger hat (vgl. Cassel und Heigl 2013, S.22). Der pharmazeutische Hersteller hingegen hat nur in diesem singulären Fall ein Wirkstoffmonopol (was aber durch Analogpräparate und Generika bestreitbar ist) und somit auch keine weiterreichende Erfahrung in Bezug auf konkrete Verhandlungsstrategien. Des Weiteren ist der Einfluss des G-BA auch in Bezug auf die Einordnung in die entsprechende Nutzenkategorie und auch bei der Auswahl der zweckmäßigen Vergleichstherapie enorm.

Das AMNOG als Gesetz reiht sich fast ausnahmslos in die Folge der bisherigen Ausgabendämpfungsgesetze ein. Insbesondere der prozesspolitische Eingriff in den Preisfindungsprozess ist ordnungspolitisch zu kritisieren. Es zeigt sich wie in vorhergehenden Reformmaßnahmen auch hier, dass zentralplanerische Vorgaben des Staates die dezentralen und komplexen Zusammenhänge der verschieden Akteure nur unzureichend erfassen können. Des Weiteren besteht die Gefahr, dass das AMNOG letztlich eine Verfügbarkeits- und Versorgungshürde darstellt, wenn sich Hersteller und G-BA bei den Preisverhandlungen nicht einigen können und der Hersteller von seiner Opt-Out-Option Gebrauch macht und das entsprechende Präparat nicht auf den deutschen Markt bringt (vgl. Cassel und Ulrich 2015, S.78).[44] [45]

Immerhin wird durch die selektivvertraglichen Möglichkeiten der Handlungsspielraum der Akteure erweitert, so dass Hersteller direkte Verträge mit Krankenkassen schließen können und auch in der Integrierten Versorgung als Vertragspartner mitwirken können. Dadurch wird der Vertragswettbewerb auch bei innovativen Arzneimitteln gestärkt. Allerdings ist die Umsetzung durch gesetzliche Einschränkungen erschwert, so sind dezentrale Direktvereinbarungen nachrangig zu den zentralvereinbarten Regelungen.

---

[44] Im Juni 2015 waren von 70 Produkten mit einem abgeschlossenen oder abgebrochenen AMNOG-Verfahren 13 (18,6 %) in Deutschland nicht mehr verfügbar (vgl. Cassel und Ulrich 2015, S. 14).

[45] Inwiefern Patienten bei einem Opt-out tatsächlich – wie von Vertretern der GKV behauptet – „schnell auf sehr gute Alternativpräparate umgestellt werden" (Rebscher 2015, S.5), kann ohne umfassendere Analyse der Versorgung nicht überprüft werden (vgl. Cassel und Ulrich 2015, S. 82)

4.11 GKV-Versorgungsstrukturgesetz (GKV-VStG)

Ein weiteres Gesetz trat am 01.01.2012 als GKV-Versorgungsstrukturgesetz (GKV-VStG) in Kraft. Dieses Gesetz zielt im Gegensatz zu den meisten anderen Gesundheitsreformen nicht in erster Linie darauf ab, Kosten zu senken oder einen weiteren Anstieg zu verhindern, sondern stellt die **Verbesserung der medizinischen Versorgung** in den Mittelpunkt.

4.11.1 Maßnahmen und Ziele

Wesentliches Ziel des GKV-VStGs ist die Verbesserung der Versorgungsstrukturen in Deutschland. Dies soll einerseits erreicht werden durch die **flächendeckende Versorgung** und **Verzahnung der Leistungssektoren,** andererseits durch **Flexibilisierung und Regionalisierung** sowie **Stärkung wettbewerblicher Elemente.**

Die Regelungen des GKV-VStGs beschränken sich (mit wenigen Ausnahmen) auf die ambulante Versorgung. Die Verzahnung ist auf die spezialfachärztliche Versorgung beschränkt. Zur Sicherstellung der vertragsärztlichen Versorgung erarbeitet der G-BA neue Planungsbereiche, deren Ausgestaltung sich an den Anforderungen für eine flächendeckende Versorgung orientiert. Hierbei erhalten die Länder ein größeres Mitwirkungsrecht und sind künftig im G-BA mitberatend tätig. Weiterhin soll im ländlichen Raum Telemedizin Bestandteil der ambulanten vertragsärztlichen Versorgung werden, um eine flächendeckende Versorgung sicherzustellen. Des Weiteren wird die Delegation ärztlicher Leistungen auf Hilfspersonen erleichtert, um Ärzte zur Verbesserung der Versorgung zu entlasten.

Das VStG sieht Änderungen bei der spezialfachärztlichen Versorgung vor.[46] Hier wird in Bezug auf die spezialfachärztliche Versorgung eine bessere Verzahnung zwischen ambulanter vertragsärztlicher und stationärer Versorgung angestrebt. Hier kann nach Prüfung der Zulassungsvoraussetzungen durch die gemeinsame Selbstverwaltung die Behandlung sowohl in einer Arztpraxis als auch im Krankenhaus erfolgen, bei einer Vergütung zu festen Preisen ohne Mengenbeschränkung und Bedarfsplanung.

Die Regelung der Bedarfsplanung wird flexibilisiert und es kann von den Richtlinien künftig auf Landesebene abgewichen werden, um regionale Besonderhei-

---

[46] Die ambulante spezialfachärztliche Versorgung umfasst nach § 116 b SGB V die Diagnostik und Behandlung seltener und besonders schwerer Erkrankungen sowie hochspezialisierte Leistungen.

ten in Bezug auf Demographie und Morbidität zu berücksichtigen. Damit soll sowohl das Problem der regionalen Über- als auch der Unterversorgung gelöst werden. So werden zusätzliche Anreize geschaffen, Ärzte aufs Land zu locken, in dem hier die Mengenbegrenzung ausgesetzt wird.[47] Kernelement ist dabei die Rücknahme der mit dem GKV-SG eingeführten bundeseinheitlichen Punktwerte. Die Honorarverteilung wird zurückgenommen und auf die KVen zurückverlagert, die diese dann im Benehmen mit den Krankenkassen festlegen.

Darüber hinaus kann in unterversorgten Gebieten ein sogenannter Strukturfonds gebildet werden, der Fördermaßnahmen finanzieren soll. Des Weiteren wird die Residenzpflicht abgeschafft, was vor allem die Versorgung in ländlichen Gebieten stärken soll.

Aber auch Maßnahmen gegen Überversorgung sind enthalten, so hat die KV die Möglichkeit bei der Nachbesetzung eines Vertragsarztsitzes ein Vorkaufsrecht in überversorgten Gebieten auszuüben und kann damit eine Teilsperrung von Planungsgebieten durchsetzen.

Durch die Neuregelung in Bezug auf innovative Behandlungsmethoden wird ein Ausschluss dieser Methoden erschwert, so dass die Versicherten hierdurch einen leichteren Zugang zu diesen Therapien haben.

Es kommt zu einer Modifizierung der Zulassungsregeln für MVZs: Der Gründerkreis für MVZ wird durch das GKV-VStG eingeschränkt, insbesondere bestimmte Rechtsformen wie die der AG werden ausgenommen.[48]

In einigen wenigen Punkten sind wettbewerbliche Elemente gestärkt worden: Im stationären Bereich soll durch die Kooperationsverpflichtung und die Voraussetzungen von Überweisungserfordernissen eine Verzahnung der Leistungssektoren gefördert werden. So werden Krankenhäuser ausdrücklich zum Entlassungsmanagement verpflichtet und müssen dafür mit ambulanten Fachärzten kooperieren. Darüber hinaus gibt es die Möglichkeit, bei ambulanten Operationen niedergelassene Vertragsärzte als „Operateure im Krankenhaus" zu beauftragen.

Für die gesetzlichen Krankenkassen wird durch das GKV-VStG die Möglichkeit geschaffen, in bestimmten Bereichen (z. B. bei Vorsorge- und Reha-Maßnahmen, künstlicher Befruchtung, häusliche Krankenpflege) ihre Angebotsmöglichkeiten für Satzungsleistungen zu erweitern.

---

[47] D. h. unabhängig von der Leistungsmenge erhalten die Ärzte für alle Patienten dasselbe Honorar.

[48] Zu den weiteren MVZ betreffenden Regelungen vgl. Orlowski und Preusker (2012), S. 38–41.

4.11.2   Bewertung der Maßnahmen

Insgesamt können die mit dem GKV-VStG angestrebten Ziele nur sehr einge-schränkt erreicht werden. Es werden zwar mehrere wichtige Problemfelder aufgegriffen, aber eine nachhaltige Verbesserung der Versorgungstrukturen wird durch die Reformmaßnahmen nicht erreicht.

So findet die Verzahnung der Leistungssektoren nur in Bezug auf die spezial-fachärztliche Versorgung statt, alle anderen Leistungserbringer werden nicht beteiligt. Für eine dauerhafte Verbesserung der Versorgungsstrukturen müssen umfassende Reformmaßnahmen aber bei allen Beteiligten ansetzen. Diese müs-sen weiterreichen als die Maßnahmen des GKV-VStG.

In Bezug auf die Flexibilisierung zentralistischer Planungselemente findet keine Stärkung wettbewerblicher Elemente statt, sondern lediglich eine Modifikation von „Planungsinstrumenten". Es geht hier lediglich um die Rücknahme vorhe-riger Reformen und es erfolgt keine grundlegende Neukonzeption.

Für den stationären Bereich ergeben sich zwar – was aus wettbewerblicher Sicht positiv zu werten ist – erweiterte Kooperationsmöglichkeiten mit niedergelasse-nen Ärzten, aber es bleibt die Problematik der Vergütung.

Auch für die gesetzlichen Krankenkassen wird in einem kleinen Randbereich durch die Erweiterung der Möglichkeit von Satzungsleistungen die Möglichkeit eröffnet, sich im Wettbewerb zu profilieren.

Das Ziel des GKV-VStG ist die Verbesserung der Versorgungsstrukturen in Deutschland, dieses kann durch die Reformmaßnahmen nicht nachhaltig er-reicht werden. Es kann als ein erster Ansatz zur Lösung der Schnittstellenprob-lematik zwischen niedergelassenen (spezial)fachärztlichen und stationären Leis-tungserbringern gesehen werden, dem aber weitere Schritte folgen müssen, um einheitliche Zugangs- und Wettbewerbsbedingungen zu schaffen.

4.12 Gesetz zur Weiterentwicklung der Finanzstruktur und der Qualität in der gesetzlichen Krankenversicherung (GKV-FQWG)

Im Jahr 2014 wurde der Gesetzgeber erneut aktiv, um dem Dauerreformbedarf im Gesundheitswesen gerecht zu werden. Mit dem GKV-FQWG standen nun der Finanzbedarf der GKV und die Qualität der Versorgung im Mittelpunkt.

4.12.1 Maßnahmen und Ziele

Durch das GKV-FQWG wurde zum 1.1.2015 der **allgemeine Beitragssatz** zur GKV auf 14,6 % (2014: 15,5 %) abgesenkt. Dieser wird nun hälftig von Arbeitnehmern und Arbeitgebern getragen. Durch die Festschreibung des Arbeitgeberanteils auf 7,3 % soll ein weiterer Anstieg der Lohnzusatzkosten verhindert werden. Der bisherige Arbeitnehmer Sonderbeitrag von 0,9 % wurde mit diesem Gesetz abgeschafft. An diese Stelle tritt nun ein kassenindividueller einkommensabhängiger Zusatzbeitrag. Wird ein solcher von einer Kasse eingeführt oder erhöht, so hat der Versicherte ein Sonderkündigungsrecht.

Mit dem Zusatzbeitrag verbunden ist ein vollständiger Einkommensausgleich aller Krankenkassen durch den morbiditätsorientierten Risikostrukturausgleich. Mit diesem neu modifizierten Risikostrukturausgleich (Morbi-RSA) soll eine höhere Transparenz und Zielgenauigkeit beim Einkommensausgleich erreicht werden. Es soll eine rechnerische Gleichstellung der Kassen bezüglich der Höhe der beitragspflichtigen Einkommen und eine Vermeidung des Anreizes zur Risikoselektion von Geringverdienern bewirkt werden (adverse Selektion). Die bisherige Benachteiligung einzelner Kassen soll mit dem verfeinerten Morbi-RSA verhindert werden.

Darüber hinaus sollen mit dem GKV-FQWG Hebammen finanziell entlastet und zugleich eine flächendeckende Versorgung sichergestellt werden. Dies geschieht durch Einführung eines Sicherstellungszuschlags für Hebammen, die vorgegebene Qualitätsstandards erfüllen.

Im weiteren Focus des Gesetzes liegt der Qualitätsbereich: Mit der Gründung eines neuen Institutes zur Qualitätssicherung und Transparenz im Gesundheitswesen (IQTIG) sollen Qualitätsvergleiche z. B. von Krankenhausleistungen durchgeführt werden.

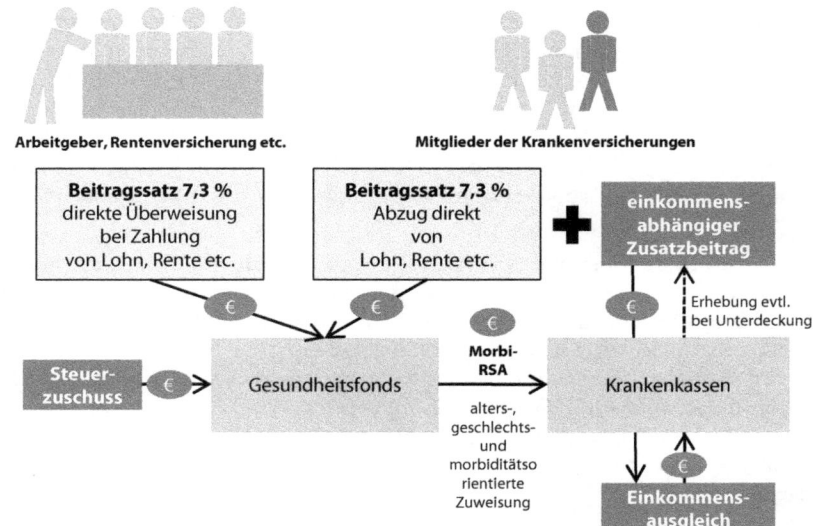

Abb. 18: Finanzierungsströme nach FQWG
Quelle: BMG, eigene Darstellung

4.12.2   Bewertung

Durch die Einführung eines kassenindividuellen Zusatzbeitrages soll der Wettbewerb der Krankenkassen gestärkt werden. Damit erhalten die Krankenkassen eine „gefühlte" Beitragssatzautonomie zurück. Das Versicherungsrisiko wird damit auf die Versicherungsnehmer verteilt. Insbesondere durch das mit einer Erhöhung verbundene Sonderkündigungsrecht ist es von essentiellem Interesse für die Kassen, hier möglichst wenige Beitragssatzerhöhungen vorzunehmen. Das bewirkt allerdings einen Anreiz bei den Kassen eher Rücklagen zu verwenden als Zusatzbeiträge zu erheben und könnte damit zu einer fehlenden Generationengerechtigkeit und Nachhaltigkeit bei der Finanzierung führen.

In der Realität stieg der kassenindividuellen Beitragssatz, der 2015 im Durchschnitt 0,9 % betrug, im Jahr 2016 bereits auf im Durchschnitt 1,1 % und allgemein wird mit einem weiter steigenden Zusatzbeitragssatz gerechnet, so rechnet der GKV-Spitzenverband 2019 bereits mit einem durchschnittlichen Zusatzbeitragssatz von 1,8 %.

Durch den neu modifizierten Risikostrukturausgleich soll ein vollständiger Einkommensausgleich und damit ein „fairer Wettbewerb" zwischen allen Krankenkassen erreicht werden. Allerdings bricht die Kritik an diesem „verfeinerten" RSA nicht ab. So kommt es zum einen von Bundesländern wie Bayern und Baden-Württemberg zu Kritik, dass gerade Bundesländer mit höheren Löhnen mehr in den Gesundheitsfonds einzahlen und bei der Berechnung der Zuweisungen aus dem Fonds aufgrund einer geringeren Kodierqualität deutlich benachteiligt werden.[49] Verbunden mit höheren Preisen für Gesundheitsleistungen in Bundesländern mit höheren Löhnen führt dies zu regionalen Ungerechtigkeiten.

Da der Morbi-RSA mit einem Finanzvolumen von mehr als 200 Mrd. € bereits bei marginalen Änderungen zu massiven Umverteilungen unter den Krankenkassen führt (und damit zu Wettbewerbsvor- oder -nachteilen), bricht die Diskussion über eine zielgenaue Ausgestaltung nicht ab. Die neuesten Veränderungen im Verteilungsschlüssel (beispielsweise Änderungen beim Krankengeld zu Ungunsten von Kassen mit vielen Gutverdienern, Annualisierung der Behandlungskosten von Verstorbenen) haben die Auseinandersetzung noch verschärft, zumal die Zusatzbeiträge der Kassen inzwischen zwischen 1,5 % und 0,3 % liegen.

Das führt letztlich zu der grundsätzlichen Überlegung, ob unter Annahme der Komplexität der Realität der RSA überhaupt so stark verfeinert werden kann, dass ein vollständiger Einkommensausgleich möglich ist. Die Frage ist vielmehr, ob damit nicht eine Interventionsspirale in Gang gesetzt wurde.

Vor diesem Hintergrund wird in der politischen Debatte die Forderung nach einer Rückkehr zur hälftigen Finanzierung immer lauter. Das Ziel dabei ist es, die Zahlungspflicht der Arbeitnehmer zu reduzieren. Dies würde dann allerdings auch die Anreize für einen Kassenwechsel reduzieren und den Wettbewerb in der GKV deutlich verringern.[50] Letztlich ist der Zusatzbeitrag das einzige Preissignal im System und stellt für die Kassen eines der wenigen verbliebenen Wettbewerbsparameter dar. Würde er abgeschafft werden, sänke der Wettbewerbsdruck bei den Kassen weiter und das wäre insbesondere vor dem Hintergrund der zahlreichen Leistungserweiterungen, die durch die neueren Reformen hinzukamen, ein falsches Signal.

---

[49] So beträgt der Anteil der gesicherten Diagnosen in Sachsen-Anhalt 94 %, in Bayern hingegen lediglich 87 %.

[50] Gesundheitsökonomisch kann die Frage der paritätischen Finanzierung ohne den erhofften Leistungswettbewerb (der durch das GKV-VSG verstärkt werden soll) nicht zielgerecht diskutiert werden.

4.13 GKV-Versorgungsstärkungsgesetz (GKV-VSG)

Angesichts der als besonders drängend wahrgenommenen Probleme wie Hausärzte-Mangel in ländlichen Regionen, sinkendem Nachwuchspotenzial und unterschiedlichen regionalen Versorgungsstrukturen gab es im Jahr 2015 eine ungeheure Dichte gesetzgeberischer Aktivität. Mit dem GKV-VSG bezog man sich erneut auf die versorgungspolitischen Strukturen im Gesundheitswesen. Daneben wurden aber auch noch das E-Health-Gesetz, das Krankenhausstrukturgesetz (KHSG) und das Präventionsgesetz verabschiedet.

4.13.1 Maßnahmen und Ziele

Das GKV-VSG umfasst zum einen Änderungen in der **Bedarfsplanung** und möchte zum anderen mit Hilfe eines **Innovationsfonds** Impulse zur Weiterentwicklung der Versorgung geben.

In Bezug auf die Bedarfsplanung versucht der Gesetzgeber stärker lenkend in die Versorgungsstrukturen einzugreifen: In Gebieten mit Zulassungsbeschränkung aufgrund von Überversorgung entscheidet der Zulassungsausschuss, ob eine Nachbesetzung erforderlich ist.[51] In strukturschwachen Gebieten hingegen können die KVen die Niederlassung von Ärzten unterstützen. Für anerkannte Praxisnetze müssen gesonderte Vergütungsregeln vorgesehen werden, um die kooperative Behandlung stärker zu fördern.

Auch die Patientenrechte wurden durch den Anspruch auf eine Zweitmeinung vor planbaren Eingriffen und die Einrichtung von Terminservicestellen, die einen Facharzttermin innerhalb von 4 Wochen garantieren sollen, gestärkt.

Im Rahmen des **Innovationsfonds** werden von 2016 bis 2019 von den Kassen und dem Gesundheitsfonds hälftig jährlich 300 Mio. € zur Förderung von innovativen, sektorübergreifenden Versorgungsformen und von Versorgungsforschung bereitgestellt. Besonders gefördert werden sollen die Telemedizin, die geriatrische Versorgung und Modellprojekte zur Arzneimittelsicherheit multimorbider Patienten. Über die Vergabe der Mittel entscheidet ein beim G-BA eingerichteter Innovationsausschuss.

Ziel ist es, dass im Rahmen des regulierten Krankenkassenwettbewerbs mit Hilfe des Innovationsfonds ein verstärkter Leistungswettbewerb erzeugt wird.

---

[51] Eine Überversorgung liegt ab einem Versorgungsgrad von 110 % vor, ab hier kann die KV tätig werden, ab 140 % Versorgungsgrad sind die KVen verpflichtet, den Nachbesetzungsantrag abzulehnen. Da aber zahlreiche Ausnahmeregelungen existieren, war das in der Praxis bisher kaum der Fall.

Insgesamt sollen mit diesen Instrumenten eine Sicherung der flächendeckenden ambulanten Versorgung und ein verbesserter Zugang zu ärztlichen Leistungen erreicht werden.

4.13.2   Bewertung der Maßnahmen

Da bereits heute regionale Unterschiede in der Gesundheitsversorgung existieren, ist es notwendig, dass die Versorgungsstrukturen vom Gesetzgeber überdacht werden. Die „Verfeinerung" der Bedarfsplanung ist momentan aber eher eine Modifizierung des Status quo mit der versucht wird, Symptome einer zentralisierten Planung zu kurieren.

Die langfristigen Herausforderungen der Versorgung in der Fläche erfordern aber tiefgreifende und strukturelle Änderungen. Es ist sicherlich richtig und wichtig hier den Ärzten, die sich in ländlichen Regionen niederlassen wollen, monetäre Anreize zu bieten. Da aber eine Vielzahl von Gründen gegen eine solche Niederlassung sprechen können (wie z. B. geringe Dichte von Privatpatienten, kein Wiederverkauf der Praxis im Ruhestand, ev. häufiger Notdienst, häufige und aufwändige Hausbesuche und wenig attraktive Infrastruktur in ländlichen Regionen), muss die Politik den Ärzten ein attraktives Arbeitsumfeld mit geringen Niederlassungshürden bieten. Eine Steuerung über den Markt ist dabei aber aufgrund der Vielfalt der Lösungsansätze flexibler als zentrale Planung.

Eines der Hauptbestandteile des GKV-VSG ist der Innovationsfonds mit dessen Hilfe in der ersten Runde 25 bis 40 innovationsträchtige Versorgungsformen gefördert werden, die die medizinische Versorgung in der GKV weiterentwickeln und verbessern sollen. Befürworter sehen darin eine große Chance für die Modernisierung des Gesundheitswesens. Zwar wurde bereits mit dem GKV-VStG im Rahmen des § 137 e die Möglichkeit einer Erprobungsphase für Innovationen eingeführt, aber aufgrund von abgeschotteten Vergütungssystemen und unterschiedlichen Verfahren war die Innovationsfinanzierung nicht ausreichend offen, flexibel und transparent. Diese Mängel sollen nun durch die Etablierung eines Innovationsfonds mit einem Innovationsausschuss beseitigt werden.

Der Innovationsfonds soll Impulse zur Weiterentwicklung der Versorgung setzen, lässt aber diese Impulse genau von den Akteuren bewerten, die „Teil des Spiels" sind. Auch die Kontrolle des Vergabeverfahrens erfolgt dabei über Vertreter des BMG, die aber auch, neben einem Vertreter des Bundesforschungsministeriums, im Innovationsausschuss sitzen. Das BMG kontrolliert hier quasi sich selbst.

Mit Hilfe des Innovationsfonds soll der Leistungswettbewerb der Kassen untereinander, der bisher über dezentrale Suchprozesse via Selektivvertrag forciert werden sollte[52], prozesspolitisch durch kollektivvertragliche Vergabeprozesse initiiert werden. Dabei ist es aus ordnungspolitischer Sicht durchaus fragwürdig, dass im Innovationsfonds sowohl die Wege als auch die Ziele für „innovativ zu interpretierende" Versorgung festgelegt werden. Grundsätzlich stellt sich die Frage, inwiefern wettbewerbliche Suchprozesse von zentralen Gremien vorgegeben und bewertet können. Auch wenn im Innovationsfonds bewusst themenoffene Innovationen vorgeschlagen werden können, ist die Fokussierung auf bestimmte Themenbereiche zentral vorgegeben. Zumal durch die Struktur des Innovationsfonds Wege und Ziele der als „innovativ zu interpretierenden" Versorgung festgelegt werden.

4.14 Weitere Gesetze der Jahre 2015 und 2016

Da die gesetzgeberische Aktivität in den Jahren 2015 und 2016 sehr stark ausgeprägt war, sollen hier neben dem GKV-VSG auch das Präventionsgesetz, das E-Health-Gesetz, und das Krankenhausstrukturgesetz kurz zusammengefasst dargestellt werden.

4.14.1 Maßnahmen und Ziele

Im Rahmen des **Präventionsgesetzes** (PrävG) sollen Gesundheitsförderung und Prävention als gesamtgesellschaftliche Aufgabe gestaltet werden. Es wird zum einen die Eigenverantwortlichkeit des Versicherten betont, zum anderen wird die Prävention insbesondere auf die sogenannten Lebenswelten (z. B. Schulen, Kindertagesstätten, Betriebe etc.) ausgerichtet. Für die Finanzierung der Leistungen zur Prävention und Gesundheitsförderung wird ein jährliches Budget von 500 Mill. € zur Verfügung gestellt. Die Bundeszentrale für gesundheitliche Aufklärung (BZgA) erhält dafür neue zusätzliche Aufgaben, die durch Versichertengelder der GKV finanziert werden.

Mit dem Gesetz für sichere digitale Kommunikation und Anwendungen im Gesundheitswesen (**E-Health-Gesetz**) soll die „zügige Einführung nutzbringender Anwendungen der elektronischen Gesundheitskarte" (Dt. Bundestag Drucksache 18/5293) befördert werden. So soll die Gesellschaft für Telematik-anwendungen der Gesundheitskarte (gematik) bis 2018 die Voraussetzungen für eine elektroni-

---

[52] Allerdings wurde dieser Handlungsspielraum in der Kollektivversorgung von den Krankenkassen nur sehr eingeschränkt genutzt.

sche Patientenakte schaffen.[53] Darüber hinaus geht es prinzipiell nach jahrelangem Stillstand und langwierigen Diskussionen darum, die „Telematikinfrastruktur" flächendeckend in Deutschland zu regeln, um darauf zukünftige digitale Versorgungslösungen aufzubauen. Insbesondere der Innovationsfonds sieht im Einsatz der Telematik im Hinblick auf eine verbesserte Versorgungsstruktur vielversprechende Ansätze.[54]

Mit dem **Krankenhausstrukturgesetz** (KHSG) wird vom Gesetzgeber die Versorgungsqualität im stationären Bereich in den Fokus gerückt. Es soll sowohl bei der Krankenhausplanung als auch bei der Vergütung der Krankenhausleistungen die Qualität in den Mittelpunkt gestellt werden. Vom G-BA sollen Qualitätsindikatoren zur Messung der Struktur-, Prozess- und Ergebnisqualität in den Krankenhäusern entwickelt werden, um dann je nach Qualität Zu- oder Abschläge in der Vergütung vorzunehmen, d. h., der G-BA erhält hier erstmalig Aufgaben einer qualitäts- und erreichbarkeitsorientierten Krankenhausplanung.

Zusätzlich steht ein Strukturfonds in Höhe von 500 Millionen € aus dem Gesundheitsfonds zur Verfügung, der zum Abbau von Überkapazitäten und Konzentration im stationären Bereich genutzt werden soll. Hiermit sollen zum einen Abbau und Umwidmung von Bettenkapazitäten zum anderen aber auch strukturverbessernde Investitionen finanziert werden (vgl. Klein-Hitpaß, Leber und Scheller-Kreisen 2015, S. 16). Die im deutschen Gesundheitswesen existierenden Überkapazitäten im Krankenhausbereich werden deutlich durch die im internationalen Vergleich extrem hohe Krankenhausdichte.[55]

4.14.2   Bewertung der Maßnahmen

Durch das PräG wird in einem eigenen Gesetz die Bedeutung von Prävention und Gesundheitsförderung unterstrichen, was grundsätzlich positiv zu werten ist. Insbesondere die Bedeutung der Eigenverantwortung des Versicherten bei chronischen und verhaltensabhängigen Erkrankungen wird hervorgehoben, was die Rolle des Einzelnen in Bezug auf seinen Gesundheitszustand verdeutlicht. In Bezug auf die zentrale Vorgabe einheitlicher Präventionsziele und die Verpflichtung der Kassen die BZgA mit Versichertengeldern quer zu subventionieren

---

[53] Gesellschafter der gematik sind die Spitzenorganisationen von Leistungserbringern und Kostenträgern im deutschen Gesundheitswesen.

[54] Technisch-organisatorische Ansätze wie AGnES oder VERAH stehen hier für neue Formen der Arbeitsteilung mit deren Hilfe z. B. die medizinische Versorgung in unterversorgten Regionen verbessert werden kann.

[55] Bei einer Auslastung von 80 % sind schätzungsweise immer noch 200.000 Betten zu viel.

stellen sich allerdings aus ordnungspolitischer Sicht mehrere Fragen: Grundsätzlich geht es um das Verhältnis zwischen staatlicher Einflussnahme auf die Gesundheitsversorgung, der Selbstverwaltung (verbunden mit der Möglichkeit wettbewerblicher Gestaltung auch unter den Krankenversicherungen) und der Rolle des Einzelnen.

Wenn man in der Prävention und Gesundheitsförderung eine gesamtgesellschaftliche Aufgabe sieht, dann stellt sich hier die Frage, warum die alleinige Finanzierungspflicht für die BZgA bei der GKV liegt.[56] Dies umso mehr, da die Fokussierung des Gesetzes im Bereich Lebenswelten die gesamte Bevölkerung mit einbezieht.

Beim E-Health-Gesetz scheinen die umgesetzten Maßnahmen im Vergleich zu den grundsätzlichen technischen Möglichkeiten eher spärlich zu wirken. Mit dazu trägt bei, dass die gematik sehr stark von verschiedenen Interessengruppen beeinflusst wird, so dass durch gegenseitige Blockade oft kein Beschluss gefasst werden kann.

Zwar werden hier als notwendige Bedingung für die Aufnahme von digitalisierten Strategien in die Wertschöpfungskette im Patientenfluss die Grundsätze von Schnittstellenstandards etc. geklärt, aber es ist nicht hinreichend geklärt, in welchem Organisationsmodell und mit welcher Strategie die telemedizinischen Daten auch genutzt werden können. In diesem Zusammenhang stellen sich Fragen in Bezug auf die Qualitätsstandards der medizinischen Leistungserbringer und die Qualifizierungsnotwendigkeit. Mit der Digitalisierung sind die Akteure im Gesundheitswesen auch aufgefordert, ihre Organisationsmodelle weiter zu entwickeln. Es wundert nicht, dass gerade auch im Innovationsfonds diesem Versorgungsansatz besondere Priorität eingeräumt wird.

Das KHSG leitet einen Wechsel in der Krankenhausplanung ein. Die Landesplanung wird jetzt durch ein bundesweit gültiges Regelwerk ergänzt. Dieses Regelwerk wird vom G-BA als Behörde der Selbstverwaltung entwickelt. Der G-BA soll nach § 136 c Absatz 3 SGB V rationale Kriterien für die Sicherstellung der stationären Versorgung entwickeln. Es wird mit Hilfe des Strukturfonds versucht, das Problem der Überkapazitäten anzugehen. Dabei ist allerdings der alleinige Abbau von Betten nicht entscheidend, sondern die Reduzierung der Zahl der Krankenhausstandorte, Bildung von Zentren und Aufbau einer integrierten Versorgung.

---

[56] So hat sich der GKV-Bundesverband zunächst auch geweigert die fälligen 31 Mio. € für zusätzliche Personalstellen an das BZgA zu zahlen, das Gesundheitsministerium musste mit einer aufsichtsrechtlichen Anordnung im Dezember 2015 die Zahlung erzwingen.

Daneben wirft das KHSG mit der starken Qualitätsorientierung die Frage nach einer adäquaten Qualitätsmessung auf. Der G-BA soll adäquate Qualitätsindikatoren zur Messung der Qualität entwickeln, an denen sich die Vergütungen orientieren. Neben der Frage nach welchen Methoden diese Indikatoren entwickelt werden sollen, stellt sich grundsätzlich die Frage, ob ein solch zentrales Gremium qualitätsbezogene Zu- und Abschläge in der Krankenhausvergütung festlegen muss oder dies nicht auch dezentral erfolgen könnte.

Insgesamt löst das KHSG das zentrale Problem – die duale Finanzierung – der deutschen Krankenhauslandschaft aber nicht: Die Bundesländer halten nach wie vor an ihrer Planungshoheit fest und kommen aber der damit verbunden Investitions- und Betriebskostenfinanzierung – wenn überhaupt – nur sehr unzureichend nach. Der Fortbestand der dualen Finanzierung ist anachronistisch.

Insgesamt bleibt in Bezug auf die hohe Dichte der Gesetzgebung in den Jahren 2015 und 2016 festzuhalten, dass durch möglichst viele Gesetze nicht zwangsläufig auch effektive, effiziente und nachhaltige Lösungen gefunden werden.

4.15 Synthese und Zwischenergebnis

Mit den bisherigen Maßnahmen der Gesundheitspolitik in Deutschland wurde hauptsächlich versucht, entweder über **ausgabenbeschränkende Eingriffe** (Budgetierung, Richtgrößen usw.) oder über **einnahmenkonsolidierende Politiken** (Erweiterung der Beitragsbemessungsgrenze und des Versichertenkreises) das Dilemma zwischen den Zielsetzungen zu beheben. Eine grundsätzliche Reform der zugrundeliegenden Strukturvariablen wurde jedoch nur ansatzweise mit dem GKV-VStG und GKV-VSG vorgenommen.

So ist zwar gelungen, die starren Elemente des Kollektivvertrags zu lockern und Formen eines Vertragswettbewerbs in das Gesundheitswesen zu implementieren, doch bleibt die Ausgestaltung einer Wettbewerbsordnung für das Gesundheitswesen noch eine offene Frage. So weist beispielsweise *Möschel* darauf hin, dass je mehr wettbewerbliche Elemente in sozialen Sicherungssystemen Einzug halten, die Versuche ordnungsökonomisch scheitern müssen, soziale Sicherungssysteme als Ausnahmebereiche vom allgemeinen Wettbewerbsrecht anzusehen (vgl. Möschel 2003, S. 16).

Vor diesem Hintergrund muss auch im Bereich der GKV zunehmend von einer wettbewerblichen Situation ausgegangen werden, da mit der Idee des selektiven Kontrahierens die Vorstellung eines „Leistungswettbewerbs" um bessere Qualität und Leistungen gefördert werden soll. So liegt damit ein Konkurrieren der Krankenversicherungen und Leistungserbringer um **präferenzorientierte**

Wahlentscheidungen der Versicherten und Patienten vor und somit wird der hoheitliche Bereich der Krankenversicherungen grundsätzlich geschmälert. Gleichwohl muss berücksichtigt werden, dass die Wahlentscheidungen von Versicherten nicht zwangsläufig die Präferenzen von Patienten abbilden und daher die Rolle der Prämiengestaltung und der damit korrespondierenden Laufzeit von Versicherungsverträgen sehr relevant sind.

Es kann somit die Schlussfolgerung gezogen werden, auch im regulierten Wettbewerb der GKV betätigen sich Krankenversicherungen als Unternehmen im funktionalen Sinne und sind daher nicht mehr Verwalter, sondern agierende Akteure im Gesundheitswesen (vgl. dazu Oberender/Zerth 2010).

Darüber hinaus ist gerade die Idee eines „Wettbewerbs" als **Such- und Entdeckungsverfahren** nur mit Krankenversicherungen möglich, die sich „unternehmerisch" im Sinne dezentraler Experimente im Kontext der Gesundheitsversorgung bewegen wollen. Der Wettbewerbsprozess, auch wenn in vielerlei Weise noch reglementiert und kontrolliert, hat in den letzten Jahren einen tiefgreifenden Veränderungsprozess in der Kassenlandschaft hervorgerufen. Diese Veränderung als Herausforderung und als Chance zu begreifen, ist die Option für eine Krankenversicherung in der Zukunft.

Freilich zeigen etwa die Beispiele im Hinblick auf **Ausschreibungsmodelle** und **Rabattverträge**, dass es geboten ist, gleiche Wettbewerbsbedingungen zwischen Leistungserbringern und Krankenversicherungen zu schaffen. Unternehmerisch tätig werden zu können, bedeutet auch, sich die unternehmerischen Konsequenzen zurechnen zu lassen. Dies geht aber nur durch konsequente Anwendung des Wettbewerbsrechts auf Krankenversicherungen und einer zumindest langfristigen Abkehr vom kooperationsrechtlichen Status der Körperschaft des öffentlichen Rechts.

Es lässt sich somit festhalten: Mit dem GKV-Wettbewerbsstärkungsgesetz ist eine für alle Beteiligten im Gesundheitswesen **ambivalente Situation** eingetreten. Stärkere Regulierung in Finanzierungsfragen geht einher mit der Forderung stärkeren Wettbewerbs der Krankenversicherung im Leistungssektor. Ein nachfragegesteuertes Gesundheitswesen, das die Interessen des Patienten in den Vordergrund stellen will, kann daher nur funktionieren, wenn die Kanäle des Patienteninteresses gestärkt werden. Eine Ordnungsregel für den Wettbewerb um Leistungen, der insbesondere die Frage der Qualitätstransparenz integriert, ist ein notwendiger Bestandteil hierfür. An dieser Stelle gilt es, sowohl in der Theorie als auch in der angewandten Gesundheitspolitik stetig weiterzuarbeiten.

Jedoch zeigt die bisherige Vorgehensweise der Gesundheitspolitik, dass die Lösung der Steuerungsprobleme vornehmlich über zentral festgelegte Regulierungen und Reglementierungen gesucht wird, die sowohl Zielsetzung als auch

Vorgehensweise den Akteuren vorgeben. Gerade in den letzten Jahren zeigt sich die Tendenz, in der Gesundheitspolitik immer stärker zentral durch bundeseinheitliche Regeln zu steuern. Dies wird besonders deutlich, wenn man sich die Entwicklung des G-BA zur zentralen Kontroll- und Steuerungsinstanz im Gesundheitswesen vor Augen führt: Der seit 2004 mit dem GMG eingeführte Ausschuss hat als oberstes Gremium der Selbstverwaltung zunächst die Aufgabe über den Leistungsanspruch der 70 Millionen GKV-Versicherten zu entscheiden. Im Zuge der verschiedenen Reformvorhaben kamen im Laufe der Zeit stetig neue Aufgabenfelder hinzu: er regelt durch die Bedarfsplanungsrichtlinie die Zulassungsmöglichkeiten im ambulanten Bereich, im Arzneimittelbereich fällt er die Entscheidung über den Zusatznutzen neuer Präparate, im Rahmen der Arzneimittelpreisbildung bildet er die Festbetragsgruppe, dann ist der GBA mit seinem Innovationsausschuss zuständig für den Innovationsfonds. Mit dem KHSG wurden 2016 die Aufgaben und Kompetenzen jetzt auch auf den stationären Bereich ausgeweitet.

Neben dieser stetigen Ausweitung der Zuständigkeit einer zentralen Instanz ist auch die von Kritikern eingeforderte Transparenz problematisch: So sind einige Sitzungen des G-BA nicht öffentlich und insbesondere die Besetzung und Arbeit der 9 Unterausschüsse blieb lange intransparent. Nach einer Klage gegen den G-BA müssen jetzt zumindest in drei Unterausschüssen (Arzneimittel, ambulante spezialärztliche Versorgung und Disease-Management-Programme) die Mitgliedernamen veröffentlicht werden. Kritiker sehen hier das Problem, einer nicht demokratisch legitimierten Institution einen solchen Einfluss im Gesundheitswesen einzuräumen. Befürworter erkennen in den Sozialwahlen ausreichende Mitwirkungsmöglichkeiten.

Neben dem G-BA spielt, als weiteres zentralisiertes Gremium, der seit 2008 bestehende GKV-Spitzenverband eine entscheide Rolle im Gesundheitswesen. Es ist die Politik, die dafür sorgt, dass diesen mächtigen und zentralisierten Körperschaften immer mehr Aufgaben, die sie selbst scheut, übertragen werden. So können unpopuläre Entscheidungen verlagert werden.

Festzuhalten bleibt, dass die zunehmende Verlagerung von Aufgaben und Kompetenzen von Regierung und Parlament auf intransparente Körperschaften des öffentlichen Rechts einen weiteren Beitrag zur Zentralisierung des Gesundheitssystems geleistet hat. Zugleich hat damit auch der Einfluss des Staates auf die formalen Strukturen der Selbstverwaltung zugenommen hat. Ein explizites Beispiel stellt etwa die Zusammensetzung des Innovationsausschusses im Innovationsfonds dar, wo neben den aus dem G-BA kommenden Vertretern der gemeinsamen Selbstverwaltung sowohl das Bundesgesundheits- als auch das Bundesforschungsministerium vertreten sind.

Letztendlich lassen sich die Zentralisierungstendenzen in vielfältigen Schattierungen nur als Ausdruck eines Steuerungsoptimismus interpretieren, der wie ein roter Faden die gesamte gesundheitspolitische Gesetzgebung durchzieht und von der Vorstellung geprägt ist, der Staat könne die richtige Zielsetzung und den richtigen Weg(!) für alle Akteure vorgeben, um den Bedürfnissen des „Gemeinwohls" zu genügen. Unter evolutorischen Gesichtspunkten ist zu kritisieren, dass staatliche Regulierungsmaßnahmen in aller Regel innovative Kräfte behindern, wenn nicht sogar verhindern (vgl. Hamm 1984, S. 21 ff.). Die relevante Zukunftsaufgabe im Gesundheitswesen, die Überwindung der Sektorengrenzen mit Realisierung der erhofften Effizienzreserven, scheint auch mit den derzeitigen Reformgesetzen zur Versorgungsstruktur nicht erreicht.

5 Herausforderungen für das Gesundheitswesen

Bei den Herausforderungen für ein soziales Sicherungssystem kann idealtypisch zwischen endogenen und exogenen Herausforderungen unterschieden werden. In den vorangegangenen Kapiteln, insbesondere im Kapitel III, wurden die immanenten Steuerungsaspekte beleuchtet. Ziel des folgenden Kapitels ist es, die Auseinandersetzung mit den exogenen Herausforderungen für das Gesundheitssystem zu betrachten, die in sozioökonomische und politisch-rechtliche Aspekte unterteilt werden.

5.1 Sozioökonomische Herausforderungen

5.1.1 Demographische Entwicklung

Als grundlegende sozioökonomische Herausforderung gilt die **demographische Entwicklung** für viele soziale Sicherungssysteme. Daher spielt bei der Betrachtung des Gesundheitswesens vor allem die institutionelle Gestaltung der demographischen Alterung der Bevölkerung eine besondere Rolle. Das deutsche Gesundheitswesen wird durch ein beitragsorientiertes Umlageverfahren finanziert. Eine derartige institutionelle Ausgestaltung gründet auf dem Prinzip des „**Generationenvertrags**". Die gegenwärtig Erwerbstätigen finanzieren im Rahmen des inhärenten Solidarausgleichs einen großen Teil der laufenden Ausgaben der Krankenversicherung der Rentner und gehen davon aus, dass auch ihnen im Alter gleiches widerfährt. Die demographische Entwicklung rüttelt jedoch bereits seit längerer Zeit am Fortbestand dieses Generationenvertrags.

Für die Entwicklung der Bevölkerung sowie der Alters- und der Geschlechtsstruktur eines Landes sind drei Faktoren maßgebend (vgl. Rosenberg 1990, S. 23):

- die Geburtenentwicklung,
- die Sterblichkeit sowie
- die Zu- und Abwanderung über die Landesgrenzen.

Die Alterung der deutschen Bevölkerung ist statistisch eindeutig, dabei ist insbesondere interessant, wie sich die so genannte fernere Lebenserwartung, d. h. die prognostizierten Lebensjahre, die bei Erreichen einer bestimmten Altersgrenze noch folgen, sich entwickeln wird. Beispielsweise nimmt die fernere Lebenserwartung der 65-jährigen stetig jedes Jahrzehnt um mehr als ein Jahr zu, gleichzeitig liegt die Geburtenzahl spürbar niedriger (vgl. Breyer 2015, S. 215 f.) Die **Nettoreproduktionsrate** (der Anteil, zu dem die jeweilige Müttergeneration später durch die Tochtergeneration ersetzt wird) lag in den 2000er Jahren im Durchschnitt bei ca. 0,65 und somit mehr als ein Drittel unter dem Niveau, welches zur Bestandserhaltung der Bevölkerung erforderlich wäre. Je Frau wurden nach dem Jahrtausendwechsel im Durchschnitt 1,35 Kinder geboren, was bei weitem nicht ausreicht, um die Bevölkerung zahlenmäßig auf dem gegenwärtigen Niveau zu halten (vgl. Pötzsch und Sommer 2003). In den letzten Jahren ist ein leichter Anstieg auf 1,4 Kinder festzumachen, was auch bei der Bevölkerungsfortschreibung in der 13. Koordinierten Bevölkerungsvorausberechnung berücksichtigt wird (vgl. www.destatis.de/Abfrage vom 26.05.2016). Die seit Mitte des 19. Jahrhunderts feststellbare Verminderung der Sterblichkeit in allen Altersgruppen führte dazu, dass im Laufe der Zeit die Lebenserwartung der deutschen Bevölkerung aufgrund des medizinischen und hygienischen Fortschritts beträchtlich anstieg.

Betrug die durchschnittliche Lebenserwartung einer Ende des 19. Jahrhunderts geborenen Frau nur 38,5 Jahre, so liegt dieser Wert nach der Sterbetafel 2010/2012 bei 82,8 Jahren. Die fernere Lebenserwartung einer Frau mit 65 Jahren wird mit 20,7 Jahren angenommen, was eine Veränderung von fast einem Jahr seit der Sterbetafel 2002/2004 kennzeichnet (vgl. Statistisches Bundesamt 2015, S. 34 ff). Der Gesamtquotient (Verhältnis der noch nicht und nicht mehr Erwerbstätigen in Relation zu den Erwerbstätigen) wird in Gesamtdeutschland 61 im Jahr 2000 auf annähernd 97 im Jahr 2060 steigen. Dabei ist dieser Anstieg insbesondere von der Entwicklung des Altenquotienten getrieben. Dabei gilt es jedoch korrigierende Effekte zu berücksichtigen, etwa die Heraufsetzung des Renteneintrittsalters und darüber hinaus die Annahmen zur Zuwanderung (vgl. Statistisches Bundesamt 2015, S. 25). Dies bedeutet, dass im Jahr 2060 auf 100 Personen im erwerbstätigen Alter annähernd die gleiche Zahl von Transferleistungsbezieher unterstellt werden kann. An dieser Stelle greift finanzierungstechnisch ein zweifaches Problem. Einerseits steigen die Ausgaben im Lebensalter, gerechnet auf Ausgabenprofile, an und darüber hinaus wird im Umlageverfahren grundsätzlich kaum oder nur im geringen Ausmaß eine Kapitalrückstellung vorgenommen (vgl. Breyer 2015, S. 215).

Die Herausforderung der demographischen Entwicklung, fallende Geburtenrate und deutlich gestiegene Lebenserwartung wird in der Literatur als „**double-aging-Phänomen**" beschrieben (vgl. Börsch-Supan 1991, S. 107). Die damit einhergehende Veränderung des Gesamtquotienten ist auch für die meisten Industrieländer festzuhalten, jedoch in unterschiedlicher Intensität. Wohingegen Japan ein sehr ähnliches Muster der demographischen Alterung vorweist, lassen sich mit Blick auf Frankreich oder gar den Vereinigten Staaten etwas günstigere

Nettoreproduktionsraten konzidieren. Gleichwohl gilt, dass mit der demographischen Alterung die Stabilität sozialer Sicherungssysteme, insbesondere wenn sie umlagefinanziert sind, hinterfragt werden muss.

Aufgrund des sich wandelnden Krankheitsspektrums und der demographischen Entwicklung (Vergreisung) der deutschen Bevölkerung ist damit zu rechnen, dass die Gesundheitsausgaben auch weiterhin zunehmen werden. Jedoch muss vor einer formelhaften Formulierung, je älter die Bevölkerung desto höher die Gesundheitsausgaben, Abstand genommen werden. Die grundsätzliche Frage, ob es sich bei den infolge der zunehmenden Lebenserwartung gewonnenen Lebensjahre um Jahre handelt, die behinderungs- und beschwerdefrei verbracht werden können, oder ob diese von Krankheit und Pflegebedürftigkeit gekennzeichnet sind, wird kontrovers diskutiert (vgl. etwa Sauerland/Wübker 2012).

Nach der **Morbiditätskompressionsthese** (vgl. ursprünglich Fries 1980) wird die nachrückende Altersgeneration aufgrund weniger belastender Arbeitsbedingungen, einer gesünderen Lebens- und Ernährungsweise, eines höheren Aktivitätsgrades sowie der Fortschritte in der Prävention und der Medizintechnologie weniger Funktionseinschränkungen aufweisen als die vorhergehende Altersgeneration.

Jedoch ist nach der **Medikalisierungsthese** zu berücksichtigen, dass infolge der Entwicklungen der Medizintechnologie die Eintrittswahrscheinlichkeit und die Dauer medizinischer und pflegerischer Interventionen zurückgehen können, die zunehmende Lebenserwartung jedoch neben der Reduzierung der Mortalitätsrate eine Erhöhung der Morbiditätsrate nach sich zieht (vgl. etwa Krämer 1993). Insbesondere infolge der Funktionseinschränkungen mit zunehmenden Lebensjahren wird eine steigende Nachfrage nach medizinischen und pflegerischen Leistungen zu erwarten sein.

Empirisch konnte bislang keine der beiden Thesen eindeutig bestätigt werden. Bei der empirischen Betrachtung ist insbesondere zu unterscheiden, ob die Aussage in Bezug auf die gesamten Gesundheitsdaten oder nur auf einzelne Leistungsbereiche gelegt wird (vgl. Breyer 2015, S. 218 f.). Einen wesentlichen Aspekt trägt bei der empirischen Betrachtung die Berücksichtigung von Sterbekosten bei, die einen Teil der altersbezogenen Ausgabenentwicklung erklären helfen (vgl. etwa Felder 2006). Gleichwohl zeigen Arbeiten, dass der dämpfende Aspekt etwa der Sterbekosten trotzdem einen Bereich demographiebedingter Altersausgaben erklären hilft (vgl. etwa Steinmann et. al. 2007). Insbesondere im Hinblick auf die Ausgabenentwicklung in der Pflege gewinnt der demographisch bedingte Ausgabenanstieg an Bedeutung. Gleichzeitig sind Elemente der Medikalisierungsthese im Hinblick auf eine schichtbezogene Entwicklung zu beobachten. Gerade bei bildungsferneren Gesellschaftsschichten spielen chronische und insbesondere verhaltensbedingte Erkrankungen eine größere Rolle.

Die Zukunft der Gesetzlichen Krankenversicherung (GKV) wird daher durch eine disproportional verlaufende Entwicklung zwischen Bevölkerung und Nachfrage nach Gesundheitsleistungen gekennzeichnet sein: Obwohl die Zahl der Empfänger von Leistungen der GKV auf lange Sicht abnimmt, wird die Nachfrage nach altersgerechten Gesundheitsleistungen aufgrund der zukünftigen Veränderungen innerhalb der Bevölkerungsstruktur und auch im Hinblick auf die höhere Krankheitshäufigkeit älterer Menschen ansteigen.

Der Anteil der Rentner an der Gesamtzahl der GKV-Mitglieder wird also in Zukunft weiter steigen. Diese Zunahme stellt deshalb ein großes Problem für die GKV dar, weil die Krankenversicherungsbeiträge der Rentner weniger als die Hälfte der von den Rentnern verursachten Kosten decken. Im Durchschnitt deckt ein Rentner gegenwärtig nur etwa 43 % seiner Leistungsausgaben durch seinen Beitrag ab, während alle anderen Mitglieder einen Beitrag einzahlen, der ihre Leistungsausgaben um durchschnittlich 46 % übersteigt (vgl. u. a. Schulze Ehring 2004, S. 40 ff.).

Prognosen über den Fortbestand des Generationenvertrags gestalten sich äußerst schwierig, weil sowohl die Ausgabenentwicklung, die vor allem auf dem medizinisch-technischen Fortschritt beruht, als auch die wirtschaftliche Entwicklung Deutschlands zu berücksichtigen sind. Im Jahre 2030 wird sich der Rentnerquotient etwa verdoppelt haben, wodurch sich der Ausgabenanteil der Rentner auf rund 60 % erhöht. Beide Größen sind kaum zu prognostizieren. Eine besondere Rolle im Zusammenhang der demographischen Alterung spielt das Entwicklungspotenzial des medizinisch-technischen Fortschritts.

5.1.2 Technischer Fortschritt – Risiko oder Chance?

Der **medizinisch-technische Fortschritt** gilt in der Beschreibung der Entwicklung des Gesundheitswesens als ambivalentes Phänomen. So trägt dieser etwa nach Bratan/Wydra (2013, S. 5 ff.) zu einer deutlichen Vergrößerung des Möglichkeitenraumes auf der Angebotsseite bei und erlaubt

[1] eine Verbesserung von diagnostischen und therapeutischen Möglichkeiten bei bekannten Erkrankungsbildern, etwa durch Fortschritte in der diagnostischen Strategie oder durch besser verträgliche Medikamente,

[2] lebensveränderliche Effekte durch neue Technologien, gerade durch Fortentwicklungen pharmakologischer Strategien, etwa im Kontext von biomarkerbasierten Medikamenten im Kontext stratifizierter Medizin,

[3] Zunahme von behandelbaren Krankheiten durch Kombination von diagnostisch-therapeutischen Prozessen, die Krankheiten entweder symptomatisch oder gar kausaler behandeln lassen. Exemplarisch können hier die

Entwicklungen bei der Behandlung von Leberinsuffizienz, koronaren Herz-krankheiten oder HIV/AIDS genannt werden,

[4] Krankheiten diagnostizierbar zu machen, die in der Vergangenheit nicht messbar oder nicht als Krankheit interpretierbar waren, etwa psychosoziale Erkrankungen oder die Messbarkeit von Alzheimer-Demenz.

Die Bewertung des medizinisch-technischen Fortschritts wirkt sowohl ausga-ben- als auch einnahmeseitig (Karmann et. al. 2016). Bei der Abschätzung der Ausgabenseite dominiert in der Regel die Abschätzung der Effekte des medizi-nischen Fortschritts als Residuum bei Berücksichtigung der anderen gesund-heitsausgabentreibenden Faktoren.

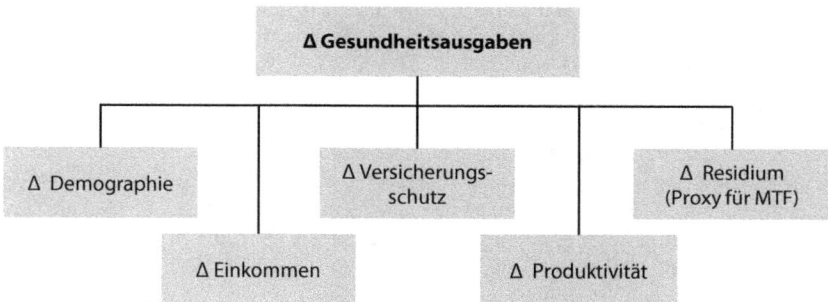

Abb. 19: Residualansatz zur Abschätzung der Ausgabenwirksamkeit
Quelle: Eigene Darstellung in enger Anlehnung an Bratan/Wydra (2013), S. 66

Breyer und Ulrich zeigen etwa in einer Studie aus dem Jahr 2000, das bei einer Regressionsabschätzung der GKV-Ausgaben der über 65-jährigen die Leis-tungsausgaben in der GKV aufgrund des medizinisch-technischen Fortschritts um im Durchschnitt ein Prozent stärker wachsen würden als das allgemeine Produktivitätswachstum. Andere Autoren schätzen, dass unbereinigt um Preis-effekte über 70 % der Gesundheitsausgaben in der GKV von 1980 bis 2009 auf den medizinisch-technischen Fortschritt zurückzuführen sind (vgl. Wil-lemé/Dumont 2013). Karmann et. al. weist darauf hin, dass bei Berücksichti-gung von Einkommenseffekten durch den medizinischen Fortschritt ein Teil der Ausgabenprognosen wieder korrigiert werden müssten, da Produktivitäts-gewinne in der Gesundheitswirtschaft und insbesondere der Rückgang krank-heitsbedingter Fehlzeiten mit dem medizinisch-technischen Fortschritt – etwa bei entlastenden Technologien in der Pflege – eine wichtigere Rolle spielen werden (Karmann et. al. 2016).

Die Ambivalenz des medizinisch-technischen Fortschritts lässt sich mit zwei Grundphänomenen beschreiben: In der modernen Medizin dominieren so genannte **„halfway-technologies"**, Technologien, die zwar das Leben eines Menschen verlängern können, ihn aber nicht wieder vollständig gesunden lassen und nicht vor dem Tod bewahren können (vgl. Oberender et. al. 2002, S. 132 f.). Die moderne Medizin steckt in einer „Fortschrittsfalle", da jede neue Diagnosetechnologie die Zahl der als krank diagnostizierten Menschen im Durchschnitt anwachsen lässt. Neue medizinische Möglichkeiten führen somit nicht zu einer Reduzierung des Ausgabenvolumens, sondern verstärken die bedrohliche finanzielle Entwicklung der GKV noch weiter.

In der Medizin finden immer wieder Paradigmen-Wechsel statt. Waren es zu Beginn des zwanzigsten Jahrhunderts vor allem die Erkenntnisse über Hygiene und Asepsis sowie die Entdeckung von Medikamenten zur Bekämpfung von Infektionskrankheiten, so sind es im letzten Jahrzehnt insbesondere die Entwicklungen auf den Gebieten der Transplantation organischer Körperteile, Operationen am offenen Herzen, die Ersetzung von organischen Körperteilen durch anorganische Ersatzteile wie bei Knie- und Hüftgelenken, die teils innere, teils äußere Unterstützung von Körperfunktionen (Herzschrittmacher, künstliche Niere) sowie die teilweise Ersetzung operativer Techniken durch minimalinvasive und äußerliche Anwendungen (Nierensteinzertrümmerer), die das Bild der Medizin nach außen hin prägen.

Durch diese Entwicklung wird die Diskrepanz zwischen dem medizinisch Möglichen und der Begehrlichkeit der Bürger auf der einen Seite und den finanziellen Mitteln, die hierfür zur Verfügung stehen, auf der anderen Seite immer größer.

Im Gegensatz zur Entwicklung in anderen Branchen ist die medizinische Versorgung nicht immer preiswerter, sondern immer teurer geworden. Diese Entwicklung lässt sich auf die Erfindung von immer weiteren zusätzlichen medizinischen Technologien (**„Add-On-Technologien"**, Zusatztechnologien) zurückführen, die darauf abzielen, bislang Unmögliches möglich zu machen (Organverpflanzungen, Herzoperationen, etc.). Nur in seltenen Fällen hat die medizintechnologische Forschung kostensenkende Prozessinnovationen hervorgebracht (Ersatztechnologien) (Krämer 1993, S. 793). Hier können Veränderungen im Kontext stratifizierter Medizin gegebenenfalls größere Effizienzvorteile generieren, wenn es gelingt von einem populationsorientierten zu einem stratifizierten Therapieansatz zu wechseln und beispielsweise bei onkologischen Behandlungen höhere Medikationskosten durch verbesserte Effizienz der Behandlung auszugleichen. Gleichwohl bleibt bei enger werdenden Teilmärkten dann die Frage nach dem strategischen Spielraum für Anbieter medizinisch-technischer Strategien offen (Orphanisierung) (vgl. etwa Oberender et. al. 2015, S. 704 ff.).

Unabhängig von den Entwicklungen stratifizierter Medizin ist der Zusammenhang des institutionellen Sicherungsversprechens und dem Zugang zu medizinisch-technischen Fortschritt in den Vordergrund zu stellen. Als wesentliche Ursache kann an dieser Stelle der beitragsunabhängige Zugang zu den Leistungen im Gesundheitswesen angesehen werden. Den Erfindern neuer medizinischer Technologien fehlt ein wichtiger Orientierungspunkt: eine preisgesteuerte Nachfrage. Den Patienten fehlt jeder Anreiz, den angestrebten Gesundheitszustand möglichst kostengünstig zu erreichen. Schließlich wird er durch seine Inanspruchnahme nicht fühlbar monetär be- oder entlastet.

Ein besonderes Interesse an der Nutzung neuer, besonders kostengünstiger Behandlungsmethoden besteht so für den Patienten nicht. Im Gegenteil: Der Patient wird versucht sein, sich möglichst Zugang zu den besten und neuesten Behandlungstechnologien zu verschaffen, solange er die zusätzlichen Kosten dazu nicht unmittelbar antizipiert (Freifahrer-Mentalität).

Auch für die Erbringer dieser Leistungen (Ärzte, Krankenhäuser) bestanden bisher kaum Anreize, kostengünstige Behandlungsmethoden zu verwenden. Die Anbieter hatten sogar die Möglichkeit, sich durch die Verwendung der jeweils neuesten Technologien Wettbewerbsvorteile gegenüber Konkurrenten zu verschaffen. Mit der Abkehr vom Selbstkostendeckungsprinzip und der Einführung von Fallpauschalen im Krankenhaus wurden erste Ansätze zu einem Richtungswechsel eingeführt, da diese Instrumente das Eigeninteresse der Leistungsanbieter an einer kostengünstigen Leistungserstellung wirksam stärken (Meyer 1994, S. 1 ff.).

Die Einschätzung von Innovationswirkungen im Gesundheitswesen kann nur ansatzweise mit den in anderen Märkten üblichen Wirkungsstrategien verglichen werden. Neben dem Einfluss des Gesundheitssystems und dem schon mehrfach beschriebenen Auseinanderfallen individueller Nachfrage und individueller Haftung (Verantwortungsdiffusion), nehmen die institutionellen Rahmenbedingungen für die Einschätzung von Innovationseffekten eine zunehmende Rolle ein (vgl. nachfolgende Tabelle).

Technischer Fortschritt im Vergleich zu anderen Märkten		
Charakterisierung	Gesundheitswesen	Andere Märkte
Zielsetzung	Lebenserhaltung und Verbesserung der Lebensqualität	Steigerung der Produktqualität/Senkung der Kosten
vorrangiger Innovationstyp	hoher Anteil an Produktinnovationen (half-way-Phänomen)	Produkt- und Prozessinnovationen
Substitutions-effekt	eher selten (add-on)	häufig
Marktzutritts-entscheidung	institutioneller Nachfrager im regulierten Markt	Marktkräfte (weitgehend)
Diffusions-finanzierung	Beitrags- oder Steuermittel	private Finanzierung
Kosten-effektivität	nicht eindeutig (hohe Arbeitsintensität)	häufig sinkend
Entwicklung der Gesamtausgaben	häufig steigend (Bedeutung des Mengeneffekts)	häufig steigend (Mengeneffekt als Ausdruck von Strukturwandel)

Tab. 4: Charakterisierung des medizinisch-technischen Fortschritts
Quelle: Eigene Darstellung in enger Anlehnung an Bratan/Wydra (2013), S. 32

Anders gewendet heißt dies, dass sich aufgrund des medizinischen und pharmakologischen Fortschritts ungeahnte Möglichkeiten der Diagnose und Therapie eröffnen. Inwieweit dieses Potenzial auch ökonomisch realisiert wird und der Bevölkerung zur Verfügung steht, hängt neben der Einkommensentwicklung sehr entscheidend auch von den institutionellen und rechtlichen Rahmenbedingungen des Gesundheitswesens ab. Daneben wird künftig die ethische Dimension eine wachsende Bedeutung erlangen, wenn beispielsweise nur die Frage der Präimplantationsdiagnostik (PID) oder des therapeutischen Klonens herangezogen wird. Auch für diese Probleme muss die soziale Krankenversicherung in Zukunft eine Lösung finden.

Die offene Frage, die mit dem Wachstum der Medizintechnik korrespondiert, ist, ob und vor allem wie ein industrielles Land in Zukunft bereit ist, breite Teile der Bevölkerung am Fortschritt in der Medizintechnologie teilhaben zu lassen. Verschiedene Untersuchungen stützen die These, dass die Zahlungsbereitschaft der Bevölkerung mit steigendem Wohlstandsniveau, gemessen am Anteil der Gesundheitsausgaben am Bruttoinlandsprodukt, ansteigt, dieser Anstieg, gemessen am statischen „Wert des Lebens" jedoch ab einer gewissen Altersstufe wieder abnimmt (vgl. etwa Ahlert et. al. 2014). Welche Schlussfolgerungen lassen sich daraus ziehen?

Zunächst kann festgehalten werden, dass verschiedene Untersuchungen zeigen, dass durch den medizinisch-technischen Fortschritt ein deutlicher Zugewinn an Lebensjahren erzielt worden ist (vgl. exemplarisch Aspden 2002 oder auch Cutler/McClellan 2001). Gleichzeitig sind die Untersuchungen zur Zahlungsbereitschaft potenzieller Patienten ein Indiz dafür, dass die Bereitschaft am technischen Fortschritt teilhaben zu wollen überproportional zum Einkommen steigt, mit anderen Worten eine Elastizität bezogen auf das Einkommen von größer als eins vorliegt. Beim Blick auf die Entwicklung der Gesundheitsausgaben im internationalen Vergleich, als Beispiele sollen nur Japan, Niederlande, Frankreich und Deutschland dienen, wird deutlich, dass in allen genannten Ländern die Lebenserwartung, gemessen an verlorenen Lebensjahren für 100.000 Einwohner unter 70 Jahren, deutlich angestiegen ist (vgl. OECD 2015). Vor diesem Hintergrund wird die Frage, welche Leistungsfähigkeit die institutionellen Systeme der Gesundheitssysteme haben, in das gesellschaftliche Blickfeld kommen. Eine besondere Auseinandersetzung gilt dabei der deutschen Ausprägung eines Beitragssystems, das eine Preissteuerung weitgehend ausgeschlossen hat und nach dem Umlageverfahren finanziert wird.

5.1.3   Politisch-rechtliche Herausforderungen

5.1.3.1   Europäische Union: Herausforderung und Chance

Neben den vielfältigen systemendogenen Problemstellungen (s. Kap. 3) ist das deutsche Gesundheitswesen mit gravierenden exogenen Strukturbrüchen konfrontiert. Gerade auch im Zusammenhang mit der **Europäischen Union** (EU) ergeben sich vielfältige Herausforderungen mit Chancen und Risiken für das deutsche Gesundheitswesen.

Mit dem Prozess der europäischen Integration verbinden sich politische und vor allem auch wirtschaftliche Zielsetzungen. So wachsen durch die Schaffung und Vollendung des Europäischen Binnenmarktes sowie durch die Einführung des Euro als einheitliche Währung die nationalen Märkte zu einem Gemeinsamen Markt zusammen. Davon erhofft man sich eine Förderung der politischen Stabilität und der Freiheit, des Wachstums und des Wohlstands in der Gemeinschaft. Die EU ist dem Grundsatz einer offenen Marktwirtschaft mit freiem Wettbewerb verpflichtet und gewährt die Grundfreiheiten des freien Personen-, Dienstleistungs-, Waren- und Kapitalverkehrs, um eine internationale Arbeitsteilung zu ermöglichen. Es kann festgehalten werden, dass die europäische Integration einen Einigungsprozess der Mitgliedsländer darstellt, in dessen Mittelpunkt die Beseitigung der Beschränkungen der Handlungsfreiheiten steht, die sich aus den nationalstaatlichen Systemen ergeben.

Es werden zwei Formen der Integration unterschieden: Integration durch Intervention und Integration durch Wettbewerb. Dabei stellt erstere den Prozess der Integration nach kollektiven Zielen durch zentrale Instanzen dar. Diese Strategie beruht auf dem Verständnis, mit einer gemeinsamen Politik auf europäischer Ebene einheitliche Regelungen zu schaffen. Wurde sie bisher durch die Notwendigkeit des Abbaus von Handelshemmnissen im Binnenmarkt gerechtfertigt, so treten gegenwärtig die Schaffung gleicher wettbewerblicher Ausgangsbedingungen und die Verfolgung besonderer Gemeinschaftsziele als Gründe hinzu.

Im Gegensatz dazu unterstreicht Integration durch Wettbewerb die Vorstellung von den positiven Wirkungen des regelgebundenen Wettbewerbs als Such-, Entdeckungs- und Kontrollverfahren in einer durch konstitutionelle Unsicherheit gekennzeichneten Welt. Aus der Übertragung dieser Sichtweise auf die Gemeinschaft und ihre Institutionen folgt die Bezeichnung des Wettbewerbs der Systeme. Hierbei bedarf es keiner zentralen Planung, da die einzelnen Wirtschaftssubjekte ökonomische wie institutionelle Alternativen nach ihren subjektiven Präferenzen auswählen. Als Folge des „Abstimmens mit den Füßen" zwischen Systemen werden die Anbieter (z. B. Regierungen) institutioneller Regeln zur Attraktivitätssteigerung angehalten. Dies kann zur Imitation der sich im Wettbewerb der Systeme als attraktiv erwiesenen Lösungen (ex-post-Harmonisierung) oder aber zu institutionellen Neuerungen (Innovationen) führen (vgl. hierzu Mussler/Streit 1996, S. 265 ff.; Oberender/Zerth 2001, S. 503 ff.).

Diese abstrakten Formen der Integration finden auch bezogen auf das Gesundheitswesen Anwendung. So wird immer wieder öffentlich die Forderung nach der sozialen Ausgestaltung des Binnenmarktes erhoben. Grundlage für einen europäischen Sozialraum bildet originär der Vertrag von Amsterdam vom 1. Mai 1999, dessen Text direkt und indirekt auf den wirksamen Abbau der Unterschiede in den sozialpolitisch relevanten Vorschriften der Mitgliedsstaaten abzielt.

In Art. 2 EGV wird die Förderung einer harmonischen, ausgewogenen und nachhaltigen Entwicklung des Wirtschaftslebens, eines hohen Beschäftigungsniveaus und eines großen Maßes an sozialem Schutz, die Gleichstellung von Männern und Frauen, die Konvergenz der Wirtschaftsleistungen, die Steigerung der Lebenshaltung und der Lebensqualität, der wirtschaftliche und soziale Zusammenhalt sowie die Solidarität zwischen den Mitgliedsstaaten zu den Aufgaben der Gemeinschaft erhoben. Trotz der allgemeinen Formulierung ist darin die

Tendenz zur Harmonisierung der nationalen sozialen Sicherungssysteme unverkennbar, die durch eine gemeinsame Politik auf europäischer Ebene erfolgen soll.

Zugleich entstehen durch die Integration und Intervention auch Probleme und Folgen, die es aufzuzeigen gilt. Grundsätzlich stellt jede Harmonisierung im Voraus eine Regulierung und Reglementierung dar. Es ist zu fragen, wer nach welchen Kriterien und in welchem Umfang die Harmonisierungsmaßnahmen bestimmt. Auf die Begründung ist besonders zu achten, da diese Bestrebungen zur Reduktion der nationalen Souveränität der einzelnen EU-Mitgliedsstaaten führen. Aufgaben, die bisher durch die Bundes- und Landesregierungen erfüllt wurden, werden dadurch den europäischen Institutionen zugeordnet. Außerdem ist fraglich, ob die zu schaffenden Normen immer dem subjektiven Willen und den Bedürfnissen der Bürger entsprechen oder nicht eher zu einer Bevormundung führen. Vor den Gefahren einer unnötigen Zentralisierung und bürokratischen Harmonisierung in der EU muss deshalb nur entschieden gewarnt werden.

Die **Harmonisierung** der nationalen sozialen Sicherungssysteme gestaltet sich ausgesprochen schwierig. Sie wird aus den zu erwartenden Wanderungsbewegungen der Arbeitnehmer und Leistungserbringer abgeleitet, die aus der Gewährung der Freizügigkeit, Niederlassungs- und Dienstleistungsfreiheit rühren. Die Harmonisierungstendenz wird aber durch die gemeinsame europäische Währung verstärkt. Durch den Euro entfällt die aufgrund verschiedener Währungen bestehende preisliche Intransparenz bezüglich der Unterschiede in den Lebensstandards und auch der Unterschiede in der Gesundheitsversorgung, die Ergebnis des Produktivitätsgefälles zwischen den Mitgliedsstaaten und den hieraus resultierenden Unterschieden in den Finanzierungspotenzialen sind. Wanderungsbewegungen, die aus dem unterschiedlichen Niveau der Sozialleistungen resultieren, und auch die verstärkte Forderung nach Ausbau der nationalen Gesundheitssysteme der ärmeren Mitgliedsstaaten könnten die Folge sein.

Angesichts der hohen Leistungsunterschiede der Volkswirtschaften ist eine auf dem „Reißbrett" geplante Angleichung der Systeme aber weder möglich noch sinnvoll. Die Vielfalt der „gewachsenen Sicherungssysteme" entspricht der sozialen und kulturellen Geschichte der EU-Mitgliedsländer. Die Angleichung des Niveaus der sozialen Leistungen muss aufgrund der finanziellen Restriktionen scheitern und ist aus Gründen der Freizügigkeit innerhalb der EU auch gar nicht erforderlich. Hier gehen die Verantwortlichen der Sozialsysteme in den wohlhabenderen Staaten mit den Vertretern der ärmeren Mitgliedsstaaten eine fragwürdige Allianz ein. Eine weitere Harmonisierung der nationalen Standards im Bereich der Gesundheitsversorgung auf dem hohen Niveau der wohlhabenderen Mitgliedsstaaten wird in den ärmeren Mitgliedsstaaten zu einer deutlichen Verteuerung des Produktionsfaktors Arbeit führen, deren Milderung vermutlich durch die gleichzeitige Subventionierung dieses Liftings via Sozialtransfer erfolgen würde. Derartige Befürchtungen werden unterstützt durch das im Amsterdamer Vertrag enthaltene originäre Mandat zur Gesundheitspolitik. So ermöglicht Art. 152 EGV, eingeordnet unter dem Titel XIII „Gesundheitswesen", die unmittelbare Einflussnahme der EU auf die Gestaltung der nationalen Gesundheitssysteme.

Der besondere Einfluss der EU leitet sich darüber hinaus aus dem Zusammenhang der Art. 152 (Gesundheitswesen), Art. 153 (Verbraucherschutz) sowie Art. 174 bis 176 EGV (Umwelt) ab. Diese Kodifizierung führt zu einer Ausgliederung aus dem bisherigen Politikfeld „Soziale Dimension des Binnenmarktes" und soll bewirken, auch in allen weiteren Aktionsräumen der EU die aus Art. 152 Abs. 1 EGV („Sicherstellung eines hohen Gesundheitsschutzniveaus") abgeleiteten Erfordernisse konsequent zu beachten. Damit werden der EU Befugnisse zur Verfolgung wichtiger Gemeinschaftsziele erteilt.

Die zunehmende Zentralisierung der Politikfelder auf der europäischen Ebene und die problematische, nicht willkürfreie Festsetzung von Harmonisierungsmaßnahmen widersprechen dem aufgezeigten freiheitlichen Gedanken einer marktwirtschaftlichen Ordnung. Danach müssen allgemeine Regeln geschaffen werden, die einen rechtmäßigen Rahmen für das Handeln der einzelnen Akteure darstellen und die Grundfreiheiten des Binnenmarktes sichern. So ist es unerlässlich, einem EU-Bürger die in einem EU-Mitgliedsstaat erworbenen sozialen Ansprüche grenzüberschreitend anzuerkennen. Dies sehen bereits die existierenden Richtlinien und Verordnungen vor. Es ist somit nicht notwendig, weitere wirtschafts- und sozialpolitische Kompetenzen auf die EU zu übertragen, um den Binnenmarkt zu realisieren. Vielmehr ist es wichtig, die vielfältigen Vorteile einer dezentralen, oft regionalen Entscheidungsfindung zu nutzen.

Eine richtig ausgestaltete dezentrale Sozialpolitik ist bürgernah und erleichtert eine wirksame Kontrolle der Bürokratie.

Wesentliche Probleme bei der Integration der nationalen Märkte für Gesundheitsgüter entspringen den Handelshemmnissen, die nach wie vor zwischen den Mitgliedsstaaten bestehen und gepflegt werden. Aus Gründen der „öffentlichen Sittlichkeit, Ordnung und Sicherheit und zum Schutze der Gesundheit und des Lebens von Menschen" ist es den Mitgliedsstaaten nach Art. 30 EGV erlaubt, Beschränkungen des freien Waren- und Dienstleistungsverkehrs zu erlassen. Hierfür hat der Europäische Gerichtshof (EuGH) jedoch restriktive Maßstäbe in einer Reihe von Urteilen entwickelt. So enthält das bekannte Duphar-Urteil des EuGH aus dem Jahr 1984 die Aufforderung an den nationalen Gesetzgeber, sich bei der Auswahl von Produkten, die von der Erstattungspflicht durch das nationale Gesundheitssystem ausgenommen werden sollen, ausschließlich von objektiven und nachprüfbaren Kriterien leiten zu lassen, die durch den Schutz der öffentlichen Gesundheit zu rechtfertigen sind, und eine Diskriminierung aufgrund des Ursprungs der Erzeugnisse zu vermeiden.

Im Jahr 1998 befasste sich der EuGH erneut mit der strikten Abschottung der nationalen Märkte von Gesundheitsleistungen. Dabei war zu klären, ob die territoriale Begrenzung der Dienstleistungsfreiheit im Gesundheitswesen und des Sachleistungsprinzips mit den Grundfreiheiten des europäischen Binnenmarktes vereinbar ist. Bisher war die Möglichkeit, als GKV-Versicherter Leistungen im Ausland in Anspruch zu nehmen, nur in eng begrenzten Ausnahmefällen möglich, darunter Unfälle und plötzliche Erkrankungen. Der Erwerb von ausländischen Hilfs- und Heilmitteln wurde von einer vorhergehenden Genehmigung durch die jeweilige Krankenkasse abhängig gemacht. Bei den Entscheidungen des EuGH in den Fällen Decker und Kohll ging es um die Übernahme von Kosten, die zwei gesetzlich in Luxemburg Krankenversicherten entstanden waren. Im Fall Decker handelte es sich um den Erwerb einer Brille mit Korrekturgläsern bei einem Optiker in Belgien, begründet auf einer Verschreibung eines in Luxemburg niedergelassenen Arztes. Im Fall Kohll war die geplante Zahnregulierung bei einem Zahnarzt in Deutschland strittig. Die Ablehnung der luxemburgischen Krankenkasse, die Kostenerstattung zu übernehmen, ist nach dem Urteil des EuGH als eine Verletzung der Grundfreiheit des Dienstleistungsverkehrs einzuordnen. Beide Entscheidungen begründete der EuGH mit Verstößen gegen die Waren- und Dienstleistungsfreiheit. Ob diese Grundfreiheiten im Rahmen der sozialen Sicherungssysteme anwendbar sind, ist juristisch nicht unumstritten. Selbst der EuGH sieht Rechtfertigungsgründe zur Beschränkung des freien Waren- und Dienstleistungsverkehr im Bereich der sozialen Sicherheit

- bei einer erheblichen Gefährdung des finanziellen Systems der sozialen Sicherheit oder
- aus Gründen des Schutzes der öffentlichen Gesundheit.

Jedoch wurde mit dieser Rechtsprechung eine grundsätzliche Auseinandersetzung um die weitere strikte Geltung des Territorialprinzips begonnen. Bei einer Weiterentwicklung dieser Rechtsprechung ergeben sich auch für das deutsche Gesundheitswesen erhebliche Veränderungen. Somit müssen sich die nationalen sozialrechtlichen Normen generell auch am europäischen Recht messen lassen (vgl. dazu beispielsweise Henke 2004, S. 193 ff.).

Die strenge Geltung der Grundfreiheiten des Binnenmarktes auch im Bereich des Gesundheitswesens wird zu einer nachhaltigen Öffnung der nationalen Gesundheitssysteme führen. Damit wird die Integration durch Wettbewerb auch in diesem Bereich ermöglicht. Grundsätzlich erhöhen sich dadurch die Handlungs- und Wahlmöglichkeiten auf den Märkten für Gesundheitsleistungen, der Wettbewerb nimmt zu.

So können Patienten nun auch gezielt medizinische Dienstleistungen im Ausland in Anspruch nehmen oder Medizinprodukte erwerben und sich anschließend die Ausgaben dafür von ihrer Kasse erstatten lassen. Beispielsweise können dann reguläre Arztbesuche während des Urlaubes erfolgen oder Kuren auch im Ausland durchgeführt werden. Bei der Gewährung von Festzuschüssen für Leistungen oder Heilmittel können rational handelnde Patienten bestrebt sein, ihre Zuzahlung durch den günstigeren Kauf im Ausland zu minimieren.

Aufgrund dieser Substitutionsmöglichkeiten wird sich der Wettbewerbsdruck auf die Leistungserbringer nachhaltig erhöhen. Daraus ergeben sich aber auch Chancen, die es zu nutzen gilt. Nicht nur in Grenzregionen kann durch ein gezieltes Angebot versucht werden, weitere Nachfrage anzuziehen. Gerade in medizinischen Spezialbereichen, z. B. der Herzchirurgie, können durch ein ausgewogenes Preis-Leistungs-Verhältnis zusätzliche Patientengruppen erreicht werden.

Als Folge der Entscheidungen des EuGH sind die Krankenkassen gefordert, organisatorische Defizite zu beseitigen, um die Kostenerstattung ausländischer Leistungen zu ermöglichen. Dabei können sie die Öffnung der Gesundheitssysteme positiv bewerten, ergeben sich doch durch günstigere ausländische Gesundheitsleistungen mögliche Einsparpotenziale. Die Benennung eines Vertragsarztes in belebten Urlaubszentren kann sich in Zeiten des Kassenwettbewerbs für die einzelne Krankenkasse durchaus als Wettbewerbsvorteil und Imagegewinn erweisen.

Zugleich erkennt der EuGH – wie bereits ausgeführt – auch Zugangsbeschränkungen zum nationalen Markt für Gesundheitsgüter an, wenn sie dem Schutz der öffentlichen Gesundheit, der Wahrung des finanziellen Gleichgewichts der nationalen Gesundheitssysteme und der Erhaltung eines bestimmten Umfangs der medizinischen Versorgung oder eines bestimmten Niveaus der Heilkunde im Inland dienen. Es ist anzunehmen, dass der EuGH zukünftig in der Kontinuität seiner bisherigen Entscheidungen zum Binnenmarkt dazu Maßstäbe entwickeln wird.

Die Schlussfolgerung, dass durch den EuGH die Integration der Sicherungssysteme im Sinne einer Integration durch Wettbewerb vorangetrieben wird, darf jedoch nicht generell gezogen werden (vgl. grundsätzlich dazu Oberender/Fleischmann 2004). Im März 2004 stand die Behandlung der Festbetragsregelung durch die gesetzlichen Krankenversicherungen in Deutschland zur Entscheidung. Es war zu prüfen, ob die gemeinsame und einheitliche Festlegung der Festbeträge ein Verstoß gegen das europäische Wettbewerbsrecht darstellt.

Der EuGH hat in seiner Entscheidung die Unternehmenseigenschaften der Krankenkassen verneint und damit die Anwendbarkeit des europäischen Wettbewerbsrechts ausgeschlossen. Die Urteilsbegründung richtete sich nach funktionalen Gegebenheiten. So konzidierte der EuGH, dass die Krankenkassen bezüglich der Festbeträge nur als Interpret der Pflichten auftreten, die ihnen gesetzlich auferlegt wurden. Als ordnungspolitische Schlussfolgerung lässt sich daraus ableiten, dass eine Stärkung der Integration durch Wettbewerb zwar durch Urteile des EuGH vorangetrieben wurde, die Grundsatzentscheidung jedoch eine politische Frage ist. Die Urteile des EuGH werfen aber auch den Blick auf die Notwendigkeit einer konsistenten institutionellen Wettbewerbs- und Ordnungspolitik, die für künftige wettbewerbliche Reformen im Gesundheitswesen notwendig sein wird.

Mittel- und langfristig wird die EU einen immer stärker werdenden Einfluss auf die Fiskal- und Wirtschaftspolitik ihrer Mitgliedsstaaten haben. So wurden im „Europäischen Semester", in dem den Mitgliedsstaaten landesspezifische Handlungsempfehlungen durch die Europäische Kommission aus fiskalischen Überlegungen gegeben werden, ab 2011 vermehrt Empfehlungen zu Reformen im Gesundheitssystem gegeben. Darüber hinaus wurde im Zuge der Eurokrise direkter Einfluss auf die Länder mit Rettungspaket ausgeübt.[57] Will man zumindest den Einfluss der EU hier transparent machen und nicht nur der generellen Wirtschafts- und Fiskalpolitik die Beeinflussung der Gesundheitsversorgung überlassen, dann wäre ein eigener Gestaltungsanspruch für diesen Bereich auf EU-Ebene notwendig (vgl. Schreiner 2015, S. 47). Allerdings sollte sich die EU-Kommission hier auf die Schaffung eines Ordnungsrahmens beschränken und sich am Ursprungslandprinzip orientieren.

5.1.3.2   Einfluss des Wählerstimmenmarktes

Zunehmend geraten der Gleichheitsgrundsatz und die Tendenz zur Gleichstellung aller Bürger in den Mittelpunkt des politischen Geschehens, Egalisierungstendenzen machen sich breit. Trotz der offenkundigen, sich verstärkenden Finanzierungskrise der GKV wird den Bürgern versprochen, sie alle kämen im Rahmen ihrer Mitgliedschaft in der GKV in den Genuss der modernen Hochleistungsmedizin – zu Lasten der Solidargemeinschaft, versteht sich.

---

[57] So hat die Bundesregierung seit 2012 in der Wirtschaftskrise die Reform des griechischen Gesundheitssystems maßgeblich mitgestaltet siehe
http://www.bmg.bund.de/presse/pressemitteilungen/2013-04/konferenz-reformen-in-griechenland.html.

Der Anspruch der Politik, den Bürgern im Rahmen der GKV eine lückenlose, umfassende Krankenversicherung zu offerieren, hat zu unklaren, auslegungsbedürftigen Rechtsbegriffen geführt. Diese Lücken wurden von den Sozialgerichten bereitwillig ausgefüllt. Vorwiegend geschah dies mit dem Argument, auf diesem Wege der Entstehung einer sogenannten Zweiklassenmedizin vorzubeugen. Die Referenzbasis für eine solche Aussage bildet die Fiktion einer klassenlosen Gesellschaft, d. h. einer Gesellschaft der Unterschiedslosigkeit; damit handelt es sich letztlich um eine Gesellschaft der Gleichartigen, nicht nur der Gleichberechtigten.

Die Folge dieser Egalisierungstendenzen in der Sozialpolitik im Allgemeinen und in der GKV im Besonderen ist eine zunehmende Zentralisierung, denn es muss nun zentral festgelegt werden, welche Leistungen die GKV zu übernehmen hat, um weiteren Finanzkrisen vorzubeugen. Auf diese Weise wird zwar eine Politik der Gleichmacherei betrieben, allerdings kann auch durch eine noch so gleichmäßige Verteilung der Gesundheitsleistungen kein gleichmäßiger Gesundheitsstatus der Bevölkerung erreicht werden (vgl. Deutscher Bundestag 1990, S. 54 f.).

Es ist deshalb ein Irrglaube anzunehmen, durch die materielle Gleichstellung aller Bürger auch im Gesundheitswesen würde die Lebensqualität für alle erhöht werden. Wenn Individuen zwangsweise in Kollektive eingebunden werden wie etwa in ein System einer Gesetzlichen Krankenversicherung, so sind solche Maßnahmen legitimationsbedürftig, zumindest dann wenn die Idee einer dezentralen Steuerung von Wirtschaftsprozessen über Märkte ein konstitutives Prinzip der Wirtschaftsordnung ist (vgl. Donges/Freytag 2009, S. 169 ff.). Durch die Verdünnung persönlicher Haftung und deren Übertragung auf ein Kollektiv entsteht sehr schnell ein Verantwortungsvakuum, das institutionell aufwändig und kostspielig aufgefüllt werden muss. Insbesondere die Folgekosten staatlicher Eingriffe müssen bei einem Vergleich zwischen den Steuerungsebenen Markt und Staat verglichen werden (vgl. Streit 1996). Elemente dieser Folgen sind auch dynamische Effekte, deren Wirkung unter Umständen erst sehr langfristig sichtbar und nicht immer leicht monetarisierbar ist.

Im Hinblick auf die Systeme sozialer Sicherung muss auch die Frage erlaubt sein, welchen Einfluss die verordnete Solidarität im Makrokollektiv auf die freiwillige Solidarität, auf die Eigenvorsorge, hat. Schon Eucken 1975 weist darauf hin, dass das Konzept der Sozialen Marktwirtschaft zu seiner Durchsetzung einen von Partikularinteressen und wirtschaftlichen Machtzusammenballungen unabhängigen „starken" Staat benötigt. Die kontinuierliche Ausdehnung staatlicher Zuständigkeit und interventionistischer Eingriffe, wie dies auch die Entwicklung seit den Kostendämpfungsgesetzen mit einigen Ausnahmen deutlich macht, lässt erkennen, dass die auch von Eucken geforderten Kriterien der

Ordnungskonformität und Subsidiarität nicht ausreichend waren, um diskretionäre politische Entscheidungen einzudämmen.

5.1.3.3 Institutionelles Defizit in der Gesundheitspolitik

Der Anspruch der Sozialen Marktwirtschaft, Elemente des Marktes mit einem garantierten, nach dem Bedarfsprinzip ausgerichteten gleichen Zugang zu Gesundheitsleistungen zu vereinbaren, verleiht dem Konzept der Sozialen Marktwirtschaft eine große politische Attraktivität. Die Frage nach den Ursachen der zunehmenden **Interventionsspirale** im Gesundheitswesen lenkt den Blick auf den politischen Prozess. Die theoretischen Ansätze der Neuen Politischen Ökonomie untersuchen die Maßnahmen des Staates, veranlasst durch die Anreize der Politiker innerhalb eines demokratischen Staates (vgl. etwa Bernholz/Breyer 1994). Wird das Verhalten der politischen Entscheider, die auf einem Markt für Wählerstimmen agieren, von der Stimmenmaximierung bestimmt, so wird offensichtlich, welche Seite der Sozialen Marktwirtschaft im politischen Prozess begünstigt wird. Die Sicherung einer marktwirtschaftlichen Ordnung, die allgemeingültigen, möglichst diskriminierungsfreien Regeln folgt, gleicht der Produktion eines öffentlichen Gutes, wogegen spezielle sozialpolitische Maßnahmen spürbare Wirkungen für bestimmte Gruppen haben, die als Wähler genau solche Sondervorteile nachfragen. Somit besteht die Tendenz, zum einen ordnungspolitische Maßnahmen zugunsten sozialpolitischer Interventionen zu vernachlässigen und zum anderen mögliche politische Manövriermassen zu vergrößern. Dabei sind die Einflussmöglichkeiten namhafter Interessengruppen nicht zu unterschätzen.

Auch wenn diese Diagnose der Politischen Ökonomie nicht uneingeschränkt zutreffen muss, so sind wichtige Ansatzpunkte für Reformen ableitbar. Insbesondere ist auf eine ständige „Durchmischung der Steuerungsebenen" zu verzichten. Aufgabe des Staates innerhalb einer freiheitlichen marktwirtschaftlichen Ordnung muss es deshalb sein, möglichst gleiche Rahmenbedingungen für alle zu gewährleisten.

Es ist leicht nachzuvollziehen, zu welchen ökonomischen und auch medizinischen Konsequenzen eine solche Entwicklung führen kann. Aufgrund der Politik der Gleichmacherei und der weiteren Degradierung des Subsidiaritätsprinzips werden die finanziellen Probleme der sozialen Krankenversicherung in Zukunft sehr wahrscheinlich noch größer werden, als sie es gegenwärtig schon sind.

5.2   Synthese aus Sicht des Sicherungssystems

Die bisherigen Ausführungen haben gezeigt, dass die sozioökonomischen Herausforderungen für das Gesundheitswesen aus dem Zusammenspiel von demographischer Entwicklung und den Potenzialen des medizinisch-technischen Fortschritts hervorgehen. Diese Herausforderungen können aber nicht ohne die Berücksichtigung des politisch-ökonomischen Umfeldes betrachtet werden. Welche Implikationen lassen sich dann für die Zukunftsfähigkeit (Nachhaltigkeit und Generationengerechtigkeit) des Gesundheitswesens ableiten?

Nachhaltigkeit in diesem Kontext heißt, dass jede Generation über ihren Lebenszyklus hinweg die eigenen Gesundheitskosten trägt. In die GKV zahlen sowohl erwerbstätige Mitglieder als auch Rentner Beiträge ein. Der beitragszahlende Erwerbstätige zahlt dabei im Durchschnitt mehr ein, als gegenwärtig zur Finanzierung der Leistungen für ihn und seine mitversicherten Familienangehörigen erforderlich wäre. Der durchschnittliche Beitrag eines Rentners hingegen reicht zur Selbstfinanzierung der Leistungen für ihn und seine mitversicherten Familienangehörigen in der Regel nicht aus (vgl. Deutsche Bundesbank 2014, S. 34). Der Überschuss, den die erwerbstätigen Mitglieder netto in die GKV einzahlen, dient der Finanzierung der Nettoauszahlungen, die Rentner für ihre medizinische Versorgung erhalten. Das bedeutet, dass innerhalb der GKV eine intergenerative Umverteilung von den Erwerbstätigen zu den Rentnern vorgenommen wird.

In einer alternden und schrumpfenden Bevölkerung nimmt der Anteil der Versicherten im Rentenalter in der GKV zu, während der Anteil der Erwerbstätigen sinkt. Die sich dadurch multiplizierenden Nettoauszahlungen für Rentner müssen durch höhere Beiträge der Erwerbstätigen finanziert werden, so dass das Ausmaß der Umverteilung von Erwerbstätigen zu Rentnern steigen und damit gegen das Prinzip der Nachhaltigkeit zunehmend verstoßen wird. Die Investition in das Gesundheitssystem wird dadurch für die erwerbstätigen Generationen in toto ungünstiger. Der Barwert der Beiträge übersteigt den Barwert der Leistungen, was bedeutet, dass die Erwerbstätigengenerationen einen Lebensnettotransfer an die Überlebenden früherer Kohorten zahlen. Zeichnet man den Lebensweg eines einzelnen Versicherten nach, so kann die Bewertung des Umlageverfahrens im demographischen Wandel positiv ausfallen. Für den Einzelnen besitzt das Umlageverfahren dagegen durchaus Vorteile, da er „heute" zwar intergenerative Transfers leistet, er aber „morgen" durch eine mögliche **Versteilerung der Ausgaben** höhere Transfers erhält.

An dieser Stelle kommt die Bedeutung der Abschätzung der Gesundheitsausgaben und der damit zusammenhängenden treibenden Faktoren zum Tragen. Wie bereits an anderer Stelle formuliert stellt neben dem demographischen Faktor vor allem der medizinisch-technische Fortschritt den entscheidenden Treiber der Ausgabenentwicklung dar.

In Anlehnung an Felder (vgl. Felder 2012, vgl. auch Oberender/Zerth 2014b , S. 105) lassen sich drei Herausforderungen kennzeichnen:

▨ Einfluss der demographischen Alterung auf die Einnahmen einer solidarischen Krankenversicherung,

▨ Einfluss der demographischen Alterung auf die Pro-Kopf-Ausgaben und

▨ Einfluss der Einkommensentwicklung auf die Pro-Kopf-Ausgaben.

Im ersten Effekt spiegelt sich die Gestaltung des sozialen Sicherungssystems wieder, etwa ob eine prämienorientierte Beitragserhebung vorliegt oder der Bezug zur Gegenleistung stärker verdünnt wird und etwa wie im deutschen System ein Solidarprinzip, d. h. einkommensabhängige Beiträge bei beitragsunabhängigen Leistungen bezahlt wird.

. Der zweite Aspekt greift die Frage nach dem Zusammenhang zwischen medizinisch-technischem Fortschritt und demographischer Entwicklung wieder auf. Im Hinblick auf die sich ergänzende Erläuterung von Kompressions- und Medikalisierungsthese lässt sich festhalten, dass sich beide Größen gegenseitig verstärken und insbesondere mit wachsendem Einkommen die Erwartungen an den wachsenden Möglichkeitenraum, den der medizinisch-technische Fortschritt bietet, noch ansteigen wird (dritter Effekt). Buchner hat diesen Wechselwirkungseffekt als Versteilerung der Ausgabenprofile bezeichnet (vgl. Buchner 2002, S. 167). In dieser Hinsicht zeigen unterschiedliche Schätzungen, dass die rein demographische Wachstumsrate deutlich unter der kombinierten Wachstumsrate aus demographischer Entwicklung und medizinisch-technischem Fortschritt liegen wird (vgl. exemplarisch Ulrich 2015, S. 34 f.). In dieser Hinsicht gewinnt die Bedeutung intertemporaler Belastungseffekte.

Um die intergenerativen Belastungswirkungen der öffentlichen Finanzen ermitteln zu können, wurde von Auerbach, Gokhale und Kotlikoff 1994 das Konzept des **„Generational Accounting"** entwickelt. In Deutschland existieren Berechnungen sowohl für die gesamte Fiskalpolitik des Staates als auch für die einzelnen Zweige der sozialen Sicherung. Mit Hilfe so genannter Generationenkonten können intergenerative Belastungsrechnungen für einzelne Altersjahrgänge erstellt werden. Diese Vorgehensweise gründet vor allem auf der Ausweisung impliziter Schulden, die zusätzlich zu den expliziten Staatsschulden hinzugefügt werden müssen. Mit den impliziten Schulden werden Ansprüche an den Staat bzw. die sozialen Sicherungssysteme beschrieben, die zwar noch nicht haushaltstechnisch erfasst aber grundsätzlich bereits als gesetzliche Leistungsansprüche definiert sind. Diese Leistungsansprüche treffen nun auf eine veränderte demographische Entwicklung und können als Maßzahl für die intergenerative Belastung genutzt werden (Nachhaltigkeitslücke). Bonin schätzt über das Konzept des Generationenkontos für einen 2012 geborenen einen positiven Finanzierungsbeitrag von etwa 110.000 € über die Lebensspanne, d. h. es werden mehr an Steuern und an Beiträgen gezahlt als individuell zurechenbare Transfers gegengerechnet werden können (vgl. Bonin 2014, S. 31) (vgl. Abb. 20). Dabei sind derartige Prognosen unmittelbar davon abhängig wie die Annahmen zur finanziellen Konsolidierung für die Zukunft fortgeschrieben werden. Es ist etwa auch relevant, ob Konsolidierungseffekte durch höhere Beiträge bzw. Steuern bzw. niedrigere Ausgaben vonstattengehen sollen, da die Inanspruchnahme und Zahlungsfähigkeit wiederum unterschiedlich von sozioökonomischen Faktoren abhängig ist.

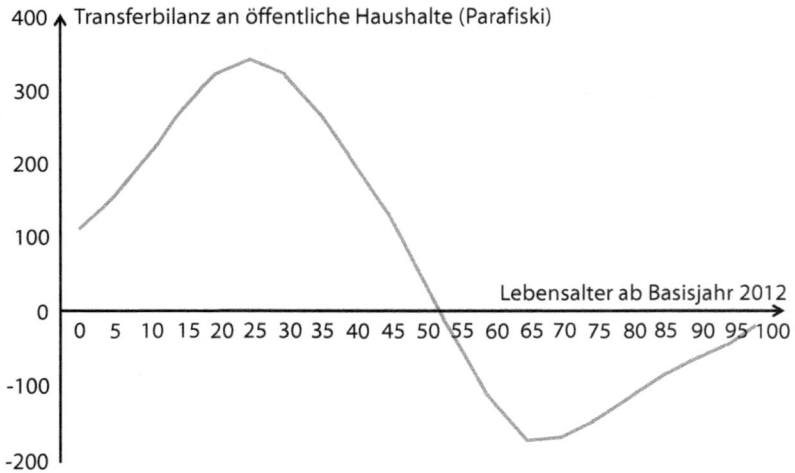

Abb. 20: Idealisiertes Generationenkonto der deutschen Bevölkerung im Basisjahr 2012
Quelle: Eigene Darstellung nach Bonin (2014), S. 31

Die empirischen Analysen zeigen, dass auf zukünftige Generationen eine deutliche Mehrbelastung zukommt, in der Größenordnung eines Vielfachen des Bruttoinlandsprodukts. Wir leben, fiskalisch gesehen, also deutlich über unsere Verhältnisse und engen den Handlungsspielraum zukünftiger Generationen drastisch ein, soll weiterhin das hohe Versorgungsniveau sichergestellt werden.

Man kann die Ergebnisse auch so interpretieren, dass wir uns heute einen Umfang an sozialen Leistungen in der Renten-, Kranken- und Pflegeversicherung gönnen, der für die nachfolgenden Generationen mit den bestehenden Finanzierungssystemen nicht aufrecht zu erhalten ist. Da die Ausgaben der Krankenversicherung in hohem Maße altersabhängig sind, erwachsen aus dem demographischen Wandel in Verbindung mit den Wechselwirkungen des medizinisch-technischen Fortschritts Ausgabensteigerungen, die in einem Umlagesystem zwangsläufig zu Beitragssteigerungen führen (vgl. Zweifel/Felder/Meier 1996; Schmähl/Ulrich 2001). Dies hat bei anhaltender Alterung zunehmende Belastungen zukünftiger Generationen beziehungsweise steigende intergenerative Transfers zur Folge: Ein immer größer werdender Anteil des Beitrags der Jüngeren wird zur Finanzierung der Gesundheitsausgaben für die Älteren aufgewendet. Daraus resultiert die so genannte Nachhaltigkeitslücke (vgl. Auerbach et al. 1994).

Die Schließung dieser Lücke setzt voraus, dass jede Generation über ihren Lebenszyklus hinweg ihre eigenen Gesundheitskosten finanziert. Mit der **Kapitaldeckung** können idealerweise sowohl die demographischen Belastungen als auch die Ausgabeneffekte des medizinisch-technischen Fortschritts gleichmäßiger über die Zeit verteilt und damit zumindest partiell vorfinanziert werden (vgl. Knappe 2003). Bei einer individuellen Kapitalbildung, etwa in Form von Altersrückstellungen, finden keine intergenerativen Transfers mehr statt. Die Belastungen in der Gegenwart fallen dann höher aus, während die zukünftigen Belastungen entsprechend niedriger sind. Der individuelle Belastungspfad lässt sich durch Kapitalbildung glätten. Allerdings erweist sich die Bestimmung des erforderlichen Kapitalbedarfs im Gesundheitswesen im Vergleich zur Rentenversicherung als komplexe Aufgabe, da die zukünftigen Wechselwirkungen zwischen Demographie und medizinischem Fortschritt nur sehr schwer zu quantifizieren sind. Falls der Kapitalbedarf unterschätzt wird, wird trotzdem noch eine entlastende Wirkung erzielt. Lediglich im Falle der Überschätzung des Bedarfs würde der Verschwendung von Ressourcen Vorschub geleistet.

Zum Vergleich sei auf die Situation in der Privaten Krankenversicherung (PKV) verwiesen: Damit die Versicherungsbeiträge nicht mit zunehmendem Alter der Versicherten steigen, führt die PKV aus den Prämieneinnahmen und den Kapitalerträgen umfangreiche Mittel der Alterungsrückstellung zu. In der PKV ist dadurch bis einschließlich 2015 ein Kapitalstock von rd. 194 Mrd. € gebildet worden (zitiert nach Ulrich 2015, S. 35).

Ein Kapitaldeckungselement kann eine dämpfende Wirkung auf die intergenerative Lastverteilung haben. Hier gilt es aber festzuhalten, dass im intertemporalen Kontext sowohl die Bildung von Realkapital als auch von Humankapital wachstumsförderlich wirken muss. Somit ist auch ein eindeutiger Vorteil für ein Umlageverfahren auf der einen und ein Kapitaldeckungsverfahren auf der anderen Seite nicht zwingend ableitbar. Ulrich weist darauf hin, dass bei einer Gleichzeit des Kapitalmarktzinses mit dem Wachstum der Lohnsumme vorliegt, beide Modelle als indifferent zu betrachten sind (vgl. Ulrich 2015, S. 30). Ein Gedankenmodell einer intertemporalen Einnahmen- und Ausgabenbetrachtung kann hier zur Verdeutlichung wirken (vgl. Oberender/Zerth 2014b, S. 114 f.). In intertemporaler Hinsicht muss ein idealisierter Barwert der Beitragsleistungen – zunächst spielt es keine Rolle ob hier Prämien oder Beiträge vorliegen – die künftigen Ausgaben eines Sicherungssystems, d. h. die laufenden als auch die künftigen Leistungsansprüche decken. Ein Umlageverfahren deckt annahmegemäß die laufenden Ausgaben durch laufende Einnahmen, es werden jedoch implizit Implikationen auf den Kapitalstock in der Zukunft unterstellt, da eine stabile Finanzierung in der Zukunft voraussetzt, dass die künftigen Beitragszahler ausreichend produktiv sein müssen. An dieser Stelle lässt sich der Bezug zur Einschätzung von Cassel et. al. einwerfen, die der deutschen Ausprägung des Umlageverfahrens eher einen geringen Anreiz unterstellt hat, in (produktives) Humankapital zu investieren (vgl. Cassel et. al. 2006). Genau an diesem Anreizkontext spielt die Frage der Ausgestaltung der Beitragsgestaltung wieder eine Rolle. Bei prämienorientierten Systemen wird ein höherer Anteil des Morbiditätsrisikos beim Versicherten angesiedelt und somit ceteris paribus der Anreiz erhöht, in die eigene Risikostruktur, etwa im Kontext von Präventionsangeboten, zu investieren.

Gleichwohl muss jedoch festgehalten werden, dass gerade der Einfluss des medizinisch-technischen Fortschritts die Kalkulation des notwendigen Kapitalbedarfs nur unzureichend kalkulierbar macht. Soll nun die Kapitaldeckung gestärkt werden, so könnte man im öffentlich-rechtlichen System jeden Versicherten auch zwingen, neben seiner Krankenversicherung einen Sparvertrag abzuschließen, der im Falle eines Versicherungswechsels automatisch portabel ist. Dadurch könnte auch die Teil-Kapitaldeckung in den einzelnen Zweigen der sozialen Sicherung gebündelt werden, bzw. man könnte sie nur in einem Zweig der sozialen Sicherung einführen, etwa der Rentenversicherung, dort allerdings in einem Umfang, der die gewünschte Kapitaldeckung in allen Zweigen der Sozialversicherung berücksichtigt. Diese Lösung besitzt aber den gravierenden Nachteil, dass die Finanzierungs- und Budgetierungsgrenzen für die einzelnen Teilsysteme an Kontur verlieren und deshalb die Akzeptanz für die erforderlichen Reformschritte spürbar nachlassen dürfte. Es dürfte kaum ein Weg daran vorbeiführen, jedes Teilsystem der sozialen Sicherung eigenständig nachhaltig zu finanzieren.

Grundsätzlich erscheint es aber auch möglich, die Ausgabeneffekte des demographischen Wandels und des medizinischen Fortschritts im Rahmen des bestehenden Umlageverfahrens abzuschwächen (vgl. SVR 2004). Dazu wäre allerdings eine stärkere Belastung der älteren Versicherten erforderlich, so dass jede Generation deutlicher als im Status quo ihre eigenen Gesundheitskosten finanziert und damit dem Nachhaltigkeitsziel eher entsprochen wird. Die Begrenzung intergenerativer Transfers ist grundsätzlich also auch in einer umlagefinanzierten GKV möglich und erfordert nicht unbedingt Kapitaldeckung. Voraussetzung wäre aber, dass Rentner in der Krankenversicherung adäquate Beiträge zahlen müssten.

Dieser Argumentation lässt sich entgegenhalten, dass eine höhere Belastung für Rentner aus Verteilungsgründen nur sehr eingeschränkt durchsetzbar sein dürfte. Falls eine stärkere Belastung der Rentner ausscheidet, verbleiben im Umlageverfahren letztlich nur ausgabenseitige Reformen, die dafür sorgen, dass der Anstieg der Gesundheitskosten im Alter gebremst wird. Dazu müssten die Reformen aber insgesamt mutiger sein und den eingetretenen Pfad der klassischen Kostendämpfung verlassen. Das könnte insbesondere dadurch erreicht werden, dass deutlich stärkere Anreize als bisher für die Prävention im Gesundheitswesen gesetzt werden. Hier bieten die neuen Formen der Integrationsversorgung einen möglichen Ansatzpunkt.

Die Bilanz der bisherigen Kostendämpfungspolitik ist aber nicht so ermutigend, dass man auch bei zukünftigen Gesundheitsreformen wieder alleine auf ausgabenseitige Reformen setzen sollte. Unter diesem Gesichtspunkt erscheinen Modelle, die auf eine Mehrsäulen-Strategie setzen, vorteilhaft. Dies gilt umso mehr, da beide Finanzierungssysteme unterschiedlich sensibel auf Risiken reagieren.

6 Gesundheitspolitische Entwicklungen – quo vadis?

Angesichts der Vielgestaltigkeit der aktuellen Gesundheitspolitik wie der Herausforderungen für das Gesundheitswesen sind kontinuierliche Gestaltungsmaßnahmen einschließlich Reformen unumgänglich. Allein schon die begrenzten Finanzierungsmöglichkeiten im Rahmen einer Solidargemeinschaft erzwingen eine Umgestaltung der sozialen Krankenversicherung, die das Problem der Knappheit der Mittel und deren optimale Verwendung effizient zu lösen verspricht.

Die notwendige Reform des Gesundheitswesens wird auch eine Neubestimmung des **Solidarprinzips** einschließen müssen. So wird eine Reduzierung der Solidarleistungen, also der im Krankheitsfall gewährten und von der Solidargemeinschaft finanzierten Leistungen, nicht zu vermeiden sein.

Im Gesundheitswesen kollidieren – wie bereits herausgestellt – vielfältige Anreizkonstellationen der unterschiedlichen Akteure miteinander und treffen auf einen kontinuierlich wachsenden Möglichkeitenraum, etwa durch den medizinisch-technischen Fortschritt. Eine ursachenadäquate Steuerungspolitik müsste idealiter an den Ineffizienzen ansetzen und systemimmanente individuelle Anreize schaffen. Gerade unter dem ambivalenten Gesichtspunkt künftiger Wachstumspotenziale im Gesundheitswesen darf Kostendämpfung nicht als Selbstzweck verstanden werden.

Die Eingriffsintensität ist in Anbetracht einer freiheitlichen marktwirtschaftlichen Ordnung bislang in Deutschland zu hoch gewesen. Verteilungs- und beschäftigungspolitische Zielsetzungen dürfen als Begründung für eine weitere Beschränkung der individuellen Freiheit nicht herangezogen werden, es sei denn, es wird im Sinne eines expliziten gesellschaftlichen Diskurses das Bild eines unmündigen Patienten, der letztendlich auch unmündiger Bürger werden muss, zum Leitbild der Gesundheitspolitik erhoben. Welche Grundfragen stellen sich nun bei der Gestaltung einer ordnungspolitischen Leitlinie der Gesundheitspolitik?

6.1 Zwischen (solidarischer) Regelversorgung und Wettbewerbspotenzialen

Die Grundfrage an ein Sicherungssystem hängt unmittelbar von den Ansprüchen aller Gesellschaftsmitglieder an das Gesundheitswesen ab. Welche Ansprüche lassen sich identifizieren?

Grob können zwei Richtungen unterschieden werden. Auf der einen Seite soll durch ein Gesundheitssystem ganz grundsätzlich die Gesundheit der Bürger erhalten bzw. wiederhergestellt werden. Das ist die Aufgabe der medizinischen Leistungserbringer. Auf der anderen Seite muss die finanzielle Absicherung im Krankheitsfall gewährleistet sein und dafür Sorge getragen werden, dass diese Mittel an die Leistungserbringer so verteilt werden, dass sie ihre Aufgaben erfüllen können. Jedes Gesundheitssystem muss aber das Spannungsverhältnis lösen, wie einerseits eine ausreichende medizinische Versorgung gewährleistet werden soll, ohne aber andererseits die Volkswirtschaft mit den Ansprüchen an das medizinisch Mögliche zu überfordern.

Jede mit der medizinischen Leistungsausweitung verbundene Ausdehnung der Gesundheitsausgaben führt aber – wegen der Knappheit der Mittel – dazu, dass immer weniger finanzielle Mittel anderen, gesellschaftlich ebenfalls wünschenswerten Bereichen, wie Bildung, Kultur, innere und äußere Sicherheit, zur Verfügung stehen. Nach wie vor ist eine Gesellschaft auch bereit, Produktionsprozesse zu akzeptieren, die Unfälle mit Todes- und Krankheitsfolge nach sich ziehen. Aus ökonomischer Sicht ist deshalb nicht der Gesamtnutzen relevant, sondern die Abwägung des Nutzenzuwachses (Grenznutzen) gegenüber dem Kostenzuwachs (Grenzkosten) (vgl. Oberender 1998, S. 10 ff.).

Das ökonomische Entscheidungskalkül jedes Individuums zeigt diese Ambivalenz deutlich auf. Nach diesem Kalkül sind auch bei Gesundheitsleistungen der zusätzliche Gewinn an Lebensqualität den zusätzlichen damit verbundenen Kosten gegenüber zu stellen. So lässt sich beispielsweise das individuelle Verhalten erklären, dass trotz Kenntnis der gesundheitsschädigenden Wirkungen des Rauchens oder auch bestimmter Sportarten viele Menschen rauchen oder gefahrgeneigte Freizeitbeschäftigungen ausüben.

Das strategische Problem der Medizin und damit des gesamten Gesundheitswesens ist die Knappheit der Ressourcen. Das taktische Problem, das es zu lösen gilt, ist die bestmögliche Verwendung dieser knappen Ressourcen der Gesundheitsversorgung. Dies führt neben Rationalisierungsanstrengungen, d. h. dem Verzicht auf überflüssige Maßnahmen, zwangsläufig zu Effekten der **Rationierung**. Rationierung in diesem Sinne bedeutet den bewussten Verzicht auf medizinisch wirksame und sinnvolle Maßnahmen.

Aufgrund der Preislosigkeit eines individuellen Menschenlebens ist eine Rationierung im Gesundheitswesen nur als Entscheidung über Menschenleben im statistischen Sinne, d. h. durch Festlegung der Wahrscheinlichkeit, mangels geeigneter oder in ausreichendem Umfang vorhandener medizinischer Ressourcen früher zu sterben, gesellschaftlich akzeptabel.

Die gesellschaftliche Frage ist nun, nach welchen Kriterien Rationierungsentscheidungen durchgeführt werden sollten. Wenn berücksichtigt wird, dass die möglichen Ausgaben für medizinische Leistungen infolge der im Vorkapitel herausgearbeiteten Herausforderungen weiterhin stark ansteigen werden, kann die Rationierungsfrage, die immer auch mit dem Gleichheitspostulat verknüpft ist, nur noch absolut zu einem zu erreichenden Niveau betrachtet werden und nicht mehr relativ zum Status anderer Gesellschaftsmitglieder (vgl. Leist 2002, S. 175). Mit anderen Worten wird der medizinische-technische Fortschritt es erforderlich machen, explizit im gesellschaftlichen Kontext zu erklären, welche Gesundheitsleistungen für alle als Mindestleistungen zur Verfügung stehen. Von diesem Mindeststandard aus werden individuelle Erweiterungen und Ergänzungen der Gesundheitsversorgung die Folge sein.

Die Festlegung gesundheitspolitischer Zielsetzungen für den Bereich der Versorgung, der außerhalb der Allokation über das Preissystem, d. h. kollektiv erfolgen soll, muss jedoch der Pluralität der freiheitlichen Gesellschaftsordnung entsprechen. Im Zweifel werden verschiedene Personen den Inhalt und vor allem den Umfang und die Ausgestaltung der Gesundheitsversorgung unterschiedlich gewichten. Helfen nun an dieser Stelle Priorisierungsregelungen?

Mit Hilfe von Priorisierungskriterien soll versucht werden gesellschaftlich sich häufig wiedersprechende Zielsetzungen in ein für einen temporären Zeitraum akzeptables Mindestsicherungsbild zu verknüpfen. Knoeppfler differenziert an dieser Stelle Rationierung von **Priorisierung** dadurch, dass erstgenannte Strategie medizinisch-notwendige Leistungen aus Knappheitsgründen bestimmten Personen vorenthält, obwohl diese prinzipiell den gleichen Anspruch auf die Leistung gehabt hätten (vgl. Knoepffler 2015, S. 718).

Das Grunddilemma liegt auf der Hand. Es gilt den Zusammenhang zwischen den Ansprüchen an ein solidarisch begründetes Gesundheitssystem (Claims) und der vorhandenen Notwendigkeit das weiterhin bestehende Rationierungsproblem effektiv und auch effizient zu lösen (Anand 2003). Die Preisgestaltung bei der Prämienerhebung im Versicherungsmarkt und die Organisationsgestaltung bei Krankenversicherungen oder auch Leistungserbringer sind eine Ausprägung für die gesundheitspolitische Umsetzung dieses Dilemmas. Beispielsweise zeigt Cutler (2010) für die USA die Steuerungsdilemmata anhand dreier Effekte dar. Dabei gilt es im Gesundheitswesen zu berücksichtigen, dass angebotsseitig eine hohe personelle Dienstleistungsorientierung greift und nachfrageseitig zumindest in den Industrieländern chronische Krankheitsphänomene die hauptsächliche Herausforderung darstellen:

Bei Gesundheitsleistungen gilt im Grundsatz eine im Vergleich zu anderen Wirtschaftssektoren niedrigere Grenzproduktivität vieler zusätzlicher medizinischer Leistungen („flat oft he curve medicine"). Die Frage, wie die Kosten-Nutzen-Aspekte bei speziellen Krankheitsgebieten, insbesondere beim Zuwachs im onkologischen Bereich, sich ausweisen, bleibt eher fraglich. Neue Technologien in diesem Bereich wirken häufig im Sinne des „add-on-Phänomens" und sind daher hinsichtlich der damit einhergehenden Opportunitätskosten aus Sicht der Regelversorgung zu diskutieren. Cutler weist darauf hin, dass bei der Behandlung von Herzanfällen in den USA der Anteil der Patienten, die eine Bypass-Behandlung oder eine Ballonangioplastie bekommen, zehnmal höher ist als in Kanada ohne erkennbaren Effekt auf die (kurzfristige) Restlebenszeit.

Der zweite Effekt liegt in der Art wie Gesundheit im Vergleich zu anderen Leistungen in den meisten Fällen organisiert wird. Aufgrund des Dienstleistungscharakters und der Informations- und Verhaltensunsicherheiten zwischen Arzt und Patient lassen sich Gesundheitsleistungen in den meisten Fällen als personenorientierte Dienstleistungen interpretieren, die im Sinne eines Wertnetzes und weniger im Sinne einer Wertkette organisiert sind. Problemlösungsaktivitäten etwa bei chronischen Krankheiten zwischen Diagnose- und Therapieaktivitäten sind nicht sequentiell, sondern häufig interaktiv und teilweise wiederkehrend organisiert, Patienten dieses Wertnetztals u. U. mehrmals durchlaufen müssen[58]. Gerade bei der Organisation von chronischen Versorgungspfaden entstehen kontinuierliche Koordinations- und Abstimmungsnotwendigkeiten zwischen medizinisch-pflegerischen Leistungserbringern untereinander und der Leistungserbringer mit dem Patienten. Genau an dieser Stelle den Abgleich zwischen Prozesseffizienz am Patientenpfad, d. h. die horizontale Optimierung, mit der Optimierung beim Leistungserstellung (vertikale Ressourcenoptimierung) abzustimmen, stellt eine wesentliche Herausforderung für die institutionelle und organisatorische Weiterentwicklung von Gesundheitssystemen dar.

An der geschilderten Entwicklung schließt der dritte Effekt an, der die induzierten Kosten adressiert, die im Laufe eines Patientenpfades auftreten. Für Cutler ist die wesentliche Steuerungsfrage daher die Bereitschaft in Qualität auf Indikationsebene zu investieren. Eine institutionelle Gestaltung des Gesundheitssystems muss nun wie oben skizziert die Ansprüche an die Regelversorgung (Claim) mit der Umsetzung einer gegebenen Entscheidung für eine Regelversorgung (Rationalisierung) differenzieren. Durch die Festlegung eines Regelleis-

---

[58] Der Wertkettenaspekt wird beispielsweise bei *Stabell and Fjeldstad* (1998) deutlich.

tungsanspruchs wird das Dilemma nicht gelöst, vielmehr bleibt der ökonomisch wie ethische Anspruch zum verantwortungsgerechten Umgang mit knappen Ressourcen (Zerth 2012, S. 7).

Angenommen es gibt ein standardisiertes Zielniveau an Gesundheitsqualität in definierter Höhe in einer Gesellschaft, so gilt es dazu die optimale Höhe der korrespondierenden Ausgaben zu finden (vgl. Abb. 21). Diese Steuerungsentscheidung kann hypothetisch entweder ein zentraler Planer einheitlich oder die Akteure immanent auf dezentraler Ebene verantworten. In beiden Fällen gilt es den optimalen Punkt B zu erreichen, der ein gegebenes Qualitätsniveau effizienter erfüllt als der korrespondierende Punkt C. Gleichwohl bleiben nun zwei wichtige Entscheidungsfragen offen (Zerth 2012, S. 10).

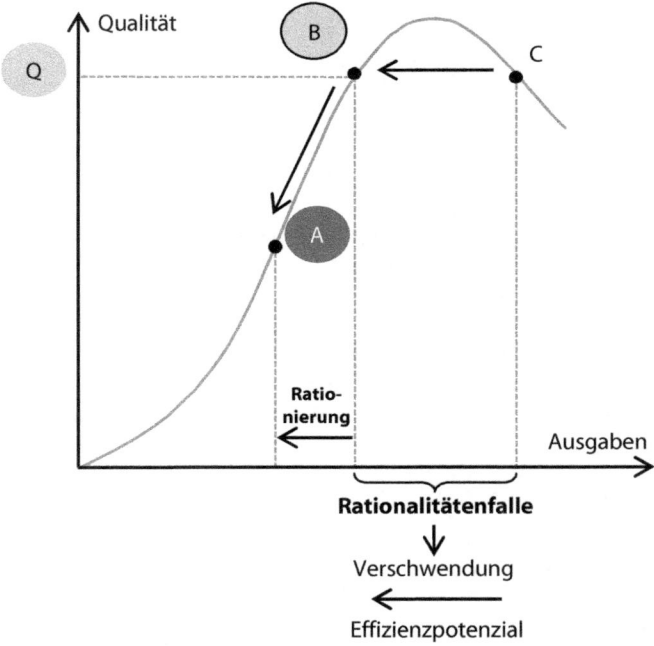

Abb. 21: Rationierung und Rationalisierung
Quelle: Eigene Darstellung in Anlehnung an (Oberender et al. 2005)

Einerseits gilt es nun ordnungspolitisch festzuhalten, wer gesundheitspolitische Ziele definiert und wer mit welcher Kompetenz den Weg einer effizienten Nutzung der Ressourcen bei einem definierten Qualitätsziel Q definiert (Strecke von C nach B). Zieldefinitionen sind in einer marktwirtschaftlichen Ordnung durchaus Aufgabe wirtschafts- bzw. gesundheitspolitischen Handelns, jedoch würde eine wettbewerbliche Ordnungsphilosophie die Interpretation sowohl über die Zielkonkretisierung als auch die dazu notwendigen Umsetzungsimplikationen den Akteuren auf der dezentralen Ebene überlassen (vgl. Oberender/Zerth 2010). Die Idee eines *managed competition* nach Enthoven (1993) könnte hier akzentuiert werden. Die Aufgabe einer Wettbewerbsordnung für einen regulierten Wettbewerb ist es also, Bedingungen für die Definition und insbesondere für die Weiterentwicklung der Garantie einer Regelversorgung, ausgedrückt durch den Parameter Q, zu geben als auch die Freiheit zur Weiterentwicklung von Leistungs- und Qualitätswirkungen im Gesundheitswesen zu fördern. Dabei ist im Idealfall ein „Effizienzpunkt" B zu erreichen ohne in eine Rationierung (Weg von B nach A) zu verfallen. Es bleibt bei der Festlegung des Niveaueffekts Q die Gefahr bestehen, dass ein Rationalisierungsbestreben zu einer direkten Rationierung wird, wenn die Steuerungsziele ungenau definiert bzw. die Instrumentarien für die Akteure nicht mit dem Ziel adäquat abgeglichen sind (Weg zu A). Somit spielen die Rahmenbedingungen im institutionellen Umfeld eine tragende Rolle bei der Abgrenzung und Umsetzung des Rationierungsphänomens im Gesundheitswesen.

Dies gilt insbesondere daraus, da der Zusammenhang zwischen der Definition der Regelversorgung (Claim) und der Rationalisierungslösung keine zufällige Entscheidung ist, sondern Ausdruck der grundlegenden Ordnungsentscheidung eines Gesundheitswesens. Gesundheitsökonomisch lässt sich die Rationalisierungsfrage aus der Prinzipal-Agenten-Beziehung in den verschiedenartigen Interaktionsrollen – Versicherungsvertrag, Versorgungsvertrag und Behandlungsvertrag – nicht vom Rationierungsproblem lösen (vgl. Oberender/Zerth 2014a, S. 177).

6.2   Steuerung im Gesundheitswesen – wer definiert Solidarität?

Die bisherige Analyse hat das Spannungsverhältnis zwischen solidarischer Garantie und Ausgestaltung der Wettbewerbsbeziehung in den Vordergrund gestellt. Welche Implikationen für eine langfristige Orientierung des Gesundheitssystems lassen sich demnach ableiten. Zunächst ist nochmals auf das Solidaritätsprinzip Rückgriff zu nehmen, das in der Idee der „Solidarischen Wettbewerbsordnung" eingebettet ist, im Spannungsverhältnis zwischen Solidarität, Subsidiarität und wettbewerbliche Weiterentwicklung von Versorgung (vgl.

Cassel und Wasem 2014, S. 12 ff.). Solidarität, Eigenverantwortung und Wettbewerb in einem regulatorischen Setting zu integrieren ist kein Widerspruch, wenn solidarische Sicherung vor allem darauf abstellt, dem Einzelnen die Teilnahme am modernen Leben zu gewährleisten und somit eine Stabilisierung der modernen Gesellschaft und insbesondere des Marktgeschehens sicher zu stellen[59]. Somit muss eine solidarische Absicherung nicht zwingend nach dem Grundsatz des in Deutschland realisierten Solidarprinzips „einkommensabhängige Beiträge bei beitragsunabhängigen Leistungen" erfolgen.

Damit ein Vertrag eine Regelsicherungsfunktion erfüllt – worauf die Existenz eines Regelleistungskatalogs hinausläuft – muss lediglich gewährleistet sein, dass dem jeweiligen Versicherten Leistungen aus dem Regelleistungskatalog bei Bedarf finanziert werden. Die Frage des Sicherungsziels eines Gesundheitssystems ist daher nicht eindeutig und kann exemplarisch in zwei Kategorien eingeteilt werden, die etwa grob zwei Enden eines gesundheitspolitischen Kontinuums darstellen (vgl. Abb. 22):

▨ Förderung des Umverteilungsziels bei Annahme eines tendenziell uniformierten, eher unmündigen Bürgers (Ziel Umverteilung).

▨ Förderung des Versicherungsziels bei Annahme eines tendenziell informierten, eher mündigen Bürgers (Ziel Versicherungsübernahme).

Jetzt lässt sich einwenden, dass angesichts der Arzt-Patienten-Beziehung und der damit korrespondierenden Informationsasymmetrien beide Ausprägungen in gelebten Gesundheitssystemen möglich sind. Gleichwohl ist es sowohl eine Frage der Steuerungseffizienz (Rationalisierungslogik) wie der ordnungspolitischen Verantwortung des Individuums (Prinzip der Selbstverantwortung) ein Wettbewerbssystem zu wählen. Eine dezidierte Ausprägung findet sich im Kontext eines Vertragswettbewerbs (vgl. etwa Vauth und Greiner 2014). Im Folgenden kann zwischen graduellen Ansätzen, die das Bild der deutschen Gesundheitsversorgung im Kontext des Wechselspiels zwischen GKV und PKV weiterentwickeln wollen und Schocktherapien, die für einen generellen Systemumstieg plädieren, unterschieden werden. Am Beispiel eines alternativen Versicherungsmodells mag dies verdeutlicht werden.

---

[59] Insbesondere Homann/Pies 1996 diskutieren eine „Sozialpolitik für den Markt", die versucht, gemeinsame Interessenfelder zwischen Frei-heit und Sicherheit herauszuarbeiten.

Kriterien	Ziel: Umverteilung	Ziel: Versicherung
Prämiengestaltung	einkommensabhängige Beiträge	Prämie als Preissignal
Solidaritäts-gestaltung	Umverteilung innerhalb des Versicherungs-vertrages	Umverteilung über Steuersysteme
Versorgungsvertrag	Kollektivvertrag oder Selektivvertrag mit RSA	„Tendenz" zum Selektiv-vertrag (Managed Care)
Nachhaltigkeits-konzept	**Differenzierungsverbot** Steuerzuschuss Grundleistungen	**Prämiendifferenzierung** Altersrückstellungen Prämienanpassung

Tab. 5: Ausgestaltung der grundsätzlichen Sicherungsidee
Quelle: Eigene Darstellung

6.2.1 Systemänderung: Ein alternatives Versicherungssystem

Alternative Modelle setzen gemäß Abb. 22 an der Unterscheidung zwischen Prämien- oder Umverteilungsorientierung an und differenzieren zusätzlich über den Regelversichertenkreis, d. h. inwiefern die Dualität zwischen Gesetzlicher und Privater Krankenversicherung aufgegeben wird (vgl. Abb. 22).

Exemplarisch für eine Prämienorientierung kann das „Bayreuther Versicher-tenmodell" stehen (vgl. Oberender et. al. 2006). Dieses würde bei einer allge-meinen **Versicherungspflicht** den Versicherungsaspekt vom Umverteilungsas-pekt trennen. Konstitutives Element eines derartigen prämienbezogenen Mo-dells ist die Möglichkeit, **risikoorientierte Prämien** zu erheben, d.h. die Beiträ-ge entsprechend dem individuellen Risiko zu gestalten. Im alternativen Versi-cherungsmodell würde die Umverteilung über das Steuersystem übernommen werden, so dass hier der Aspekt der Nichtversicherbarkeit schlechter Risiken und die Gefährdung des Solidarprinzips problematisiert werden muss.[60]

Die Höhe des Versicherungsschadens resultiert dabei einerseits aus den aus einer Behandlung resultierenden Kosten. Zur Prognose derartiger Kosten wer-

---

[60] Vgl. zur grundsätzlichen Diskussion und theoretischen Einordnung Neu-deck/Podczeck 1996, S. 387 ff.

den Risikoprofile gebildet, die grundsätzlich einen mit dem Lebensalter ansteigenden Verlauf aufweisen. Unter den Bedingungen dieser risikoorientierten Prämiensetzung wird jedem Versicherungsnehmer für die Versicherungsperiode so viel an Prämie abverlangt, wie er wahrscheinlich innerhalb dieser Versicherungsperiode an Leistungen in Anspruch nehmen wird. In dieser Hinsicht sind allokativ keine Anreize zur Risikoselektion zu erwarten, daher wäre ein Risikostrukturausgleich (RSA) nicht notwendig.

Bemessungs-grundlage \ Pflichtversicherte	Arbeitnehmer	alle Bürger (Bürgerversicherung)
pauschale Beiträge	① Pauschale (Arbeitnehmer-) Prämienmodelle	② Bürgerpauschale SVR
einkommens-abhängige Beiträge	③ einkommensabhängige Arbeitnehmerversicherung	④ einkommens-abhängige „Bürgerversicherung"
lohnabhängige Beiträge	⑤ Status quo	-
risikoorientierte Prämien	⑦ -	⑧ „Bayreuther Versichertenmodell"

⑨ Gesundheits-fonds

Abb. 22: „Leitbilder" von Gesundheitsmodellen
Quelle: Eigene Darstellung in enger Anlehnung an Schneider et. al. (2008, S. 4)

Von der vorangehenden Argumentationsfolge ist jedoch das **distributive Problem** zu trennen. Die Krankenversicherungen sind im Modell eines liberalen Gesundheitswesens nicht mit Umverteilungsaufgaben belastet. Umverteilung ist in diesem Sinne klassisch dem staatlichen Bereich, d. h. dem Steuer- und Transfersystem, zuzuordnen. Gleichwohl bedarf es zur ordnungspolitischen Stabilität eines entsprechenden Rechtsinstituts, das die solidarische Absicherung auch glaubhaft vermittelt. Im „Bayreuther Versichertenmodell" soll diese Aufgabe das „**Versicherungsgeld**"[61] übernehmen. Soweit die risikoorientierte Prämie einen zu definierenden Eigenanteil übersteigt, hat jeder Versicherte Anspruch auf die Zahlung eines Versicherungsgeldes. Ihm wird die Differenz von zumutbarem Eigenanteil und durchschnittlicher risikoorientierter Prämie bis zur Höhe einer Kappungsgrenze erstattet.

Das Versicherungsgeld dient dazu, die Überforderung der individuellen finanziellen Leistungsfähigkeit durch die geforderten risikoorientierten Prämien zu vermeiden. Zur Operationalisierung dieser Überforderung muss einerseits der anspruchsberechtigte Personenkreis, andererseits der Umfang der abgesicherten Regelversorgung definiert werden. Dazu ist, auch aufgrund des Fehlens objektiver wissenschaftlicher Kriterien, eine normative, d. h. eine politische Entscheidung zu treffen.[62] Rationierungskriterien wie etwa die Vorhersehbarkeit einer Erkrankung oder die Definition von so genannten „Großrisiken" sind einem rationalen Diskurs zuzuführen. Ordnungspolitisch muss jedoch der Grundsatz gelten, dass eine Rationierungsentscheidung vom konkreten Krankheitsfall fernzuhalten und auf möglichst allgemeingültige Weise auf der Makroebene anzusiedeln ist (**indirekte Rationierung**).

Bei der sozialen Absicherung durch ein Versicherungsgeldmodell dürfen die Vorteile einer risikoorientierten Beitragssatzfinanzierung jedoch nicht durch die Ausgestaltung des Versicherungsgeldes ausgehebelt werden. Der Ausgleichsanspruch muss daher so bemessen sein, dass keine Externalisierung höherer Versicherungsprämien auf die Solidargemeinschaft möglich ist. Würde der gesamte Überschussbeitrag durch ein Transfersystem ausgeglichen, so wäre die durch die risikoorientierten Prämien gewonnene Preissensitivität wiederum aufgehoben.[63] Als adäquater Ansatzpunkt können Erstattungsbeiträge festgelegt werden, die sich am durchschnittlichen Versicherungsrisiko festmachen lassen. Um gerade die ökonomisch schwachen Menschen zu unterstützen und bei den anderen die Eigenverantwortlichkeit zu erhöhen, sind Bezieher niedriger Einkommen stärker zu unterstützen als Personen mit höheren Einkommen. Aus diesem Grund würde sich ein degressiver Tarif anbieten, d. h. mit steigendem Einkommen sinkt der Subventionssatz. Als Kernelemente des „Bayreuther Versichertenmodells" lassen sich der **Übergang zum Kapitaldeckungsverfahren** durch risi-

---

61   Vgl. Oberender 1996, S. 95 f.; vgl. auch Ruckdäschel 2000, S. 181 ff.

62   Grundsätzlich ist hierbei die Definition eines Grundleistungskatalogs impliziert, der Grundlage für die Konstruktion eines Versicherungsgeldmodells sein muss.

63   Eine ähnliche Kritik äußern Wasem et. al. 2003, S. 30 f. am „Züricher Modell". Insbesondere verweisen sie darauf, dass in der Versorgungsrealität die Fälle chronischer Erkrankungen in diese Kategorien eingeordnet werden dürften.

koorientierte Prämien mit individueller Altersrückstellung sowie die Einführung eines Versichertengeldes, das den Solidarausgleich gewährt,[64] kennzeichnen. Da die Versicherungsprämie grundsätzlich mit dem Alter ansteigt, dienen die Altersrückstellungen der **Prämienglättung** über den Lebenszyklus hinweg. Die Rückstellungen werden im Alter aufgelöst, um die anfallenden höheren Gesundheitsausgaben finanzieren zu können.

Bei dieser Form der Kapitaldeckung handelt es sich um eine **kohortenspezifische Kapitaldeckung** innerhalb des Krankenversicherungssystems, da alle Versicherten einer Alterskohorte über den Risikopool der Versicherung Kapital ansparen. Intergenerative Transfers treten dabei grundsätzlich nicht auf. Eine Glättung der Prämienbelastung findet über den Lebenszyklus nur für die einzelnen Kohorten statt. Im Grundsatz entspricht dieses Vorgehen dem gegenwärtigen PKV-System. „Gedanklich könnte man eine PKV-Prämie deshalb aufteilen in einen Umlageanteil und einen Sparanteil beziehungsweise die Versicherung aufteilen in eine umlagefinanzierte Krankenkasse und eine, bezogen auf eine Alterskohorte, kapitalgedeckte Versicherung gegen Beitragssteigerungen" (SVR 2004, S. 522).

Die Vorgehensweise bei der Prämienberechnung erfordert eine Anpassung der Alterungsrückstellungen, wenn sich das Ausgabenprofil für den Durchschnitt der Versicherten einer Kohorte verändert. Solche kollektiven Änderungsrisiken ergeben sich z. B. aus einer Erhöhung der durchschnittlichen Lebenserwartung und auch durch die Auswirkungen des medizinisch-technischen Fortschritts.

Neben den **kollektiven Änderungsrisiken** bestehen allerdings auch **individuelle Änderungsrisiken**, die darin liegen können, dass die erwartete Ausgabenentwicklung für ein Individuum vom Durchschnitt seiner Alterskohorte abweicht, wenn z. B. bei einem Versicherten eine chronische Krankheit auftritt (vgl. Abschnitt III.1.1.). Die **individuellen Änderungsrisiken** stellen für das Versicherungsunternehmen grundsätzlich kein zentrales Problem dar, da es zum Wesen der Krankenversicherung zählt, unkalkulierbare Einzelrisiken durch das Poolen vieler ähnlicher Fälle in ein kalkulierbares Risiko umzuwandeln (vgl. Kortendieck 1993, S. 192). Sie stellen aber eine hohe Hürde dar mit Blick auf einen angestrebten Versicherungswechsel, der unbedingt ermöglicht werden muss, wenn man einen stärkeren Wettbewerb auf dem Versicherungsmarkt als bisher anstrebt.

Um Wettbewerb zu ermöglichen, ist es erforderlich, für die Versicherten individuelle prospektive **Altersrückstellungen** zu kalkulieren, die ihnen bei einem Wechsel der Versicherung mitgegeben werden und die eine Risikoselektion

---

[64] Ähnlich vgl. Zweifel/Breuer 2002; Oberender/Zerth 2003.

verhindern. Solche individuellen prospektiven Altersrückstellungen sind genau dann richtig bemessen, wenn diese der Differenz zwischen dem Barwert der Versicherungsleistungen und dem Barwert der erwarteten Prämienzahlung entsprechen, da dann ein potenzieller Wechsler keine höheren oder niedrigeren Rückstellungen in das aufnehmende Versicherungsunternehmen mitbringt, als für die Deckung seines Versicherungsrisikos erforderlich sind.

Damit ein solches „**Versichertenmodell**" (Oberender et al. 2006) funktioniert, ist es erforderlich, entweder die Alterungsrückstellungen zu individualisieren oder letztlich zumindest die durchschnittlichen Alterungsrückstellungen mitzugeben und die dann aber bestehende Gefahr der Risikoselektion durch einen morbiditätsorientierten Risikostrukturausgleich zu unterbinden. Dieser hätte allerdings wenig mit dem gegenwärtigen Risikostrukturausgleich in der GKV gemein, da der bisher dominierende Einkommensausgleich entfallen könnte.

6.2.2 Systemfortentwicklung: Zur Bedeutung der Dualität zwischen GKV und PKV

Die Implementierung einer grundsätzlichen anderen Sicherungslösung (Schocktherapie), wie etwa im Bayreuther Versicherungsmodell beschrieben, erfordert sowohl von den Akteuren im Gesundheitssystem als auch von den politisch Verantwortlichen ein erhebliches Maß an Mut und Durchsetzungskraft und wäre mit deutlichen Anpassungslasten verbunden. Aus diesem Grund ist es kaum wahrscheinlich, dass ein solches Vorhaben unter „normalen" Umständen umgesetzt werden wird (eine Ausnahme wäre eine besondere Krisensituation, die zu drastischem Handeln zwingt). Eine graduale Herangehensweise vermeidet hingegen prohibitiv hohe Anpassungslasten. In kleinen Schritten können Reformelemente im Sinne einer Stückwerkssozialtechnik ausprobiert werden (vgl. hierzu Popper 1975, S. 213 f.). Korrekturen bei offenkundigen Fehlentwicklungen sind dann leichter möglich als im Falle der Schocktherapie. Somit dürfte es wesentlich leichter sein, politische Zustimmung zu solchen schrittweisen Weiterentwicklungen des Gesundheitswesens zu erreichen (wenngleich es weiterhin prinzipielle Reformgegner geben wird). Dabei bieten aber gerade die prämienorientierten Modelle Hinweise für eine ordnungspolitische Richtschnur gesundheitspolitischer Entscheidungen. Wie lässt sich nun die Idee eines Vertragswettbewerbs und einer standardisierten Regelversorgung miteinander verknüpfen und welche Empfehlungen können sich nun für die realiter bestehenden Systeme einer GKV und einer PKV abgeleitet werden?

Die Idee einer Versicherungssteuerung über Prämien wird zunächst im PKV unmittelbarer umgesetzt, da über die risikoorientierte Prämiengestaltung die

Idee einer Preissteuerung Rechnung getragen wird (vgl. ausführlich Zerth 2012, S. 300 ff.). Aus Sicht des Versicherten kann diese Differenzierungsmöglichkeit bei der Wahl von Versicherungstarifen und -angeboten sinnvoll sein, jedoch gilt die gesundheitsökonomische Bedingung, dass ein Versicherungsnehmer vor allem die Schwankungen um seinen individuell eingeschätzten Erwartungsschaden reduzieren will, wenn – Risikoaversion des Versicherten grundsätzlich vorausgesetzt – ein Versicherungsvertrag kontrahiert werden soll. Dieser theoretischen Bedingung sind aber im deutschen Gesundheitsmarkt zwei wesentliche Schranken entgegen zu halten: Einerseits würde ein derartiger Preis-Leistungs-Vergleich einen Systemwettbewerb zwischen dem GKV- und dem PKV-System voraussetzen, den es aber – Stichwort Versicherungspflichtgrenze – so gar nicht bzw. nur an den Rändern zwischen Pflichtversicherung und freiwilliger Versicherung gibt. Andererseits legt auch eine theoretische Betrachtung nahe, dass einem Vergleich zwischen PKV und GKV in einem Regelversicherungssystem nur in der simultanen Betrachtung des Versicherungs- und des Versorgungsvertrages adäquat Rechnung getragen werden kann, da die Umsetzung des Regelversorgungsanspruchs im Zweifel aus Sicht des Versicherten genauso relevant ist wie die Möglichkeit zur (freien) Kontrahierung von Versicherungspaketen.

Es gilt deshalb zwischen der Wahl der Versicherungsleistung und der Inanspruchnahme von Gesundheitsleistungen zu unterscheiden. Gerade bei der Inanspruchnahme von Gesundheitsleistungen, versicherungsökonomisch ist die Frage der Restitution des Versicherungsschadens damit impliziert, sind die Möglichkeiten für eine deutsche PKV sehr eingeschränkt (vgl. etwa auch Albrecht et. al. 2010). Das PKV-System ist gemäß dem vorherrschenden Kostenerstattungsprinzip als Wettbewerb um Versicherte organisiert, jedoch kaum als Wettbewerb der Leistungsverträge unterschiedlicher Leistungserbringer. Ein Kostenerstattungsmodell setzt eher auf eine indirekte Einflussnahme der Leistungserbringung, in erster Linie über die Gestaltung der Tarife der Versicherungsnehmer. Eine direkte Kontrolle der Leistungsgestaltung oder des Qualitätsanspruchs durch den häufig besser informierten Steuerungsagenten Krankenversicherung, wie es Formen selektiven Kontrahierens vorsehen, ist kaum möglich. Die Zunahme chronischer und altersabhängiger Krankheiten führt außerdem dazu, dass eine kontinuierliche Leistungsinanspruchnahme von Gesundheits- und Pflegeleistungen und somit die Steuerung des direkten Leistungsflusses zwischen Leistungserbringer und Patient an Bedeutung gewinnt (vgl. etwa Zerth 2012).

Es gilt hierbei die Frage zu beantworten, wer bei Annahme wachsender Ausgaben im Gesundheitswesen bei verlängerter Restlebensspanne anreizkompatibel tragen kann. Jedoch greift auch diese Betrachtung zu kurz, wenn die Rückkoppelung auf die Leistungsstrukturen, die wesentlich die Inanspruchnahme von Gesundheitsleistungen definieren, unterbleibt. Wenn also beispielsweise der

Versicherte sein Versicherungsrisiko teilweise auf die Assekuranz übertragt, so ist es aus einer marktwirtschaftlichen Perspektive nur logisch, wenn die Versicherung ihre Spezialisierungsvorteile die sie beispielsweise gegenüber dem einzelnen Versicherten besitzt, etwa in der Qualitätseinschätzung der Leistungserbringer, auch zugunsten des Versicherten nutzen kann (vgl. Oberender/Zerth 2010). So greifen Vertragslösungen zwischen Leistungserbringer und Versicherungen einerseits und Wettbewerbslösungen im Versicherungsmarkt andererseits ineinander. Gerade im Bereich der Versorgungssteuerung ist aber, auch wenn nur sehr zaghaft, mehr Bewegung im GKV-Kontext zu konstatieren.

Am Ende bleibt somit die Schlussfolgerung, dass eine sinnvolle ordnungspolitische Lösung nur in einer ganzheitlichen Wettbewerbs- und Regulierungsordnung für das Gesundheitswesen liegen kann, die sich der Interdependenzen zwischen Versicherung und Leistungssteuerung bewusst ist. Eine Reformdebatte der Zukunft muss sich daher zunächst an der Frage messen lassen, welche Rolle der Wettbewerb für alle Beteiligten im oben skizzierten Gesundheitsdreieck einnehmen soll. Ordnungsökonomisch gilt es daher (einmal wieder) deutlich zu machen, dass Ziel einer Reform des Gesundheitswesens – GKV und PKV im Blick – sein muss, Entscheidungskompetenzen auf die Ebene der einzelnen Akteure (zurück) zu verlagern, gleichzeitig aber eine anreizkompatible Umverteilung zu gewährleisten. Dabei sind Wahlfreiheiten im Versicherungsmarkt nur die eine Seite der Medaille, wenn nicht gleichzeitig die Weiterentwicklung von dezentralen Vertragslösungen im Versorgungsmarkt – Stichwort Selektivverträge – vorangetrieben wird. Hier können GKV und PKV voneinander lernen und es bleibt weiterhin kritisch zu hinterfragen, inwiefern die PKV ein Leitbild für die Weiterentwicklung einer projektieren Wettbewerbsordnung sein kann, wenn die Bedeutung von Leistungssteuerung im Versorgungsprozessen, etwa durch Care- oder Case-Managementstrategien an Bedeutung gewinnt. Eine Öffnung der PKV ist daher als Blaupause zu gering und ist somit lediglich eine mögliche Option innerhalb eines ordnungspolitischen Raumes, den es in erster Linie zu beschreiben und teilweise noch zu begründen gilt.

6.3   Weiterentwicklung des Wettbewerbs im GKV-Kontext

Wie bereits festgehalten wurde, besteht in einem versicherungsbasierten Gesundheitssystem im Gegensatz zu staatsorientierten Gesundheitssystemen die Möglichkeit, die solidarische Absicherung im Wechselspiel zwischen dem allgemeinen Regelkatalog, der den Grundanspruch jedes Versicherten begründet und der Umsetzungsebene durch die Versicherungsangebote zu unterscheiden.

Beispielsweise muss ein Regelsicherungsvertrag nicht notwendigerweise zum Inhalt haben, dass die Leistungen von jedem beliebigen Arzt erbracht werden. Wenn durch dezentrale Versorgungsarrangements beispielsweise zwischen Krankenversicherungen und Leistungserbringern Spezialisierungsvorteile entstehen, die gleichzeitig aber die regionalen Wahlmöglichkeiten für Versicherte reduzieren, steht dieser statischen Einschränkung der Handlungsmöglichkeiten ein perspektivischer Wohlfahrtsgewinn in dynamischer Hinsicht gegenüber, falls es gelingt, durch regionale und dezentrale Modelle neue, verbesserte Versorgungsstrukturen zu befördern. Voraussetzung ist jedoch, dass der Wettbewerbsprozess zwischen den Krankenversicherungen und den Leistungserbringern durch eine einheitliche Wettbewerbsordnung bestimmt ist (vgl. Gaynor/Vogt 2000). Die Versicherungen können in einem derartigen Wettbewerb mit dem Versicherungsangebot ein bestimmtes Leistungsangebot koppeln und dadurch versuchen, ihre Aktionsparameter im Wettbewerb zwischen den Versicherungen zu erweitern.

Die Frage der Implementierung einer „breiten" Innovationsabsicherung einerseits und einer effizienten Innovationsbewertung anderseits macht es erforderlich, die Fortentwicklung der Regelleistungsvergütung mit dem Versorgungswettbewerb zu verknüpfen. So könnte beispielsweise die Finanzierung neuer Technologien zunächst im zeitlichen Kontext gestreckt sein und Erprobungsmodelle durch die Krankenversicherungen und Leistungserbringer als standardisierte Form des Versorgungsexperiments eingebracht werden. Die Grundfinanzierung von Innovationen erfolgt dabei weiterhin in einem neuen GKV-Bereich. Darüber hinaus besteht aber gerade die Möglichkeit, im Vertragswettbewerb über Wahlleistungen die Verbreitung von Innovationen anzustoßen. Dabei würden Innovationen auch zu einem gewissen Grad durch die Konsumenten teilkapitalgedeckt finanziert.

6.3.1 Beitragssatzwettbewerb und Marktspaltung

Mit dem GKV-Finanzstruktur- und Qualitäts-Weiterentwicklungsgesetz, das zum 1. Januar 2015 in Kraft getreten ist, soll der Wettbewerb zwischen den Krankenversicherungen durch die Anpassung der Regelungen des Zusatzbeitrages forciert werden. Die Festlegung des Arbeitgeberbeitrages auf 7,6 % Prozentpunkte und die damit einhergehende Verteilung des Versicherungsrisikos auf den Versicherungsnehmer über den wachsenden Zusatzbeitrag hat Ende 2015 zu einer Diskussion über die Bedeutung des Zusatzbeitrages und der so genannten paritätischen Finanzierung der sozialen Krankenversicherung geführt. Diese Frage kann aber gesundheitsökonomisch ohne den erhofften Leistungswettbewerb, der vor allem mit dem Versorgungsstärkungsgesetz forciert werden sollte, nicht zielgerecht diskutiert werden. Auch wenn ein prozentualer

Beitrag anreizökonomisch einem Preissignal unterlegen ist, lässt sich ordnungspolitisch festhalten, dass die Krankenversicherungen mit der aktuell gültigen
Regelung grundsätzlich motiviert sein sollen, sich durch Unterschiede in der
Leistungs- und Organisationsstruktur zu differenzieren. Dies soll dem eigentlichen Gedanken eines Krankenversicherungswettbewerbs folgen, nämlich durch
wettbewerbliches Differenzierungen von Versorgungsangeboten zu einer insgesamt besseren Gesundheitsversorgung beizutragen.

Eine Bedarfsorientierung greift nämlich einerseits an der Idee von standardisierten Risikoprofilen an und kann so die Grundlage für eine gesellschaftliche Definition von Regelversorgung bilden, diese Definition ist aber üblicherweise sehr
abstrakt gehalten, um den Entwicklungskontext von Gesundheitsleistungen,
insbesondere auch die Implementierung von Präferenzorientierung, zu ermöglichen. Eine Innovationsbewertung innerhalb der Idee einer „Solidarischen Wettbewerbsordnung" kann ordnungspolitisch zentral oder durch den Wettbewerbsprozess erfolgen bzw. in einem Regulierungsmix aus beiden Alternativen.
Die wettbewerbliche Innovationsbewertung würde davon ausgehen, dass ein
Innovationszusammenhang sowohl aus der Invention, d. h. der Innovationsidee,
der innovativen Aktivität und letztendlich der imitativen Aktivität zusammenge-
setzt ist. Im Kontext einer „Solidarischen Wettbewerbsordnung", die sich der
Irenik von Solidarität und Wettbewerb verschrieben hat, wird die Frage der
Akzeptabilität zwischen Verschiedenartigkeit, die durch selektive Wettbewerbs-
prozesse erzeugt wird und der garantierten Gleichartigkeit, die durch den Regel-
leistungsanspruch definiert ist, zur steuerungstechnischen Grundfrage.

Angenommen es gibt ein standardisiertes Zielniveau Q an Gesundheitsqualität
in einer Gesellschaft (vgl. Abb. 21), so gilt es dazu die optimale Höhe der korrespondierenden Ausgaben zu finden. Diese Steuerungsentscheidung kann
hypothetisch entweder ein zentraler Planer einheitlich oder die Akteure immanent auf dezentraler Ebene verantworten. In beiden Fällen gilt es ein Versorgungsniveau zu erreichen, das ein gegebenes Qualitätsniveau effizienter erfüllt
als ein alternatives Qualitätsversprechen mit höheren gesamtwirtschaftlichen
Ausgaben. Die ordnungspolitische Grundfrage bezüglich der Einordnung von
Wettbewerb und Innovationsimplementierung greift nun daran an, ob die Differenzierungen vom Regelversorgungsniveau nicht nur akzeptabel sind, sondern
in einer dynamischen Interpretation gleichwohl intendiert sind, um Neuentwick-
lungen in der Gesundheitsversorgung zu befördern.

Aus einer wettbewerbstheoretischen Betrachtungsweise und bei Annahme, dass
Krankenversicherungen versuchen, ihre Handlungen an der Optimierung des
versicherungsbezogenen Erwartungsschadens auszurichten, werden sich die
Kassen weitgehend darauf konzentrieren, einerseits die Veränderung des Niveaus der Regelversorgung im Auge zu behalten sowie andererseits die kassen-

individuellen Organisationskosten zu optimieren. Je weniger durch die Regulierungsordnung eine Heterogenität im Leistungskontext zulässig ist bzw. auch umsetzbar bleibt, desto mehr befinden sich Krankenversicherungen im Rahmen eines homogenen Marktes (bezogen auf die Leistungsseite) in einem strengen Beitragssatzwettbewerb. Heterogenisierungen in der Leistungsstruktur, soweit diese durch eingeschränkte Möglichkeit der Leistungsdifferenzierungen etwa Selektivverträge ermöglicht werden, lassen sich daher eher schwierig als Qualitätsvorteil den Versicherten vermitteln, so dass die Innovationsbereitschaft der Krankenversicherungen angesichts der Dominanz des Beitragssatzwettbewerbs zurückhaltend bleibt. In der Literatur zu Erfolgskriterien von Selektivverträgen wird insbesondere auf das Problem der Marktspaltung zwischen Versicherungs- und Versorgungsmarkt hingewiesen und die Vermittlung von spezifischen Versorgungsangeboten für ausgesuchte Indikationsfelder lässt sich einem gesunden und häufig jungen Versicherten bei der Wahl der Krankenversicherung schwierig verdeutlichen (vgl. Rebscher 2011, S. 354 f.). Somit sind ohne Einschränkung der Allgemeinheit zwei Anreizeffekte aus Sicht der Krankenversicherung zu berücksichtigen (vgl. Oberender/Zerth 2014 b):

▪ Eine Investition in eine Prozessinnovation hätte dann einen zu erwarteten Vorteil, wenn sich die Prozessinnovation etwa über Care-Management-Ansätze umsetzen ließe und somit zur Reduzierung der Erwartungskosten pro Versichertem beitragen könnte.

▪ Eine Investition in eine verbesserte Leistungs- oder Organisationsstruktur, etwa durch Auswahl besonderer Leistungserbringer oder durch Beförderung spezieller Technologien, ließe sich dann wettbewerblich nutzen, wenn etwaige zusätzliche Kosten umverteilbar wären, entweder in Form von Preiszuschlägen an die Versicherten, die diese als Preissignal für eine wahrgenommene Qualitätsverbesserung wahrnehmen oder durch Größeneffekte auf der Angebotsseite, die alternativ Fallkosten reduzieren helfen würden.

6.3.2 Wettbewerbsimplikationen für einen „Managed Competition"

Unabhängig von der Frage, wie viel Spielraum die Regulierungsordnung den Krankenversicherungen bei der Ausdifferenzierung von Versorgungsleistungen lässt, gilt die allgemeine Schlussfolgerung, dass der wettbewerbliche Anreiz von Krankenversicherungen bzw. auch von Leistungserbringern sich in dezentrale, heterogene Versorgungskonstellationen einzubringen unmittelbar davon abhängig ist, sich durch Differenzierungen im Versorgungsangebot im Krankenversicherungsmarkt Vorteile zu verschaffen. Bei standardisierten Leistungen, beispielsweise allgemeiner Hausarztversorgung, dürfte dieser Anreiz eher gering ausgeprägt sein (vgl. Oberender/Zerth 2014a, S. 188 ff.). Somit ist die relevante ordnungspolitische Frage, wer mit welcher Legitimation die Definition der Versorgungsziele in dynamischer Hinsicht vornimmt. Entweder geschieht dies trotz öffentlicher Bekundung zur Wettbewerbsorientierung im Gesundheitswesen in Form eines zentralen Vorgehens über den Innovationsausschuss im Rahmen des Innovationsfonds oder die Krankenversicherungen und die Leistungserbringer organisieren dies dezentral etwa in Form von Selektivverträgen. Bei letztgenannter Variante wird eben der Möglichkeitenraum für die Innovationsfindung deutlich offener gehalten als bei einer zentralen Variante über den Innovationsfonds, die letztendlich im Sinne einer „Ausschreibungslösung" funktionieren soll.

Ein jüngerer Vorschlag von Albrecht et. al. (2015) versucht einen Alternativentwurf einer „**ergänzenden Selektivität**" in die Diskussion zu bringen. Die Idee einer „ergänzenden Selektivität" formuliert den Anspruch, den Prozess aus Invention, Innovation und Imitation in ein regelgeleitetes Bild von Versorgungsinnovationen zu übertragen. Insbesondere Qualitätsunsicherheiten bei chronischen Versorgungsprozessen bzw. Qualitätsunsicherheiten bei neuen Behandlungsprozessen sollen über Selektivverträge durch einen Suchprozess der Kassen adressiert werden. Hier liegt ein unmittelbarer Gegensatz zum Ansatz des Innovationsfonds vor, der letztendlich eine Form eines Ausschreibungswettbewerbs auf zentraler Ebene vorsieht und dabei den Selektivwettbewerb als einen möglichen Prozess der Umsetzung ansieht aber nicht als die grundsätzliche Steuerungsidee. Die ergänzende Selektivität soll mit einer Umstrukturierung der Finanzierung aus dem Risikostrukturausgleich verknüpft werden, in dem einnahmeseitig ein vorab definiertes FuE-Budget aus dem Risikostrukturausgleich abgeleitet wird. Dieser Betrag würde dann für definierte Versorgungsprogramme zur Verfügung stehen und insbesondere sollten Krankenkassen, die eine höhere im Risikostrukturausgleich abgebildete Morbidität vorweisen, einen größeren Anspruch auf derartige FuE-Zuschläge erhalten. Unabhängig davon, dass diese Festlegung grundsätzlich strategieanfällig bleibt, zeigt sie jedoch die Bedeutung der Verknüpfung von einnahme- und ausgabenseitiger Verteilung des Morbiditätsrisikos für Krankenversicherungen, Patienten und Leistungserbringer auf. Der Vorschlag von Albrecht et. al. geht ansatzweise in eine steuernde Richtung der Krankenversicherung, lässt aber einige ordnungspolitische einige Fragen offen:

Zunächst braucht gerade eine Rückkoppelung aus dem Selektivvertrag in den Regelleistungsbereich eine Auseinandersetzung über die Form des Imitationswettbewerbs. Es wäre etwa denkbar, dass eine Regulierungsregel lauten könnte, dass ein Leistungsbündel dann Teil der Regelversorgung wird, wenn dieses von einem vorab definierten Anteil X von Krankenversicherungen imitiert wird (vgl.

Zerth 2015a). Somit könnte eine Art „standardisierte Allgemeinverbindlichkeit" definiert werden. Die von Albrecht et. al. geforderten standardisierten Evaluationskriterien könnte dann ein Element eines derartigen Regulierungsdesigns sein. Genau an dieser Stelle ist aber eine einheitliche Regulierungsordnung für alle Krankenversicherungen notwendig und eine Trennung des Regulierungsdesigns für die bundeseinheitlichen und regionalen Kassen nicht mehr aufrecht zu erhalten. Darüber hinaus sind Versorgungsziele als Teil der Regelleistungsversorgung vorab in einem gesellschaftlichen Diskurs deutlicher zu präzisieren.

Der Innovationsfonds, der über das Versorgungsstärkungsgesetz eingeführt wurde und dessen empirische Bewertung zum gegenwärtigen Zeitpunkt noch aussteht, versucht in einer alternativen Weise einen regulierten Raum für Heterogenisierungsexperimente zu schaffen, im Gegensatz z. B. einer ergänzenden Selektivität freilich über eine stärkere prozesspolitische Umsetzung.

Die Unterscheidung liegt im Kern darin, in welcher Weise ein Suchprozess für Innovationsprozesse initiiert wird, grob gesprochen im kollektivorientierten Vergabeprozess via Innovationsfonds oder im dezentralen Suchprozess via (ergänzenden) Selektivvertrag. Dabei liegt der Knackpunkt nicht darin, ob es Selektivverträge geben kann, sondern wie diese ordnungspolitisch eingeordnet werden können, da im Innovationsfonds sowohl die Wege als auch die Ziele für „innovativ zu interpretierende" Versorgung durch die Strukturen des Innovationsfonds, insbesondere durch den Innovationsausschuss, festgelegt werden. Wettbewerbliche Suchprozesse würden dagegen Wege und auch Zielsetzungen weitgehend dezentral ausgestaltet lassen, freilich eingebettet in die weiter zu diskutierende Rahmenordnung für eine Solidarische Wettbewerbsordnung. Die Innovationsimplementierung in einem regulierten Gesundheitssystem steht kontinuierlich vor der Frage, wie sich der grundlegende Anspruch auf eine Teilhabe an der Regelversorgung (Gewährleistung eines „objektivierten" Bedarfskonzeptes) mit der tatsächlichen Inanspruchnahme von Gesundheitsleistungen (Utilization) verknüpfen lässt. So entsteht zwangsläufig ein Spannungsverhältnis zwischen erwünschter Homogenität auf der Anspruchsebene der Regelversorgung und akzeptabler Heterogenität bei der Umsetzung. Der Innovationsfonds läuft mit seiner Entscheidungs- und Bewertungsstruktur, die an kollektiven Governance-Strukturen ausgerichtet ist Gefahr, strategieanfällige Ziele außerhalb des Wettbewerbs zu dienen und darüber hinaus nicht dem wettbewerblichen Imitationsprozess die hauptsächliche Evaluationsaufgabe zu übergeben, sondern der Kollektivebene (vgl. Cassel und Jacobs 2015, S. 56 ff).

Vor diesem Kontext ist die Idee der ergänzenden Selektivität interessant, da sie an dem scheinbaren Widerspruch zwischen dezentraler Wettbewerbslösung und garantierter Regelversorgung ansetzt. Dieser lässt sich ordnungspolitisch durchaus lösen, wenn der Regelversorgungsanspruch als Standardmaß interpretiert wird, der als Niveau immer wieder auch durch wettbewerbliche Suchprozesse und somit gesteuerter Heterogenität in der Versorgung angepasst wird. Es ist wichtig, ordnungspolitisch die Rollenverteilung zwischen staatlicher Verantwortung für Gesundheitsversorgung (Makroebene) und der kollektiven Verantwortung der Regelversorgung (Mesoebene) deutlich zu unterscheiden. Auch bei der Fortentwicklung der Idee einer „ergänzenden" Selektivität würde sich etwa die Rolle des Gemeinsamen Bundesausschusses verändern müssen. Dieser würde weniger Entscheider über Regelversorgungsinhalte bleiben, sondern zum Begleiter eines geregelten Innovations- und Imitationswettbewerbs, sei es über die Definition von Evaluationskriterien als auch durch Setzung standardisierter Qualitätsziele, werden. Der Innovationsfonds in der gegenwärtigen Fassung folgt aber nicht diesem Ansatz, weil er im Grundsatz die Definition der Versorgungsziele der kollektiven Festlegung über dem Innovationsausschuss zuordnet. Ob ein „Wettbewerb als Entdeckungsverfahren" nicht auch bei der Findung von Versorgungszielen hilfreich sein könnte, wird daher mit dem Ansatz Innovationsfonds in der gegenwärtigen Form nicht beantwortet, nicht mal systematisch adressiert. Eine mögliche Differenzierungschance für das deutsche Gesundheitssystem bleibt somit ungenutzt.

7 Gesundheitswirtschaft – ein Wachstumsmarkt

7.1 Langfristige Perspektive: nachfragegesteuertes Gesundheitswesen

7.1.1 Veränderung der Versorgungsstrukturen

Im Gesundheitswesen lässt sich der Dreiklang, Produkt-, Prozess- und Organisationsinnovation mit Hinblick auf das Bild der Patientenkarriere als die Wertschöpfungskette im Gesundheitswesen darstellen (vgl. Weimann, 2003). Diesbezüglich gilt es festzuhalten, dass in allen nationalen Gesundheitssystemen die Ausgestaltung einer ökonomisch nachhaltigen Integrationsstrategie an Bedeutung zunimmt, deren Ziel es ist, innerhalb des medizinischen Wertschöpfungsprozesses mögliche Ansatzpunkte für Kosten- und Differenzierungsvorteile im Leistungsspektrum zu identifizieren. Damit verbunden ist die Entwicklung in der Gesundheitsversorgung, die von der ursprünglich rein kurativen Vorgehensweise zunehmend den Patienten und damit den Versorgungsprozess verinnerlicht.

Diese **Prozessorientierung** knüpft an der Veränderung der Struktur der Medizinproduktion an. So gilt es infolge des Bedeutungsgewinns chronischer Erkrankungen, den **Patientenfluss** und nicht mehr die isolierte kurative Behandlungsebene in den Mittelpunkt zu stellen(vgl. Abb. 24).

Die überkommene sektorale Struktur ambulant vs. stationär war geeignet, solange es vornehmlich um die kapazitätsabhängige Heilung ging, Aspekte der Gesundheitsgeschichte und der Patientenkarriere noch keine große Bedeutung einnahmen. Sowohl durch den bereits beschriebenen Bedeutungsgewinn chronischer Krankheiten als auch die Entwicklungen des Möglichkeitenraums durch den medizinisch-technischen Fortschritts gewinnen die prozessorientierten Wertschöpfungsaktivitäten weiter an Bedeutung. Da die meisten medizinischen und pflegerischen Aktivitäten als persönliche Dienstleistungen zu verstehen sind, nehmen Produktions-, Koordinations- und Motivationsaspekte eine wesentliche Bedeutung bei der Beschreibung von Organisationsprozessen in der Gesundheitswirtschaft ein. Darüber hinaus impliziert der Bedeutungsgewinn chronischer Krankheiten eine stärkere Mitverantwortungsrolle des Patienten, die einhergeht mit einer stärkeren Präferenzorientierung, so dass von einem „nachfrageorientierten" Gesundheitssystem gesprochen werden kann (vgl. Abb. 23).

Veränderung des Nachfrage-Angebotstableaus

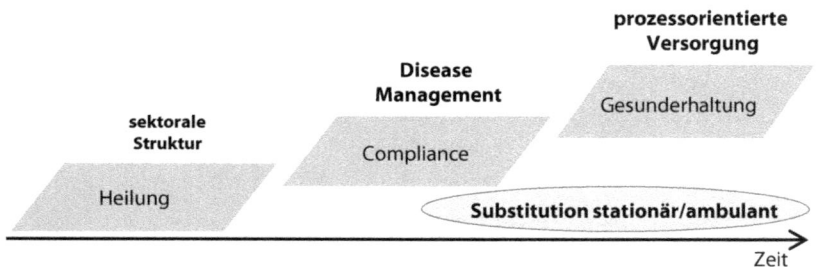

nachfrageorientiertes Gesundheitsversorgung als „Fokussierungstrend"

Abb. 23: Prozessorientierte Gesundheitsproduktion
Quelle: Eigene Darstellung

Insbesondere mit dem Einzug der **digitalen Technik** im Gesundheitswesen ist aber ein deutlicher Veränderungsprozess spürbar, der sowohl angebots- als auch nachfrageseitig wirkt. Somit geraten auch die immanenten Entwicklungsprozesse im Gesundheitsmarkt zu einer verstärkten Industrialisierung der Gesundheitsversorgung, was im Sinne einer Spezialisierungs- und Konzentrationsentwicklung der Gesundheitskapazitäten vorteilhaft sein kann, wenn die institutionellen Rahmenbedingungen die notwendigen Anpassungsflexibilitäten der Beteiligten zulassen. Die wertschöpfenden Aktivitäten innerhalb der Gesundheitsproduktion können mit drei Attributen im arbeitsteiligen Prozess beschrieben werden (vgl. dazu auch Abschnitt 2.2.). Einerseits gilt, dass medizinische Wertschöpfung sowohl **sequentiellen Prozesscharakter** einnimmt, da aufeinanderfolgende Prozessschritte relevant werden, als auch durch das Uno-actu-Prinzip eine **Gleichartigkeit der Prozessschritte** notwendig wird (vgl. etwa Stabell/Fjeldstad 1998, S. 413 ff.). Gerade bei chronischen Krankheiten im Prozessverlauf sind beide Prinzipien noch um den Aspekte **wiederkehrender Prozessschritte** zu ergänzen (vgl. auch Schneider 2013, S. 115 f.).

Die Medizinproduktion orientiert sich demnach an einer stärkeren **Gesundheitserhaltung** des Patienten im Gegensatz zur reinen Kuration. Darüber hinaus ist mit der Zunahme der technischen Möglichkeiten und in Kombination mit der bereits erwähnten zunehmenden Zahlungsbereitschaft für Gesundheitsleistungen der **Innovationsdruck** für alle Gesundheitssysteme gestiegen. Die gesundheitspolitische Herausforderung lautet daher vor allem, wie die Gesundheitssysteme in der Lage sind, mit der dieser Entwicklung zu Recht zu kommen.

Angenommen eine **Innovation** in die Struktur der medizinischen Leistungserstellung wird eingeführt (Prozessinnovation) und mit der Erwartung in der Zukunft die Kosten der Leistungserstellung zu reduzieren verknüpft, so kann aus Sicht der Leistungserbringer ein **Selektivvertrag** interessant sein, solange der Soll-Deckungsbeitrag größer oder gleich dem Ist-Deckungsbeitrag ist, den die Leistungserbringer ansetzen können. Dies kann beispielsweise vorliegen, wenn

- die Investition **Größenvorteile** erwarten lässt, die entweder fallende Durchschnittskosten mit höherer Fallzahl induziert (Economies of Scale) oder Kostenvorteile durch Verbundlösungen (Economies of Scope), d. h. die Leistungserstellung einer gegebenen Fallzahl ist durch einen Anbieter günstiger als durch zwei oder mehrere, zur Folge hat. Insbesondere gilt dies bei Zusammenfassung gleichartiger standardisierter Leistungskomplexe wie sie etwa im chirurgischen Kontext auftreten (vgl. etwa Lynk 1995) oder

- in Folge einer **Patientenselektion** die durchschnittlichen Kosten nicht vom durchschnittlich erwarteten Sollkostenwert abweichen (vgl. etwa Shelton Brown 2006).

Der Leistungserbringer wird somit ein Interesse an einer Kostensenkung bei gleichbleibendem Ertrag und/oder an einer Erhöhung der Vergütung bei gleicher Kostenstruktur haben.

Somit lässt sich festhalten, dass im Selektivvertrag das Interesse an Prozessinnovationen ceteris paribus höher sein dürfte als für Produktinnovationen, zumindest dann, wenn die Amortisationsperiode eher kurz ist. Wie beispielsweise *Rebscher* hinweist, ist bei vielen relevanten Versorgungsinhalten die **Preisreagibilität**, gemessen im Versicherungspreis, gering (vgl. Rebscher 2010, S. 40). Somit ist ein Zusammenhang zwischen Versorgungsangeboten und Prämie desto schwieriger, je mehr die Krankenversicherungsanbieter einheitliche und standardisierte Leistungen anbieten müssen (vgl. Breyer et. al. 2005, S. 516). Demnach wird durch die Einführung einer Krankenversicherung die Zahlungsbereitschaft für medizinische Leistungen erhöht und dies u. U. auch eine Verzerrung zugunsten der Produktinnovationen mit sich bringen.

Gesundheitsökonomisch lässt sich somit konstatieren, dass **Produktinnovationen** eher **nachfrageseitig** über den Moral-Hazard-Effekt und über angebotsinduzierte Nachfrage befördert werden. **Prozessinnovationen** sind dagegen im **Selektivvertrag** im Vorteil, wenn infolge fehlender Risikoteilungsmechanismen und insbesondere bei gegebenem Budget die Kostenminimierungsstrategien dominieren. Somit lässt sich bereits festhalten, dass Prozessinnovationen, d. h.

die Organisation der Leistungsdurchführung ein größeres Potenzial für die Umsetzung derartiger Kosteneffekte erhoffen lassen, als es beispielsweise Produktinnovationen sind. Die Diffusion einer Innovation ist daher unmittelbar mit der Steuerungslogik der Gesundheitsversorgung verknüpft und hängt insbesondere davon ab, wie die Risikoverteilung zwischen Kostenträger, Leistungserbringer und Patient ausgestaltet ist.

7.1.2 Die Problematik der Nutzenbewertung

Die Entwicklung des medizinisch-technischen Fortschritts macht die Auseinandersetzung mit einer Innovationsstrategie im Gesundheitswesen offensichtlich. Insofern stellt sich angesichts einer patienten- und präferenzorientierten Weiterentwicklung des Gesundheitswesens die Frage, sich das Geschehen auf den verschiedenen Teilmärkten an den **Präferenzen der Konsumenten** ausrichten kann. Die Anbieter von Gesundheitsleistungen werden stärker aktiv agieren müssen.

Grundlage einer stärkeren **Nachfrageorientierung** des Gesundheitswesens ist die Bewertung der **Notwendigkeit** und **Zweckmäßigkeit** von Leistungen bei zunehmender Knappheit der Ressourcen. Die Erfolgsbewertung von Gesundheitsleistungen innerhalb des Gesundheitswesens wird gegenwärtig von der Akutmedizin dominierend problematisiert. Vor allem die wachsenden chronischen Erkrankungen machen eine stärkere Berücksichtigung patientenbezogener Elemente der Krankheitsbilder notwendig. Das methodische Problem von Behandlungsergebnissen oder des „**Outcomes**" besteht in der Aggregation objektiver und subjektiver Indikatoren. Davon zu trennen ist jedoch die Bewertung eines derartigen Behandlungsergebnisses. Aus gesundheitspolitischer Perspektive ergeben sich nun zwei Fragestellungen:

Wenn der **Nutzen** für den Patienten nicht nachweisbar ist, beispielsweise über Methoden der Lebensqualitätsforschung, eine Wirksamkeit einer medizinischen Innovation aber vorhanden ist, so liegt grundsätzlich eine problematische Situation vor. Bei vielen Medikamenten beispielsweise, die schon länger eingeführt sind, würde eine nachträgliche Nutzenbewertung zu einer unethisch empfundenen Situation führen, wenn das Medikament vorab schon verabreicht wurde und nach Nutzenbewertung nicht mehr erstattet würde. Darüber hinaus muss auch berücksichtigt werden, dass die Nutzenkategorie selbst wieder höchst **subjektive Elemente** beinhaltet (beispielsweise Placeboeffekt) und so einer zentralen Bewertung mit Bezugnahme auf künftige Nutzenbewertungen nicht eindeutig zugeführt werden kann.

Wenn jedoch Nutzenaspekte für ein Arzneimittel konstatiert werden können, aber keine **Wirksamkeit** vorliegt bzw. eine Wirksamkeit mit bisherigen Verfahren nicht gemessen werden kann, stellt sich die Frage, ob eine Erstattung per se ausgeschlossen werden kann. Damit sind aber unmittelbar die Entscheidungsfindung und die Entscheidungszuordnung über den Nutzen von Arzneimitteln angesprochen, was sich von der ordnungspolitischen Gestaltung des Gesundheitswesens nicht trennen lässt.

Da letztendlich jede wirksame Maßnahme, d. h. auch jedes wirksame Medikament, nicht nur die erwünschten Wirkungen hat, ist es aus Sicht der Patienten rational, eine Analyse des Wertes der medizinischen Maßnahme mit den Kosten vorzunehmen (vgl. Porzsolt/Druckrey 1996, S. 9-22).

Die Problemstellung liegt nun darin, ob sich für die gesellschaftliche Ebene eine eindeutige Lösung der Nutzenbewertung zuordnen lässt. Da jedoch nicht für alle Indikationen eindeutige empirische Evidenz vorliegt und darüber hinaus nicht eindeutig Spontanverläufe oder Placeboeffekte bestimmt werden können, ist die Frage der Nutzenbewertung unmittelbar mit der Zuordnung der Nutzenbewertung verknüpft: Wer entscheidet nach welchen Kriterien was für die Gesellschaft (die GKV) ein nutzbringendes Diagnose- oder ein nutzbringendes Therapieverfahren ist?

Ein gängiger Ansatzpunkt der **Nutzenbewertung** liegt in der Messung der **Lebensqualität**. Soll die Lebensqualität als Outcomeparameter für den Nutzen des Patienten stehen, so muss neben der **Messbarkeit** auch noch die **Vergleichbarkeit** der Ergebnisse sichergestellt worden sein. So lassen sich folgende Ansatzpunkte unterscheiden (vgl. grundsätzlich dazu Wörz/Perleth et al. 2002):

Die reine Messung von Lebensqualität kann im ökonomischen Kontext nicht überzeugen. Vielmehr muss die Lebensqualität als Surrogat für ein Hauptzielkriterium „Nutzen" als rationales Entscheidungsproblem zwischen verschiedenen medizinischen Leistungen bzw. zwischen verschiedenen Arzneimitteln dienen.

Ein Entscheidungstableau medizinischer Maßnahmen bzw. entsprechender Arzneimittel ließe sich grundsätzlich wie folgt skizzieren:

	Alternative I	Alternative II	Alternative III
Verlängert Leben oder erhöht Lebensqualität	nachgewiesen	nicht nachgewiesen	nicht nachgewiesen
lindert bestehende Symptome oder verhindert drohende Krankheiten	nachgewiesen	nachgewiesen	nicht nachgewiesen
Aussage zum gesellschaftlichen Nutzen möglich/Kostenerstattung sinnvoll	ja	unter Einschränkung	nein

Tab. 6: Nutzenperspektiven und gesellschaftliche Bewertung
Quelle: Eigene Darstellung in Anlehnung an Porzsolt/Duckrey 1996

Eine **Nutzenbewertung** durch eine zentrale institutionelle Lösung muss sich der Frage stellen, nach welchen **Kriterien** eine einheitlich geltende Nutzen- und auch Kostenbewertung vorgenommen werden soll. Bei der Festlegung der Prüfmerkmale ist darauf hinzuweisen, dass in der internationalen Qualitätsforschung damit in erster Linie „**clinical performance**" gemeint ist. Jedoch ist eine theoretisch schnelle Erreichbarkeit und Machbarkeit einzelner klinischer Messgrößen nicht einfach auf das Gesamtsystem zu übertragen (vgl. Geraedts/Selbmann/Ollenschläger 2002). Dieser Einwand kann auch auf eine zentrale Nutzenbewertung übertragen werden.

Einerseits kann der Effekt eintreten, dass nur die gemessenen Aspekte der Versorgung bei der offiziellen Betrachtung beachtet werden und unter Umständen weitergehende Aspekte, insbesondere im Hinblick auf subjektive Aspekte der **Lebensqualität** bei vielen chronischen Erkrankungen unberücksichtigt bleiben. Andererseits ist es nicht auszuschließen, dass diagnostische oder therapeutische Maßnahmen voreilig ausgeschlossen werden, obwohl der methodische Standard der Qualitätsbeurteilung fälschlicherweise auf ein zumindest nicht besseres Ergebnis als eine vergleichbare Therapie hingewiesen hat. Besonders problematisch ist in diesem Zusammenhang die Tatsache, dass in **Evaluationsstudien** objektivierbare, also zählbare, messbare Größen immer ein stärkeres Gewicht haben werden als nichtmessbare und nicht zählbare, d. h. intangible Größen. Das bedeutet aber auch eine systematische Minderschätzung „weicher" Aspekte.

Positive und negative Wirkungen einer Diagnose und Therapie sind oft nur im Zeitraum von Jahren feststellbar. Dabei ist zu berücksichtigen, dass auch eine leitliniengestützte Pharmakotherapie von der Mitwirkung des Patienten abhängig ist. Bei chronischen Erkrankungen gibt es häufig nicht die ursächlich wirkenden Arzneimittel, aber durchaus unterschiedliche Paradigmen der Patientenversorgung, die insbesondere die Phänomene der Compliance oder auch des Placeboeffekts berücksichtigen.

Die **Beurteilung des Nutzens** eines Arzneimittels durch ein Expertengremium hat neben der erwähnten Subjektivität des Nutzens noch die Problematik der daraus resultierenden Problematik der Grenzziehung zwischen noch nutzbringenden oder nicht mehr nutzbringenden Arzneimittel. Hier lassen sich trotz der Forderung der **evidenzbasierten Medizin** normative Werturteile der Beurteilenden nicht ausblenden.

Die Beurteilung der Wirksamkeit und des klinischen Nutzens eines Arzneimittels ist demzufolge nicht ohne weiteres möglich (vgl. Langheim/Kern/Beske 1999). Es wäre eine entsprechende **Versorgungsforschung** notwendig, die aber gegenwärtig nur sehr rudimentär vorhanden ist. Vor diesem Hintergrund stellt sich die ordnungspolitische Frage, ob eine **zentrale Nutzenbewertung** in Anbetracht der eingeschränkten Zielkonformität ein verhältnismäßiges Instrument in Hinblick auf die ordnungspolitischen Konsequenzen einer derartigen Regulierung ist.

Wenn es jedoch infolge unterschiedlicher Paradigmen zur Nutzenbewertung von Arzneimitteln im Speziellen und medizinischen Innovationen im Allgemeinen keine eindeutige wissenschaftliche Festlegung eines Nutzenprofils gibt, ohne die Gefahr ausschließen zu können, alternative Heilverfahren zu diskriminieren, bleibt letztlich nur die marktwirtschaftliche Lösung des Wettbewerbs als **Such- und Entdeckungsverfahren**. Folglich ist damit die Nutzenbewertung ein Element des Versorgungsprozesses zwischen Arzt und Patient.

In einem marktwirtschaftlich ausgerichteten Gesundheitssystem ist es zunächst sinnvoll, die Nutzenbewertung und damit verbunden die Erstattungsfähigkeit auf der **Mikroebene** zwischen Leistungserbringer, Arzt und Kostenträger anzusiedeln, wohingegen über die Zulassung von Arzneimitteln beispielsweise bezüglich Unbedenklichkeit und Wirksamkeit weiterhin der Gesetzgeber entscheiden müsste. Es müssen im Rahmen der Patientenbetreuung Anreize für die Leistungserbringer vorhanden sein, ihre Patienten mit möglichst geringem Mitteleinsatz zu kurieren und sie gesund zu halten (vgl. Oberender 2000, S. 273 ff.). Gleichwohl bleibt die Problematik bestehen, wie im Kontext einer Regelleistungsversprechens das standardisierte Qualitätsniveau (Q in Abb. 21) fortentwickelt werden kann. Die Dominanz standardisierter Verfahren einer gesundheitsökonomischen Bewertung von Nutzen (vgl. etwa Ulrich/Maier 2015) sind in diesem Zusammenhang mit den Möglichkeiten einer dezentralen Wettbewerbslösung zu kombinieren. Erfolgsversprechende Lösungsansätze können in diesem Zusammenhang integrierte Versorgungssysteme bilden, in der die Behandlung eines Patienten mit einer vorher ausgehandelten Komplexpauschale vergütet wird, die für alle in Anspruch genommenen Leistungen gilt. Welche medizinische Innovation dann als nutzbringend angesehen werden, bleibt der Entscheidung im **Arzt-Patienten-Verhältnis** zugeordnet.

7.2   Sozioökonomie der Gesundheitswirtschaft

Unabhängig von der Diskussion wie viel Marktsteuerungselemente im Gesundheitswesen langfristig umgesetzt werden sollen, lässt sich bereits festhalten, dass die **volkswirtschaftliche** Bedeutung des Gesundheitswesens in den letzten Jahren an Bedeutung gewonnen hat. Einen guten Eindruck von der gegenwärtigen Bedeutung des Gesundheitsmarktes und den herrschenden Angebotsstrukturen vermitteln in diesem bedeutenden Sektor unserer Volkswirtschaft die Anzahl der Beschäftigten und auch der Anteil der Gesundheitsausgaben am Bruttoinlandsprodukt. Der Anteil dieses Bereichs am Bruttoinlandsprodukt lag 2013 in Deutschland bei 11,0% (vgl. Abb. 24).

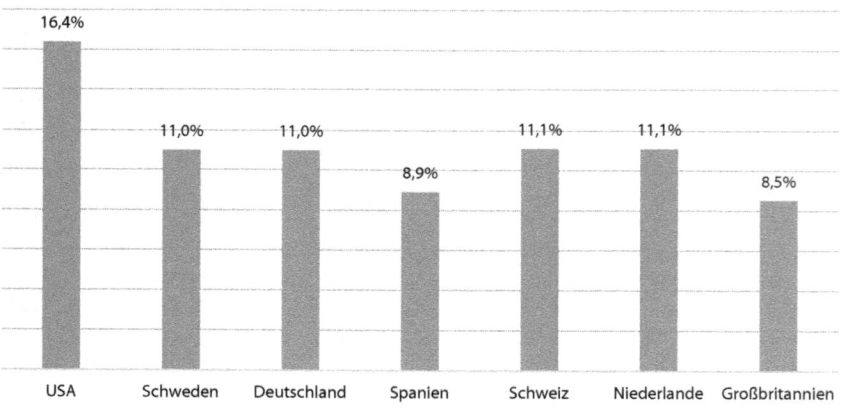

Abb. 24: Anteil der Gesundheitsausgaben am BIP 2013
Quelle: Eigene Darstellung nach OECD (2015)

Wie bereits festgehalten, liegt der Beschäftigungsanteil im Gesundheitswesen innerhalb der Europäischen Union bei ungefähr 11 % der Beschäftigten (vgl. Schulz 2015). Es erscheint deshalb zweckmäßig, von der **Gesundheitswirtschaft** zu sprechen.

Der Bedeutungszuwachs der Gesundheitswirtschaft ist ohne die Veränderungen der grundlegenden Rahmenbedingungen nicht abzubilden. Die öffentliche Diskussion ist aber hauptsächlich durch die Begriffe **Kostenexplosion** und **Beitragssatzstabilität** geprägt. Trotz einer kontinuierlichen Anhebung der Beitragssätze und der Beitragsbemessungsgrenzen werden immer mehr Mittel notwendig, um die Ausgaben der Sozialversicherungssysteme, speziell der GKV, zu finanzieren.

Dabei ist dieses Ausgabenwachstum durchaus ambivalent zu betrachten. Eine Veränderung der Ausgabenanteile für bestimmte Güter und Dienstleistungen ist innerhalb einer Volkswirtschaft zunächst Ausdruck eines normalen Strukturwandels. Güter mit einer hohen Einkommenselastizität erlangen dabei eine zunehmende Bedeutung (vgl. dazu u. a. Oberender/Fibelkorn 1997, S. 15 f.; zum Ansatz der Einkommenselastizität vgl. Fehl/Oberender 2004, S. 334).

Das Problem der **Kostenfalle** im Gesundheitswesen entsteht erst durch die Koppelung der Beiträge an die Lohnkosten, was unter Berücksichtigung einer gering steigenden Produktivität die negativen Auswirkungen auf die Wettbewerbsfähigkeit mit sich bringt. Der Gesundheitsmarkt im Status quo lässt sich anhand einer „Zwiebel" gut charakterisieren (vgl. Abb. 25). Während der „GKV-Markt", der gegenwärtig über 50 % des Gesamtmarktes ausmacht, mit einem de facto Nullwachstum auskommen muss, lassen sich für den Markt der Zuwahlleistungen oder im freien Gesundheitsmarkt, bei entsprechend weiter Interpretation des Gesundheitsbegriffes, deutliche Steigerungsraten konstatieren.[65] An dieser Stelle wird insbesondere die Bedeutung des demographischen Prozesses in Kombination mit dem medizinisch-technischen Fortschritt deutlich. Dieser sorgt für ein Nachfragepotenzial, das in den nächsten Jahren deutlich ansteigen wird, d. h. die äußere „Zwiebel" wächst im Grundsatz überproportional.

---

[65] Die Entwicklung im Bereich Wellness oder Anti-aging kann hier Pate stehen.

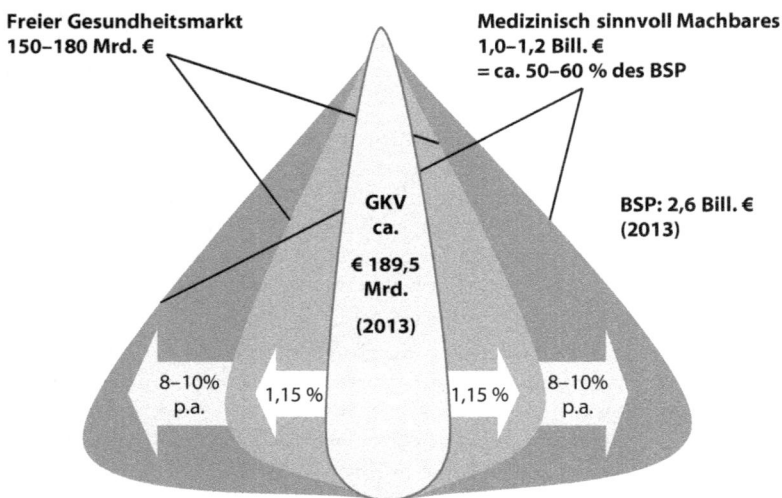

Abb. 25: „Wachstumsmarkt" Gesundheit in Deutschland 2013
Quelle: Eigene Darstellung auf Grundlage des Statistischen Bundesamtes,
gbe-Bund

Das Gesundheitswesen ist in diesem Zusammenhang einem **doppelten Anpassungsdruck** ausgesetzt: Einerseits deuten alle sozioökonomischen Faktoren auf eine wachsende Nachfrage nach Gesundheitsdienstleistungen hin, auf der anderen Seite behindern strukturelle Probleme eine tragfähige Weiterentwicklung des Gesundheitswesens. Dies hat aber wiederum unmittelbare Rückwirkungen auf die Anforderungen, denen Entscheider im Gesundheitswesen ausgesetzt sind.

7.3   Nachfrageentwicklung

Bei einer genaueren Betrachtung der Nachfragepotenziale wird deutlich, dass vor allem der Gesundheitsbereich von den Herausforderungen der **demographischen Entwicklung** und des **medizin-technischen Fortschritts** profitieren kann.

Diese Entwicklung wird erhebliche Einflüsse auf die Entwicklung der Krankenversicherung haben. Mit zunehmender Lebenserwartung ist mit einem Anstieg der Leistungsausgaben zu rechnen, unabhängig davon, ob nun die Aussagen der Medikalisierungs- oder Morbiditätskompressionsthese gelten.

Mit dem medizinisch-technischen Fortschritt ist zugleich auch das Wissen breiter Bevölkerungsschichten über Krankheiten und gesundheitsbewusste Faktoren angestiegen. Auch diese Entwicklung kann nachfragesteigernd wirken.

Innerhalb der Bevölkerung werden die **Gruppe der Senioren** zukünftig an Bedeutung gewinnen. Dabei entfaltet zum einen die quantitative Dimension Relevanz, wie sie sich in der Entwicklung des Altenquotienten und dem Anstieg der durchschnittlichen Lebenserwartung abgezeichnet hat. Mit der steigenden Krankheitsanfälligkeit im Alter verbindet sich ein zunehmender Bedarf an Gesundheitsleistungen, vor allem im Bereich der stationären Versorgung und der Pflege.

Mit dieser demographisch induzierten Nachfrageausweitung geht zum anderen ein qualitativer Wandel der Nachfragestruktur einher, welcher nicht nur einen steigenden Qualitätsanspruch an die „klassischen" Gesundheits- und Pflegeleistungen mit sich bringt und zudem durch die Kaufkraft der Senioren alimentiert wird. Ein **Wertewandel** in Form, Aktivität und Vitalität auch im Alter zu erhalten, eröffnet weiter ein Marktsegment für alle diejenigen Produkte und Leistungen, welche über die „klassische" Erhaltung und Wiederherstellung der Gesundheit hinaus die Steigerung der individuellen Lebensqualität zum Ziel haben. Hier liegen besondere Chancen für Wellnesseinrichtungen, Bäder, Kurorte und die Tourismusbranche. Um Aussagen über die künftige Entwicklung auf der Angebotsseite des Gesundheitsmarktes machen zu können, ist zunächst eine Analyse des vermutlichen Nachfragepotenzials erforderlich.

Das **Nachfragepotenzial** setzt sich im Wesentlichen aus drei Gruppen von Kostenträgern zusammen:

Werden Leistungen bezogen, die dem Regelleistungskatalog der GKV angehören, übernimmt die GKV die Rolle des Kostenträgers.

Als weitere Ausgabenträger kommen Versicherungen in Betracht, bei denen der Patient eine Versicherung für Leistungen abgeschlossen hat, die nicht im Katalog der GKV-Regelversorgung enthalten sind.

Die Ausgaben für Gesundheitsleistungen, für die der Patient keine Versicherung abgeschlossen hat, hat er folglich selbst zu tragen.

Neben diesen drei Bereichen mit besonderer Bedeutung für die Finanzierung der Nachfrage nach Gesundheitsleistungen werden gegenwärtig die Ausgaben im Gesundheitswesen noch von anderen Kostenträgern mit bestritten. Vor allem die Arbeitgeber im Rahmen der Entgeltfortzahlung im Krankheitsfall, aber auch weitere Zweige der Sozialversicherung, z. B. Renten- und Unfallversicherung, treten als Finanziers von Gesundheitsleistungen auf. Bedeutende Träger von Gesundheitsausgaben sind bisher auch die öffentlichen Haushalte. Im Zuge der künftigen Umstrukturierungen des Gesundheitswesens wird es vermutlich zu einer stärker verursachungsgerechten Zuordnung von Kosten auf die Kostenträger kommen.

Zusammengefasst lässt sich schätzen, dass in den nächsten Dekaden der Ausgabentrend und damit die Marktentwicklung überproportional ansteigen werden. Schätzungen der Marktentwicklung gehen von einem Wachstumsschub im Gesundheitswesen auf insgesamt ca. 520 Mrd. € im Jahr 2020 aus. Hauptsächlicher Treiber dieser Entwicklung wird der medizinisch-technische Fortschritt sein (vgl. Abb. 26).

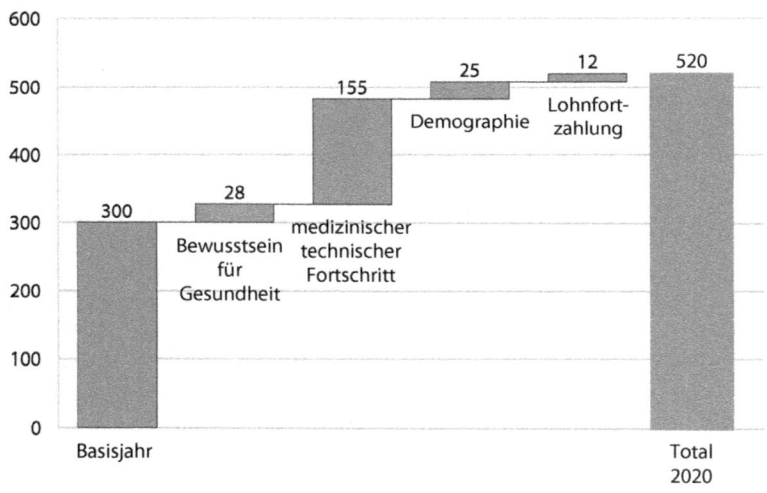

Abb. 26: Prognose der Marktentwicklung der Gesundheitsausgaben in Deutschland bis 2020
Quelle: Eigene Fortschreibung auf Grundlage von Kartte et. al. 2005.

Was sich künftig ändern wird, ist die relative Bedeutung der einzelnen Kostenträger. Durch eine wachsende Diskussion um Umfang und Inhalt der Regelversorgung im Bereich der GKV wird es zu einer Aufwertung des selbstbestimmten Zusatzversicherungsschutzes kommen. So ist es möglich, dass bestimmte Risiken gar nicht versichert werden, z. B. kann der Versicherte nur eine Police über ein bestimmtes Sortiment von Arzneimitteln abschließen.

Über den Umfang, in dem die Bürger bereit sein werden, auf einen die Regelversorgung ergänzenden Versicherungsschutz zu verzichten und damit Risiken aus dieser Ebene in den Bereich der Selbstzahlung zu verlagern, sind gegenwärtig zuverlässige Aussagen zwar nicht möglich, wohl aber vorsichtige Prognosen über die Entwicklung des Gesundheitsbewusstseins der Bevölkerung und über die Kaufkraft bestimmter Bevölkerungsschichten.

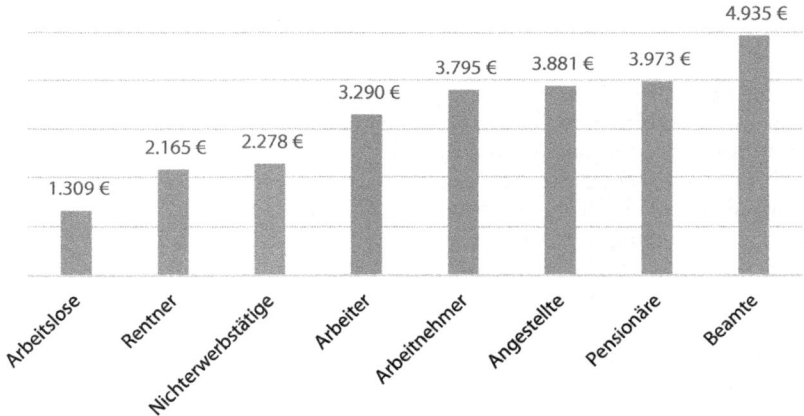

Abb. 27: Durchschnittliches monatliches Haushaltsnettoeinkommen nach sozialer Stellung 2012
Quelle: Statistisches Bundesamt 2015[66]

Die erforderliche **Kaufkraft** ist vorhanden. Die Gleichsetzung der Begriffe „Alter" und „Armut" verliert immer stärker an Realitätsbezug, wenn auch von einer vollständigen Entkoppelung, insbesondere vor dem Hintergrund der bislang ungeklärten Pflegeabsicherung, noch keine Rede sein kann. Oft tragen zusätzliche Einnahmequellen wesentlich zu einer Aufbesserung der gesetzlichen Rentenzahlungen bei. Wie Abb. 27 zeigt, überstieg das verfügbare Einkommen

---

[66] Es liegt eine Darstellung des "Nettoäquivalenzeinkommens" vor.

der Pensionärshaushalte das durchschnittliche Einkommen aller Privathaushalte deutlich. Das verfügbare Einkommen der Rentnerhaushalte liegt ebenfalls nahe am durchschnittlichen Einkommen.

Zusammenfassend kann festgehalten werden, dass sich aufgrund der vielfältigen **Gestaltungsmöglichkeiten** im Bereich außerhalb der gesetzlich vorgeschriebenen Regelversorgung die individuellen Präferenzen weitaus stärker durchsetzen können als bisher. Vor allem aber bietet der mit der Reduzierung des Regelversorgungsbereichs verbundene partielle Rückzug des Staates für die Leistungsanbieter auf dem Markt für Gesundheit einen größeren Schutz vor willkürlichen und überhasteten staatlichen Eingriffen in das Gesundheitswesen, die bisher längerfristige Planungen unmöglich machten.

7.4   Die Konsequenzen für die Leistungserstellung

Im ökonomischen Kontext ist damit impliziert, Kostenvorteile durch einen gemeinsam **effizienteren Leistungserstellungsprozess** aufgrund verbesserter **Leistungs- und Organisationsprozesse** zu realisieren (vgl. Dullinger 1996, S. 49). Aus der Analyse des Behandlungsprozesses lässt sich ableiten, dass das Krankenhaus in der Regel als Komplettanbieter auftritt. Die ambulant tätigen Ärzte können hingegen nur Teilleistungen wie prä-, post- und teilstationäre Leistungen erbringen. Der Zugriff auf andere Kernkompetenzen und die damit verbundene Konzentration auf die eigene Kernkompetenz werden einen Balanceakt zwischen Optimierung der eigenen Betriebsgröße und „Verschlankung" der Prozessabläufe darstellen (vgl. Merschbächer 2000, S. 142).

Mit einer Veränderung der Betriebsgrößen ist zwangsläufig eine Neuaufteilung der medizinischen Aufgaben verbunden.[67] Dies führt zu einer **Verringerung der Programmtiefe** auf stationärer Ebene. So könnten z. B. alle nicht invasiven Fächer, die so genannten konservativen Disziplinen, so weit wie möglich in ein Medizinisches Versorgungszentrum (MVZ) verlagert werden. Operativ tätige Fächer wie Gynäkologie, Orthopädie und Chirurgie sollten hinsichtlich ihrer Funktion im Geschäftsfeld des Krankenhauses analysiert werden. Soweit sie nicht zum Kerngeschäft gehören, ist eine Verlagerung in Erwägung zu ziehen. So können Behandlungen instabiler Krankheitszustände, die nicht zwingend Verpflegung und Übernachtung bedürfen (z. B. längerdauernde Einstellung von Diabetikern, komplizierte Herzrhythmusstörungen), aber auch bestimmte endo-

---

[67] Zu Problemen und Aspekten des Outsourcings im medizinischen Bereich siehe Zuck 2000, S. 164 ff.

skopische Untersuchungen, die als vorstationäre Untersuchung benötigt werden, im MVZ ambulant vorgenommen werden.[68]

Neben der organisatorischen **Weiter- und Fortentwicklung** müssen die komplementären Leistungsbereiche betrachtet werden. Im Rahmen der Arzneimitteltherapie haben bereits die bisherigen Regelungen der verschiedenen **Kostendämpfungsgesetze** zu einem gravierenden Einstellungswandel bei allen Betroffenen geführt. Gerade durch die Änderungen des GMG und auch im GKV-WSG sind weite Teile des Arzneimittelsortiments aus der Erstattungsfähigkeit herausgenommen worden. Die Zulassung von Versandapotheken erhöht zusätzlich den Wettbewerbsdruck auf die traditionelle Offizin-Apotheke. Aus dieser für viele Marktteilnehmer auf allen Stufen (Hersteller, Großhandel, Apotheker) bedrohlichen Entwicklung können nur offensive Konzepte und keineswegs ein Verharren in festgefahrenen Positionen helfen. Es gilt für die Arzneimittelhersteller und Apotheker, den Bereich der Selbstmedikation ernst zu nehmen und im Rahmen der eigenen Sortimentsplanung entsprechend zu fördern und ökonomisch zu nutzen.

7.5 Die veränderte Bedeutung der Eigenverantwortung und Prävention

Sozioepidemiologische Studien zeigen, dass der formal gleiche Zugang zur Gesundheitsversorgung nicht zu einer Aufhebung der Ungleichheit der Menschen vor Krankheit und Tod führt.[69] Vielmehr lassen sich schichten- und umweltspezifische Unterschiede des Gesundheitszustandes feststellen. Daraus leiten sich zwei präventive Zielsetzungen ab: **Verhaltens-** und **Verhältnisprävention**.

Die Verhaltensprävention will die Vermeidung von gesundheitsgefährdendem Verhalten erzielen (z. B. Rauchen, Essgewohnheiten, Vernachlässigung der Zahnpflege). Die Verhältnisprävention dagegen befasst sich mit technischen, organisatorischen und sozialen Bedingungen des gesellschaftlichen Umfeldes und der Umwelt sowie deren Auswirkung auf die Entstehung von Krankheiten (z. B. Auswirkungen von Stress).

---

[68] Vgl. Kersting 1995, S. 49. Bestimmte endoskopische Untersuchungen befinden sich bereits im ambulanten Leistungskatalog.

[69] Vgl. dazu schon Deutscher Bundestag, Referat Öffentlichkeitsarbeit (Hrsg.) (1990), S. 54 f.

Das **Risikofaktorenmodell** lenkt den Blick auf die verhaltensbedingten Krankheitsrisiken, indem die Identifikation jener medizinischen Faktoren, bei deren Existenz die Entstehung einer spezifischen Krankheit an Wahrscheinlichkeit zunimmt, im Mittelpunkt steht. Den Trägern dieser Risikofaktoren werden dann zielspezifische Maßnahmen zur Verhinderung von Krankheiten angeboten.

Je nach Stadium einer Krankheit wird zwischen primärer, sekundärer und tertiärer Prävention unterschieden.

Unter primärer Prävention wird die Ausschaltung schädlicher Faktoren noch vor Wirksamwerden verstanden, unter sekundärer Prävention die Aufdeckung und Therapie von Krankheiten im möglichst frühen Stadium und unter tertiärer Prävention der Versuch, nach Aufdeckung einer Erkrankung deren Verschlimmerung sowie Komplikationen zu verhindern.

Die Problematik einer solchen Differenzierung liegt in der Abgrenzung der einzelnen Phasen. So ist es möglich, dass zur Therapie einer Krankheit Maßnahmen der sekundären Prävention getroffen werden, die gleichzeitig als Maßnahme zur Verhinderung des Ausbruchs einer anderen Krankheit (primäre Prävention) dienen. Weiter besteht kein monokausaler Zusammenhang zwischen dem Vorliegen von Risikoindikatoren und -faktoren bei einem Individuum und dem Ausbruch der Krankheit.

Aus beiden Ansätzen wird die Forderung nach **Prophylaxe** und **gesundheitserziehenden Maßnahmen** abgeleitet. Es stellt sich nun die Frage, inwieweit Prävention eine Aufgabe der GKV darstellen soll, bevor dann eine ökonomische Analyse der Prävention erfolgt.

Das öffentliche Interesse an Präventionsprogrammen wird aus der ethischen Norm, Gesundheit sei das höchste Gut und daher mit allen Mitteln zu schützen, abgeleitet. Diese These kann jedoch nur dann uneingeschränkt gelten, wenn Gesundheit eindeutig definierbar wäre und einen absolut erstrebenswerten Zustand darstellte. Diese Annahme kann in einer freiheitlichen Gesellschaft jedoch nicht als allgemeinverbindlich festgestellt werden. Gesundheit wird von den Individuen subjektiv unterschiedlich empfunden, ihr Beitrag zu individuellem Lebensglück und individueller Lebensqualität wird höchst subjektiv eingeschätzt.

Die Subjektivität individueller Wertordnungen ist im Rahmen einer Bewertung von Präventionsprogrammen unbedingt zu berücksichtigen. Präventive Maßnahmen, die auf Verhaltensänderungen abzielen, stellen für das Individuum je nach Ausgestaltung mehr oder minder starke Eingriffe in die persönliche Lebensführung und Lebensqualität und damit in die persönliche Freiheit dar. Da in einer sozialen Marktwirtschaft jedoch der einzelne in einem gewissen Umfang einen Anspruch auf Hilfe in Notsituationen besitzt, die auch durch eine Krankheit ausgelöst werden könnten, hat die Gesellschaft das Recht, dem einzelnen eine Pflicht zur Duldung präventiver Eingriffe aus übergeordneten Gründen aufzuerlegen (z. B. Impfungen).

Prävention besitzt somit einen **ambivalenten Charakter.**[70] Präventive Maßnahmen sind sowohl ein **öffentliches** als auch ein **privates Gut**. Prävention zielt zum einen als privates Gut auf die Verbesserung des Gesundheitszustandes des einzelnen Gesellschaftsmitglieds ab. Durch die Vermeidung von Krankheit und vorzeitigem Tod ergeben sich positive Effekte für die Arbeitsfähigkeit und die Einkommenserzielung und somit für das individuelle Glück. Zum anderen trägt Prävention auch zur Verbesserung der Volksgesundheit und damit zu einer Erhöhung des Humankapitals bei. Dies wiederum führt zu einer Zunahme der Wertschöpfung und somit zu einer Erhöhung der Wohlfahrt in einer Volkswirtschaft.

Die ökonomische Bewertung setzt an den Kriterien Effektivität und Effizienz an. Präventive Maßnahmen genügen dem Kriterium der Effektivität, wenn die Maßnahmen die **Eintrittswahrscheinlichkeit** von Krankheiten reduzieren. Effizienzüberlegungen versuchen, das grundsätzliche Spannungsverhältnis zwischen knappen Ressourcen und medizinischen Möglichkeiten aufzulösen. Hierbei stellen Kosten-Nutzen-Analysen und Kosten-Wirksamkeits-Analysen das geeignete Instrumentarium dar.

Somit kann Prävention als Aufgabe der GKV nur den Bereichen zufallen,

- in denen **Ursache-Wirkungs-Zusammenhänge** identifiziert worden sind und

- eine **Bewertung der Kosten-Nutzen-Potenziale** positive Ergebnisse für die Solidargemeinschaft aufweist.

Präventionsprogramme können durch die Implementation von Anreizen innerhalb des GKV-Systems, die gesundheitsbewusste Verhaltensweisen belohnen, wirksam unterstützt werden. Alle weiteren Maßnahmen, wie beispielsweise die **Gesundheitserziehung**, sind Aufgaben der Gesellschaft und durch allgemeine Steuern zu finanzieren. Jedoch sind auch hier Kosten-Nutzen-Analysen durchzuführen, um nur jene Präventionsprogramme auf den Weg zu bringen, die den Gesundheitsstatus der Bevölkerung effektiv und effizient fördern.

Die **Grenzen der Prävention** liegen dort, wo Ursache-Wirkungs-Zusammenhänge bisher noch nicht ausreichend identifiziert worden sind. Morbidität und Mortalität hängen von einer Vielzahl von Faktoren ab. Dies hat zur Folge, dass

---

[70] Vgl. zu dieser Problematik bereits Schäfer (1990). Einen Überblick über die ökonomischen Aspekte der Prävention leistet Kenkel (2000), S. 1675 ff.

in vielen Bereichen keine eindeutige Zuordnung von präventiven Maßnahmen, individuellen Verhaltensveränderungen und deren Einfluss auf die Gesundheitsindikatoren möglich ist. Daneben stoßen in einer freiheitlichen Gesellschaft Präventionsprogramme dort an Grenzen, wo sie zur Bevormundung von Individuen führen. Lebensweltbezogene Prävention kann nur mit, nie gegen die betroffenen Menschen erfolgen.

Die Einführung präventiver Maßnahmen wird immer wieder in Zusammenhang mit einer dadurch erzielten Entlastung auf der Ausgabenseite der GKV gebracht. Dieser Zusammenhang mag in Einzelfällen wohl zutreffen, verallgemeinert werden darf er aber nicht. Zum einen besteht kein eindeutiger Zusammenhang zwischen dem Vorliegen von Risikofaktoren und dem Ausbruch einer Krankheit. Risikofaktoren induzieren lediglich eine erhöhte Krankheitswahrscheinlichkeit. Zum anderen kann eine Prävention Krankheit und Tod nicht verhindern, sondern bestenfalls nur verzögern. Durch die Vermeidung einer spezifischen Krankheit kann das spätere Auftreten anderer, trotz Prävention eingetretener und oftmals teurer Krankheiten in der Regel nicht verhindert werden. Es lassen sich sogar makabre Berechnungen anstellen, wonach es für die Krankenkassen durchaus günstiger sein kann, auf eine zu erwartende Lebenszeitverlängerung ihrer Mitglieder durch Prävention zu verzichten, da gerade die gewonnenen Lebensjahre Krankheiten mit oft höheren Kosten für die Krankenkasse mit sich bringen. Für die Gesellschaft als Ganzes mag der Wert der gewonnenen Lebensjahre ganz anders aussehen. Die Betrachtung macht aber deutlich, dass **Präventionsprogramme** einer differenzierteren Betrachtung bedürfen, um zu einer eindeutigen Prognose von Vor- und Nachteilen zu gelangen (vgl. Krämer 1989).

Die mögliche Entwicklung dieses stark wachsenden Teilmarktes soll anhand ausgewählter, charakteristischer Positionen vorgestellt werden.

Die gesundheitliche Aufklärung, zu der die Gesundheitserziehung in den Kindergärten und Schulen ebenso gehört wie die Arbeit von Gesundheitsämtern, Aufklärungskampagnen in den Medien (Anti-Aidskampagnen) und Produktgestaltungsvorschriften (Aufdruck auf Zigarettenschachteln), wird gegenwärtig vor allem durch staatliche Institutionen ausgeübt. Auch in Zukunft ist hier mit einer starken Betätigung des Staates zu rechnen.

Daneben werden aber zukünftig immer stärker private Medien Aufgaben der Aufklärung übernehmen, da der Bedarf nach Informationen über die Zusammenhänge von individuellen Lebensgewohnheiten und Krankheitserscheinungen weiter zunehmen wird. Das Vordringen der Stiftung Warentest auf dem Gebiet der Informationsvermittlung im Bereich der individuellen Gesundheitsvorsorge belegt dies eindrucksvoll. Ausgehend vom reinen Produkttest, werden verstärkt auch medizinische Verfahren und Behandlungsmethoden vorgestellt und analysiert. Dies lässt zum einen auf die Unzulänglichkeit der staatlichen Informationspolitik im Bereich des Gesundheitswesens und zum anderen auf eine immer stärkere Differenzierung von Lebensstilen und Einstellungen (Ökowelle, Lightwelle) schließen. Dieser Entwicklung können einheitliche staatliche Informationsprodukte immer weniger gerecht werden.

Eine Stärkung der Eigenverantwortung kann dazu beitragen, den staatlichen Handlungsbedarf zu reduzieren. Die Einführung einer hohen **Selbstbeteiligung** bei Schadensfällen, die in hohem Maße auf eigenes Verschulden des Patienten zurückzuführen sind, stärkt das Eigeninteresse an einer Vermeidung des Schadensfalls und den Anreiz, Informationen über Vermeidungsmöglichkeiten zu gewinnen und auch umzusetzen.

Aber auch die Krankenkassen werden weiterhin gesundheitsbezogene Aufklärungsaktionen initiieren. Aufgrund finanzieller Engpässe sowie eines sich vermutlich verschärfenden Krankenkassenwettbewerbs werden Aktionen zielgruppenspezifischer und risikospezifischer ausgerichtet sein als bisher und häufiger unter Beachtung von Kosten-Nutzen-Überlegungen konzipiert und durchgeführt als in der Vergangenheit.

7.6   Pflege

Mit **Pflegebedürftigkeit** wird ein Zustand beschrieben, in dem der Betroffene existentiell auf die mehr oder weniger ständige persönliche Hilfe anderer Menschen angewiesen ist, da er die alltäglichen Verrichtungen (z. B. Aufstehen, Essen und Trinken, An- und Auskleiden, Körperpflege, häusliche Versorgung, Fortbewegung) nicht mehr alleine bewältigen kann.

Dabei gilt es, die Faktoren, die Pflegebedürftigkeit besonders befördern, zu isolieren. Ansatzpunkte hierfür lassen sich aus der internationalen Literatur ableiten. Beispielsweise kennzeichnen Balia et. al. (2013) in einer vergleichenden Betrachtung über die Pflegesituation im ausgesuchten europäischen Kontext erklärende Faktoren für Pflegebedürftigkeit und -inanspruchnahme. Als erklärende Faktoren für die Wahrscheinlichkeit, (Langzeit-)Pflege zu bedürfen und in Anspruch zu nehmen, gelten:

- Einschränkung der körperlichen Funktionsfähigkeit (Disability)
- Nähe zum Tod
  Wobei dies in der Literatur nicht eindeutig definiert wird. So bezweifeln beispielsweise De Meijer et. al. (2011) die erklärende Prognosekraft des Maßes „Nähe zum Tod". Sie vermuten eine Erklärung, die bereits durch die Kategorie Alter bereits mit abgedeckt ist. US-amerikanische Daten zeigen mit größe-

rer Nähe zum Tod eine höhere Wahrscheinlichkeit Pflege in Anspruch zu nehmen, jedoch beziehen sich diese Untersuchungen auf professionelle, formale Pflege. Sobald informelle Pflege betrachtet wird, reduziert sich die Erklärungskraft der Kategorie „Nähe zum Tod" (vgl. dazu auch Weaver et. al. 2009).

- Alter
- Mobilitätsfähigkeit
- Potenzial unterstützender Hilfen, insbesondere durch informelle Pflege

Bis 2050 gehen Schätzungen davon aus, dass der Anteil der Pflegebedürftigen bei mehr als vier Millionen Menschen liegen (vgl. Rothgang et. al. 2013). Die Ursache dieser Entwicklung ist im Wesentlichen in einer Verschiebung des Krankheitsspektrums in Richtung auf chronisch-degenerative Krankheiten (z. B. Herz-Kreislauf-Erkrankungen, Krebs sowie Demenz), aber auch in der zunehmenden Multimorbidität zu suchen, die erst im fortgeschrittenen Alter, häufig erst nach langandauernder Behandlung und Pflegebedürftigkeit, zum Tode führt.

Insbesondere der medizinische Fortschritt hat dazu geführt, dass viele Krankheiten, die früher vor allem die jungen und mittleren Generationen dezimierten, heute relativ zuverlässig behandelt werden können. Es wird zum Teil die Theorie einer „Kompression" der Morbidität vertreten, nach der die Behandlung von Erkrankungserscheinungen in jungen Jahren dazu führe, dass diese lediglich in Richtung Lebensende hin verlagert würden (vgl. grundsätzlich Ritter/Hohmeier 1999).

Bei der Betrachtung der institutionellen Absicherung des Pflegerisikos hat sich die organisatorische Abschottung der Gesetzlichen Pflegeversicherung (GPV) von der Gesetzlichen Krankenversicherung (GKV) als nachteilig erwiesen, da dies Kostenverschiebungen zwischen den beiden Organisationen erlaubt, ohne dass induzierte Leistungen im jeweils anderen System vom Verursacher internalisiert werden. So hat beispielsweise die GKV kein Interesse daran, teure Medikationen für Demenzkranke zu finanzieren, mit denen eine Verringerung des Pflegeaufwandes erreichbar wäre. Angesichts der Interdependenz von Krankheit und Pflegebedürftigkeit bewirkt eine künstliche Trennung dieser Sektoren suboptimale Allokationen. Die Folgekosten unterlassener Investitionen in Prävention und Rehabilitation können von der GKV über die GPV externalisiert werden. Weiterhin tritt für die unter Wettbewerbs- und Kostendruck stehende Krankenkasse der Anreiz auf, grenzwertige Leistungen tendenziell als Pflegeleistungen zu deklarieren (vgl. Oberender/Fleckenstein 2004).

Die Betrachtung der Struktur des Pflegeangebots lenkt den Blick auf die Unterscheidung zwischen professioneller, **formaler Pflege**, und die Bedeutung informeller, ehrenamtlicher **Pflege**. Ca. 70 % der 2,5 Millionen Pflegebedürftigen werden zuhause betreut, dabei nehmen gerade informelle Pflegende eine wesentliche Rolle ein (vgl. Kerres/Kemser 2015, These 2.3). Die Bedeutung informeller Pflegeunterstützung als nachfrageseitig relevante Größe wird in verschiedenen Studien deutlich, die darauf abstellen, dass Menschen, wenn sie Pflegebedarf antizipieren, dies mit einer hohen Präferenz für informelle Pflege, d. h. durch nahestehende Personen, vollzogen sehen wollen, die Unterstützungsnotwendigkeit durch professionelle Pflege aber durchaus konstatieren.

Der deutsche Ansatz setzt noch sehr auf eine dominierende Rolle der **Autonomie** der ambulanten Pflegeumgebung. Entweder soll der Pflegeprinzipal durch neue Formen der Honorierung gestärkt werden, etwa durch verstärkten Ausbau von Kombinationsleistungen von Pflegesachleistungen und Pflegegeld oder durch Berücksichtigung der Opportunitätskostenstrukturen gerade der informellen Pflege.

Es muss an dieser Stelle sicherlich der Hinweis erfolgen, das Pflege immer mehr ist als die unmittelbare medizinisch-pflegerische Dimension und daher unmittelbar mit autonomiewahrenden Bereichen der normalen Lebensführung korrespondiert. Auch aus diesem Grund sind Pflegeversicherungssysteme grundsätzlich als Teilkaskosysteme aufgestellt. Gleichwohl nehmen gerade durch den Bedeutungsgewinn chronischer und insbesondere altersabhängiger Erkrankungen die Bezugspunkte zu einer ganzheitlichen Struktur der Pflege und Betreuung – beginnend von der medizinischen Akutversorgung, über die Pflegeüberleitung bis zur Unterstützung im Gesundheitsstandort Zuhause – zu. Der Hilfebedarf und somit auch die Verantwortungsdimension, die den Gepflegten/zu Betreuenden und parallel den informell Pflegenden zugesprochen werden muss, variiert dabei. Zimmermann et. al. (2012) plädieren für eine **multidimensionale Analysestrategie** von Pflegeumgebungen, die sowohl die Interaktion von gepflegter Person, unterschiedlichen Pflegeagenten sowie den wichtiger werden technologischen assistiven Systemen miteinander verknüpft. Gerade auch systematische steuernde Pflegekonzepte, die auch medizinische Aspekte mit pflegerischen Ansätzen verknüpfen scheitern noch zu häufig an den Systemgrenzen zwischen Kranken- und Pflegeversicherung. Hier gilt es, etwa im Sinne internationaler Beispiele zu Managed-Care-Ansätzen, institutionell zu lernen.

Mangelhaft ist die Versorgung auch im ambulanten und stationären Sektor verzahnt, da dafür keine ökonomischen Anreize wie beispielsweise sektorübergreifende Komplexpauschalen vorhanden sind. Es zeigen sich folglich Defizite in der Infrastruktur: Es fehlen alternative Wohnmodelle, individuell angepasste Heimpflege und therapeutische Präventionsansätze. So ist nicht nur eine qualitative Unterversorgung festzustellen, sondern es existieren auch verschenkte Einsparpotenziale, die durch eine frühzeitige Behandlungsintervention und daraus folgender verlängerter Zeiten der Autonomie realisierbar wären.

Aufgrund der wachsenden Zahl von Ein-Personen-Haushalten, zunehmender Frauenerwerbstätigkeit, steigender regionaler Mobilität der Familienmitglieder und sinkendem moralischen Verpflichtungsgrad familiärer Beziehungen besteht in vielen Fällen nicht die Möglichkeit einer ausschließlichen Pflege durch Angehörige.

Lässt der gesundheitliche Zustand eine Betreuung in der eigenen Wohnung noch zu, so sind die Betroffenen daher immer öfter auf Hilfeleistungen ambulanter Pflegeeinrichtungen angewiesen. Auf diesem Gebiet, das immer noch eine Domäne der Wohlfahrtsverbände ist, betätigen sich in zunehmendem Umfang auch private Anbieter. Als unbegründet erwies sich die Unterstellung, die privaten Anbieter betrieben „Rosinenpickerei", sie würden sich ausschließlich um die in der Pflege kostengünstigsten Hilfsbedürftigen kümmern und Personen mit zu hohem Pflegeaufwand gar nicht erst versorgen.

Erster Ansprechpartner für die Betroffenen ist und bleibt vermutlich der Hausarzt, der mit dem familiären Umfeld besonders vertraut ist. Aufgrund seiner über lange Jahre gewachsenen Beziehung zum älteren Patienten – häufig hat er dessen Krankengeschichte selbst „erlebt" – nimmt er eine Stellung ein, die es ihm ermöglicht, adäquat auf dessen Bedürfnisse einzugehen. Vor allem bei geriatrischen Notfällen ist er auch ohne langwierige Erhebung der krankheitsbezogenen Vorgeschichte des Patienten in der Lage, die entscheidenden Schritte der weiteren Behandlung einzuleiten, und kann so wertvolle Zeit sparen. Dies gelingt umso besser, je früher der Hausarzt schleichende Veränderungen im Gesundheitsstatus seines älteren Patienten erkennt. Rehabilitierende Maßnahmen besitzen, wenn der Patient zum geriatrischen Notfall geworden ist, oft nur noch geringe Aussichten auf Erfolg.

Dieser Rolle des „Türstehers" für den Pflegebereich, die der Hausarzt in aller Regel als Koordinator der therapeutischen, pflegerischen und sozialen Betreuung des Patienten einnimmt, sollte sich dieser bewusst sein und stärker als in der Vergangenheit mit entsprechenden Angeboten untermauern.

In dieser Hinsicht können aber auch Formen **technischen Assistenzsystemen** oder Ambient Assisted Living (AAL) eine größere Rolle spielen (vgl. Horneber 2010). Hier gilt es zu unterscheiden, ob mit Hilfe von Technologien das Wohnumfeld sicherer und komfortabler gemacht werden soll (AAL) bzw. IT-gestützte Dienstleistungen betreuungs- und versorgungsbezogene Unterstützungsangebote (Telecare) oder Diagnose- und Behandlungsangebote (Telemedizin) zum Ziel haben (vgl. Zerth 2015c, These 2.5). Hier gilt es durch technologische Lösungen die Kosten informeller Pflege zu reduzieren und insbesondere den ambulanten Pflegeprozess nachhaltig zu unterstützen.

Gleichwohl bleiben Pflegebedürftige, die rund um die Uhr versorgt werden müssen, zumeist auf Angebote der stationären Pflege angewiesen. Es ist damit zu rechnen, dass auch weiterhin medizinische Leistungen in Krankenhäusern verstärkt dazu verwendet werden, den natürlichen Todeszeitpunkt weiter hinauszuschieben, ohne eine anhaltende und fundamentale Besserung des Krankheitszustandes älterer Menschen zu erreichen. Häufig fehlen für den betroffenen Personenkreis entsprechende Angebote alternativer stationärer und ambulanter Pflegedienste. Auch weigern sich oft die Angehörigen, die Pflegebedürftigen wieder aufzunehmen. Sie fühlen sich mit der Pflegesituation alleingelassen und überfordert. Entsprechende Entlastungs- und Unterstützungsangebote für die potentiellen Hauptpflegepersonen aus dem familiären oder nachbarschaftlichen Umfeld existieren entweder nicht oder sind diesen einfach nicht bekannt. Die unter therapeutischen Aspekten unnötig lange Verweildauer von Pflegebedürftigen in Akutkrankenhäusern mit eher diagnostischem und akut-therapeutischem Versorgungsspektrum, das den spezifischen, in einzelnen Phasen einer Erkrankung sehr unterschiedlichen Pflegebedarf alter Patienten nur unzureichend abdeckt, verzögert eine Rehabilitation in vielen Fällen so gravierend, dass sie fast unmöglich ist und der Patient zum Dauerpflegefall wird.

Größere Chancen als die bestehenden Pflegeheime, diese veränderte Nachfrage zu befriedigen, haben oft Krankenhäuser, die ihr Versorgungsspektrum um Angebote der Rehabilitation erweitern. Über entsprechend qualifiziertes Personal verfügen insbesondere Rehabilitationskliniken. Da sich diese vorwiegend auf die Wiedereingliederung in das Erwerbsleben konzentrieren, müssen auch sie sich erst noch auf die neuen „Kunden" einstellen. Das erforderliche Personal, Krankengymnasten, Ergotherapeuten u. a., ist zwar vorhanden, tut sich aber oft noch schwer, mit alten Menschen adäquat umzugehen. Häufig besteht ein ungenügendes Wissen über die therapeutischen und rehabilitativen Möglichkeiten und Anforderungen bei der Behandlung älterer Menschen.

Neben der Kurzzeitpflege rücken weitere Pflegeangebote, die zwischen der häuslichen und der stationären Pflege angesiedelt sind, in den Mittelpunkt. Insbesondere geriatrische Tageskliniken sind hier zu nennen, die ihre Aufgabe darin sehen, mit Beschäftigungsangeboten und kommunikativen Anregungen die häuslichen Hauptpflegepersonen, die ihre Pflegetätigkeit in der Regel dann als besonders belastend betrachten, wenn ihr Alltagsablauf als völlig durch die Bedürfnisse des zu Pflegenden determiniert empfunden wurde, temporär zu entlasten. Zugleich streben Tageskliniken als Zentrum für Frührehabilitation das Ziel an, die Leistungsfähigkeit der Betroffenen zu stärken oder weitestgehend zu erhalten.

Diese Einrichtungen müssen sich nicht auf das Angebot ambulanter Dienstleistungen beschränken. Es ist durchaus möglich, dass sie als Zentren für Akutgeriatrie auch die Option bereithalten, den Pflegebedürftigen über kurze Zeit stationär unterzubringen und so die Versorgungslücke zwischen Akutgeriatrie und Frührehabilitation zu schließen. Eine langandauernde vollstationäre Unterbringung in Pflegeheimen kann so schon im Vorfeld verhindert oder hinausgezögert werden. Wesentlich für die Arbeit dieser Einrichtungen ist, dass sie nicht mit der Entlassung endet, sondern gezielt das häusliche Umfeld mit einbezieht.

Dem Bestreben fast aller (potenziell) Pflegebedürftigen, in den eigenen vier Wänden zu bleiben, auch unter den veränderten demographischen und sozialen Lebensumständen, tragen diese selbst immer öfter durch eine frühzeitige Veränderung des Wohnumfeldes Rechnung. Gefragt sind Wohnanlagen, die entsprechend den individuellen Bedürfnissen differenzierte Pflegeangebote bereithalten. Der nach den Bedürfnissen der Bewohner gestaltete, ambulant betreute Wohnbereich dieser Einrichtungen bietet vor allem eine starke Betonung psychosozialer Komponenten in Form des alltäglichen Zusammenseins und Zusammenlebens und hilft, soziale Isolation im Alter zu vermeiden. Das in derartigen Einrichtungen häufig verwirklichte Konzept der „Pflege als selektiv selbstgewählte persönliche Assistenz" ermöglicht eine selbstbestimmte Inanspruchnahme von Hilfeleistungen, ohne lange Wartezeiten und ohne Einschaltung anderer Personen.

Die vorstehenden Ausführungen zeigen aber auch die Bedeutung, die einer an den Bedürfnissen der zu Pflegenden ausgerichteten Kooperation zwischen allen Leistungserbringern beizumessen ist.

Die Vielfalt der konkurrierenden Träger und Einrichtungen bietet den Betroffenen weitaus mehr Möglichkeiten, ein Netz aus medizinisch-pflegerischen, psychosozialen und hauswirtschaftlichen Diensten entsprechend den eigenen Bedürfnissen aufzubauen, als dies eine mit Monopol ausgestattete Institution, sei sie privatwirtschaftlicher oder staatlicher Natur, könnte.

Angebotsvielfalt ist deshalb keineswegs als unerwünschter „Wildwuchs" auf dem Pflegesektor anzusehen, der eine systematische, bedürfnisorientierte Gestaltung und Entwicklung des individuellen „Pflegenetzes" verhindere. Gerade die Vielfalt des Pflegeangebots ermöglicht erst die Befriedigung der unterschiedlichen Pflegebedürfnisse. Abb. 28 stellt noch einmal zusammenfassend den Markt des Pflegebereiches dar.

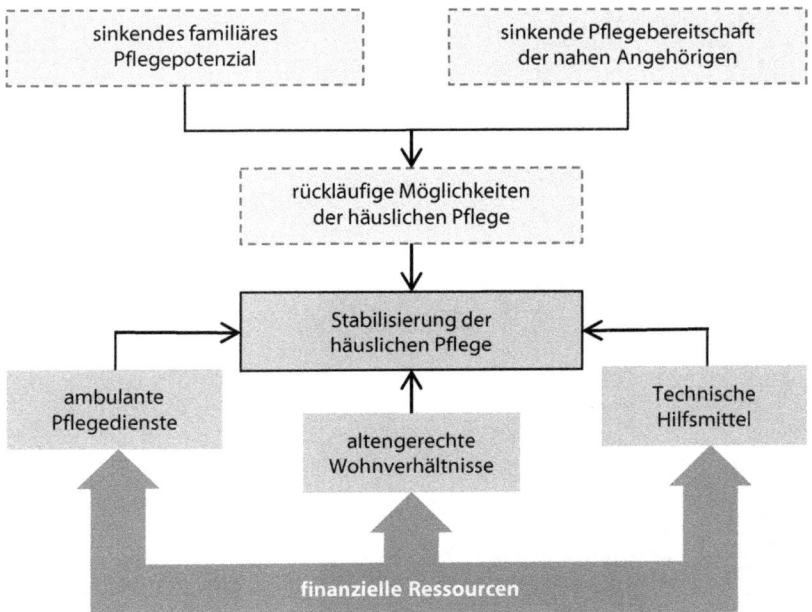

Abb. 28: Pflege- und Beschäftigungsstrukturen Pflege
Quelle: Darstellung nach Schallermair (1999), S. 192.

8 Resümee

Das deutsche Gesundheitswesen krankt – wie dargestellt – an unzureichenden Anreizsystemen, einer fehlenden Kostenverantwortung und einer ständig wachsenden Reglementierungsflut. Das GKV-System wird immer wieder mit neuen Reformbemühungen konfrontiert werden, wenn es nicht gelingt an den institutionellen Bedingungen einer wettbewerbsorientierten Gesundheitspolitik anzusetzen. Problematisch an einer fehlenden leitlinienorientierten Politik ist ein Intervenieren in Form von Kostendeckungsmaßnahmen, d. h. Politikmaßnahmen, deren Halbwertszeit von geringer Dauer ist.

Steigende Beitragssätze bedeuten aber nicht nur eine höhere Belastung der Lohneinkommen und hemmen damit die Leistungsbereitschaft der Arbeitnehmer, sondern führen zugleich auch zu einem Anstieg der Lohnnebenkosten, was die Beschäftigungschancen negativ beeinflussen kann und somit die Diskussion um die Wettbewerbsfähigkeit des Standortes Deutschland immer wieder befeuert.

Die Ursachen der gegenwärtigen Probleme sind vielfältig: So wird aus gesundheits- und sozialpolitischen Gründen die individuelle Gesundheitsnachfrage in der Regel bewusst nicht durch das Preisausschlussverfahren begrenzt, d. h. es wird weitgehend auf pretiale Steuerungselemente verzichtet. Dadurch „verliert" der einzelne Versicherte den Bezug zu den Kosten der Inanspruchnahme und das Phänomen der Freifahrer-Mentalität entstehen, gerade auch dann, wenn die Beitragssatzerhebungen keinen Bezug mehr zur eigenen Schadenswahrscheinlichkeit aufweisen. Außerdem existiert generell die Gefahr einer angebotsinduzierten Nachfrage, indem die Anbieter diskretionäre Handlungsspielräume nutzen können, gerade mithilfe neuer Technologien die Mengen- und Ausgabenentwicklung im Gesundheitswesen zu beeinflussen.

Aufgrund dieser Rahmenbedingungen fehlt eine unmittelbare Verantwortung des Einzelnen für die Gesamtentwicklung des Systems; es entsteht ein Verantwortungsvakuum, das zu Missbrauch und Aushöhlung des sozialen Sicherungssystems führt. In der Vergangenheit hat dieses Verantwortungsvakuum häufig zu einem Teufelskreis im Sinne einer Beitragssatz-Anspruchs-Spirale geführt: Steigende Leistungen führen zu steigenden Beitragssätzen, die dann wiederum bei den Versicherten steigende Ansprüche an das System auslösen.

Seit Mitte der 1970er Jahre wird verstärkt versucht, die Ausgabenentwicklung im Gesundheitswesen durch immer umfangreichere bürokratische Eingriffe zu zügeln. Die Dominanz des Kostendämpfungsziels in der politischen Diskussion ebnete das Feld für den Einsatz konstruktivistischer und bürokratischer Elemente, so dass die gegenwärtige Gesundheitspolitik in starkem Maße interventionistische Züge aufweist.

Beginnend mit dem Gesundheits-Reformgesetz (GRG) von 1988 bis einschließlich zu den Gesundheitsreformgesetzen der 2000er Jahre hat der Gesetzgeber versucht, durch die Einführung neuer Steuerungsmechanismen die aufgezeigten gegenwärtigen Probleme zu lösen. Im Vordergrund standen dabei die drei Grundsätze:

- Beitragssatzstabilität (§ 71 SGB V),
- Sicherung der notwendigen medizinischen Versorgung (§ 72 Abs. 1 SGB V) und
- angemessene Vergütung (§§ 85 ff. SGB V).

Die politische Priorität liegt hierbei – insbesondere seit dem Jahr 2000 – auf der Beitragssatzstabilität. Diese Entscheidung ist willkürlich getroffen und lässt sich wissenschaftlich nicht begründen. Allerdings bleibt eine solche Festlegung nicht ohne Konsequenzen für die notwendige medizinische Versorgung sowie für die angemessene Vergütung. Entweder muss – soll das Ziel der Beitragsstabilität realisiert werden – der Leistungskatalog der GKV beträchtlich reduziert wird, oder die Vergütungen für die Leistungserbringer sind merklich zu beschneiden.

Die Ergebnisse des GKV-WSG als auch des Versorgungsstärkungsgesetzes des Jahres 2015 lassen das Dilemma zu Tage treten. Kurzfristige Einspareffekte treten zwar ein, es bleibt aber der mittel- und langfristige Druck bestehen, da weder die strukturellen Ursachen angegangen worden sind, noch eine nachhaltige Finanzierungsbasis umgesetzt wurde. Wahlpolitisch ist es verständlich, das jeweils jüngste Reformgesetz als „politischen Wurf" zu feiern. Die Behauptung jedoch, die Einsparungen aufgrund einer höheren Selbstbeteiligung seien ein Umbruch oder gar der Beginn eines anhaltenden strukturellen Abschmelzungsprozesses der Gesundheitsausgaben, war, wie die Realität zeigt, falsch. Die immer wiederkehrende finanzielle Atemnot und andere tiefgreifende Mängel des GKV-Systems stellen deshalb keine Überraschung dar, sie sind vielmehr das Ergebnis einer verfehlten Gesundheitspolitik.

Der Schwerpunkt politischer Reformansätze liegt weiterhin in der Symptombehandlung. Der Versuch, mit Budgets, Richtgrößen, Zulassungssperren für Ärzte, staatlichen Honorar- und Preisdiktaten – alles in allem mit einer Verschärfung der bürokratischen und staatlichen Reglementierung und Regulierung – die Ausgabenentwicklung in der GKV in den Griff zu bekommen, ist untauglich und ordnungspolitisch verfehlt!

Auch wenn einzelne Bestimmungen marktwirtschaftliche Elemente aufweisen, so sind die meisten Reformbestrebungen als Ergebnis zentralverwaltungswirtschaftlichen Gedankenguts zu interpretieren. Es wird hierbei von einem kollektivistischen Menschenbild ausgegangen, das beherrscht wird von dem Glauben der Planbarkeit und der Illusion der Machbarkeit. Der einzelne Bürger – ob Patient oder Leistungserbringer – wird dabei zunehmend bevormundet und in eher paternalistische Strukturen eingebettet.

Vor dem Hintergrund der zukünftigen Herausforderungen unseres Gesundheitssystems überrascht es immer wieder, dass sich die gegenwärtige gesundheitspolitische Diskussion in Deutschland fast ausschließlich auf die gegenwärtigen finanzielle Defizite und Probleme konzentriert. Dabei sind die Herausforderungen der sozialen Sicherungssysteme allgemein und insbesondere die Herausforderungen für das Gesundheitssystem enorm. Neben Problemen einer nachhaltigen Sicherung der Finanzierung und der Förderung eines Qualitätswettbewerbs wird die künftige Bedeutung des EU-Binnenmarktes unterschätzt.

Dabei wird sich auch auf europäischer Ebene die Frage stellen, ob einer vereinheitlichten Politik auf dem Gebiet der Sozialpolitik Vorschub geleistet oder das bewusste Experiment des Wettbewerbs unterschiedlicher sozialer Sicherungssysteme befördert wird. Es ist zu befürchten, dass die Vorteile des deutschen Gesundheitssystems wie des sozialen Sicherungssystems als Ganzes immer mehr auch von den Bürgern anderer EU-Staaten genutzt werden. Insbesondere deshalb, weil es vor dem Hintergrund einer Unionsbürgerschaft in Zukunft nicht mehr möglich sein wird, Bürger aus anderen EU-Staaten von den Vorteilen des deutschen sozialen Sicherungssystems auszuschließen.

Vor allem wirft aber die demographische Entwicklung der deutschen Bevölkerung Probleme auf. Die Zukunft der Gesetzlichen Krankenversicherung (GKV) und der Gesetzlichen Pflegeversicherung (GPV) wird daher durch eine disproportional verlaufende Entwicklung zwischen Bevölkerung und Nachfrage nach Gesundheitsleistungen gekennzeichnet sein: Unabhängig von der skizzierten Entwicklung im europäischen Kontext und unter Berücksichtigung des demographischen Rückgangs der deutschen Bevölkerung wird die Nachfrage nach altersgerechten Gesundheitsleistungen aufgrund der zukünftigen Veränderungen innerhalb der Bevölkerungsstruktur und auch im Hinblick auf die höhere Krankheitshäufigkeit älterer Menschen ansteigen.

Vor dem Hintergrund der nachhaltigen Finanzierung von Gesundheits- und Pflegeleistungen stellt sich die Frage, wie künftig der Zugang zu Innovationen im Gesundheitswesen für einen breiten Kreis der Bevölkerung abgesichert werden kann. Es liegt gewissermaßen ein Trade-off zwischen der Förderung der Innovationsentwicklung einerseits und der Forderung nach einem gleichen (solidarischen) Zugang zu Medizininnovationen andererseits vor. Vor diesem

Hintergrund sind nun die Herausforderungen der demographischen Alterung der Gesellschaft und altersbedingter Phänomene zu untersuchen. Unabhängig davon, ob sich die Morbiditätskompressions- oder Medikalisierungsthese in der Zukunft als zutreffend erweisen sollte, ist davon auszugehen, dass auch mittelfristig und langfristig Alter und Krankheit korrelieren werden. Die Politik muss nun nicht nur darüber entscheiden, wann und in welchem Umfang und für welchen Personenkreis medizinische Neuerungen in den Katalog der Regelleistungen aufgenommen werden. Sie hat auch die Entscheidung darüber zu treffen, wie der durch die Alterung der Gesellschaft stärker gewordene Zusammenhang zwischen Pflegebedürftigkeit und Krankheit im sozialen Sicherungssystem abgebildet werden kann. Die sozialen Sicherungssysteme in der Welt, namentlich in Europa, gehen von unterschiedlichen Ansätzen der „Pflegebedürftigkeit" aus (vgl. Skuban 2004, S. 105 ff.). Die Ausgestaltung von Bedürftigkeitsansätzen bedeutet nichts anderes als die gesellschaftliche Auseinandersetzung mit der Frage, welcher Bedarf im Sinne einer „notwendigen Versorgung" als relevant angesehen wird.

Es ist abzusehen, dass die bestehenden Mängel und die zukünftigen Herausforderungen die inneren Widersprüche des Systems der sozialen Krankenversicherung immer wieder aufbrechen lassen, wenn es nicht gelingt, die gegenwärtigen Probleme ursachenadäquat zu lösen und die zukünftigen Herausforderungen angemessen zu berücksichtigen. Angesichts der vielfältigen Probleme werden der Krankenhausbereich, die ambulante Versorgung sowie die Organisationsstruktur reformiert werden müssen.

Die Wahl- und Handlungsfreiheit sowie der individuellen Verantwortung der Versicherten muss einerseits gestärkt, andererseits im Bereich der Solidargemeinschaft eingeschränkt werden. Eine nachhaltige Reform des Gesundheitswesens kann vom Leitbild einer marktwirtschaftlichen, prämienorientierten Gesundheitspolitik profitieren und durchaus in der Fortentwicklung der Konzeption einer „Solidarischen Wettbewerbsordnung" ausgestaltet sein. Dabei spielt die Frage nach einer ordnungspolitischen eindeutigen Rahmenordnung für einen regulierten Krankenversicherungswettbewerb ebenfalls eine wesentliche Rolle, wie die Gestaltung von innovationsförderlichen Strukturen im dezentralen Wettbewerb.

Unabhängig von der grundsätzlichen Reformüberlegung muss konstatiert werden, dass der politische Druck auf die Ärzteschaft und die anderen Leistungsanbieter im Status quo angesichts der vielfältigen Probleme weiter zunehmen wird. Der Sozialneid erhält dadurch weiteren Auftrieb, und auch die Versuche, Ärzte zu willfährigen Handlangern einer Staatsmedizin zu degradieren, werden verstärkt werden. In diesem Zusammenhang muss davor gewarnt werden, die Unsicherheit einer marktlichen Lösung gegen die vermeintliche Sicherheit einer staatlichen Regulierung einzutauschen.

Infolge des ökonomischen Zwangs der knappen Mittel im Gesundheitswesen werden dezentrale Lösungen über selektive Verträge zwischen den Kassen und den Leistungserbringern unerlässlich sein. Ein derartiger Wettbewerb der Kassen um Mitglieder und Leistungserbringer, sei es in Form integrierter Versorgungssysteme oder Fortentwicklungen der Modellvorhaben und Strukturverträge, fordert den Versicherten als mündigen Bürger und den Arzt als Unternehmer heraus. Insbesondere für medizinische Leistungserbringer wird ein Erfolg langfristig nur über ein Qualitätsangebot möglich sein. Qualitätsindikatoren, wie Zertifizierungen und Re-Zertifizierungen, stellen dabei einen ersten Schritt dar.

Langfristig gilt es, für freiheitliche Lösungen zu werben, die auf die Kräfte und das Wissens der Beteiligten vor Ort setzen. Grundsätzlich gilt als allgemeines Prinzip, dass Freiheit nicht teilbar ist. Es kann nicht einerseits politische Freiheit bestehen und andererseits eine bürokratische Gängelung und Bevormundung im Bereich des Gesundheitswesens stattfinden. Bereits der Freiburger Ökonom Walter Eucken hat auf diese Interdependenz der Ordnungen hingewiesen: Eine demokratische Ordnung ist dauerhaft nur mit einer Marktwirtschaft in allen Bereichen – dies gilt auch umgekehrt – vereinbar.

Glossar

■ Adverse Selektion

Mit adverser Selektion in einem privaten Krankenversicherungsmarkt wird die Problematik beschrieben, dass Krankenversicherungen aufgrund unvollständiger Informationsverteilung die Risikogüte der Versicherten ex ante (vor Versicherungsschluss) nicht eindeutig einschätzen können. Vor diesem Hintergrund werden Versicherungen dazu übergehen, durchschnittliche Prämien zu fordern, was die guten Risiken jedoch anreizen würde, keine Vollversicherung nachzufragen. Aus diesem Anreiz heraus werden die Gesamtversicherungsbedingungen beeinflusst. Der Effekt verliert an Bedeutung, je stärker Nicht-Preis(Prämien)faktoren an Bedeutung gewinnen und je risikoaverser gute Risiken sind.

■ Aktuarische Prämie (risikoorientierte Prämie)

Unter einer aktuarischen Prämie wird der „Preis" einer Versicherung bei einem unregulierten, marktwirtschaftlichen Versicherungswettbewerb verstanden. Ohne Berücksichtigung möglicher Probleme der Informationsverteilung zwischen Versichertem und Krankenversicherung wird jedem Versicherungsnehmer für die Versicherungsperiode so viel an Prämie abverlangt wie er wahrscheinlich innerhalb dieser Periode an Leistungen in Anspruch nehmen wird. Bei einem Versicherungssystem, das von jedem Versicherten von Geburt an eine risikoädäquate Prämie verlangt, wird die prämienrelevante Unterscheidung zunächst nur zwischen Alter und Geschlecht wirksam. Daher bietet es sich an, von einer risikoorientierten Prämie zu sprechen. Eine Individualisierung wird erst beim Versicherungswechsel relevant.

■ Altersrückstellung

Rückstellungen für erhöhte Ausgaben im Alter innerhalb der Privaten Krankenversicherung je Versichertenkohorte. Die lebenslang konstante Prämie jedes Versicherten wird so berechnet, dass sie höher ist als die Ausgaben der ersten Jahrzehnte, aber niedriger als die Ausgaben der letzten Jahrzehnte. Durch eine Art „Sparkonto" werden Rücklagen durch Zinsen und Zinseszins gebildet.

■ Ambulante Behandlung (Versorgung)

Behandlung durch einen niedergelassenen Arzt (Zahnarzt) in dessen Praxis, in der Wohnung des Kranken oder auch im Krankenhaus, wenn der Kranke nicht zur → stationären Behandlung aufgenommen wird oder werden will.

■ Angebotsinduzierte Nachfrage

Aufgrund seines Informationsvorsprungs gegenüber den Patienten übt der Arzt faktisch einen erheblichen Einfluss auf die Gestaltung der Nachfrage nach Gesundheitsleistungen aus. Von Angebotsinduzierung spricht man dann, wenn er sich dabei nicht wie ein perfekter Sachwalter des Patienten verhält, sondern auch seine eigenen Interessen einfließen lässt. Dies gilt insbesondere, wenn Ärzte bei einem Anstieg der Ärztedichte Informationen, die sie an den Patienten geben, systematisch verändern, um ihre eigene Auslastung sicherzustellen.

■ Apothekenpflicht

Aus Gründen des Gesundheitsschutzes darf die Ausgabe bestimmter, als apothekenpflichtig gekennzeichneter Arzneimittel an den Endverbraucher nur über Apotheken erfolgen.

■ Arzneimittelpreisverordnung

Verordnung zur Regelung der Preise und Preisspannen für → apothekenpflichtige Arzneimittel. Auf den vom Arzneimittelhersteller festgelegten Abgabepreis (Herstellerabgabepreis) werden gesetzlich vorgegebene Preisspannen für den Großhandel und für die Apotheken zugeschlagen. Das Ziel dieser Verordnung ist es, aus gesundheitspolitischen Gründen bundesweit einheitliche Apothekenabgabepreise zu erzielen. Dadurch findet ein Preiswettbewerb nur auf der Herstellerstufe statt. Auf der Apothekenstufe ist er ausgeschlossen.

■ Arzneimittelzulassung

Arzneimittel werden in der Regel durch eine staatliche Zentralbehörde zugelassen. Voraussetzung für die Erteilung einer Zulassung ist es, dass der Antragsteller den Nachweis von Unbedenklichkeit (Sicherheit), Wirksamkeit und Qualität des Arzneimittels erbringt. Außerdem muss die Indikation angegeben werden.

■ Arzthonorar

Finanzielles Entgelt für erbrachte ärztliche Leistungen. Grundlage für das ärztliche Honorar ist die Gebührenordnung für Ärzte (GOÄ). In der GKV nimmt diese Rolle der Einheitliche Bewertungsmaßstab (EBM) ein.

▨ Aut-Idem-Regelung

Aut idem bedeutet wörtlich „oder dasselbe". Das Rezept ist nach bisherigem Recht ein Imperativ des Arztes für den Apotheker. Die Apothekenbetriebsverordnung schreibt ausdrücklich vor, dass die abgegebenen Arzneimittel den Verschreibungen entsprechen müssen. Bislang muss der Arzt dem Apotheker die Substitution ausdrücklich erlauben → Aut-Simile-Verbot. Die veränderte Aut-Idem-Regelung macht dagegen den Ausnahmefall zum Regelfall. Demnach muss der Arzt die Substitution seiner Verordnung durch ein wirkstoffgleiches Präparat explizit untersagen.

▨ Aut-Simile-Verbot (Substitutionsverbot)

Verbietet dem Apotheker einen eigenmächtigen Arzneimittelaustausch, sofern nicht der Arzt das verschriebene Präparat unter seiner Wirkstoffbezeichnung verordnet.

▨ Äquivalenzprinzip

In der Privaten Krankenversicherung angewandtes Versicherungsprinzip. Hierbei richtet sich die Beitragshöhe (Prämie) ausschließlich nach dem zu versichernden Risiko. Als Risikoindikatoren können z. B. das Alter, das Geschlecht, die Vorerkrankungen und der Beruf der zu versichernden Person herangezogen werden.

▨ Bagatellarzneimittel

Arzneimittel, die auf der so genannten Negativliste aufgeführt sind und nicht zu Lasten der Krankenkasse verordnet werden dürfen. Es handelt sich hierbei in aller Regel um Arzneimittel, die bei geringfügigen Gesundheitsstörungen verordnet werden.

▨ Beitragsbemessungsgrenze

Einkommenshöhe, die für die Beitragsberechnung zur GKV relevant ist. Die Krankenversicherungsbeiträge werden in der GKV auf der Grundlage des → Solidarprinzips in prozentualer Abhängigkeit vom Einkommen des Versicherten berechnet. Versicherte, deren Einkommen die Beitragsbemessungsgrenze überschreitet, haben nur den Beitrag zu entrichten, der dem dieser Grenze entspricht. Bei der Kranken- und Pflegeversicherung liegt die Grenze der Beitragsbemessung für 2016 bundeseinheitlich bei jährlich 50.850 Euro. Diese Grenze wird laufend (jährlich) angepasst.

■ Beitragssatzstabilität

Ein politisch festgelegter Grundsatz, der die Krankenkassen und die Leistungserbringer dazu verpflichtet, ihre Vereinbarungen über die Leistungsvergütungen so zu gestalten, dass Beitragserhöhungen vermieden werden.

■ Belegarzt

Niedergelassener Arzt, dem von einem Krankenhausträger das Recht eingeräumt wird, seine Patienten stationär oder teilstationär im Krankenhaus zu behandeln.

■ Budget

Entgeltverfahren, das die periodenbezogene Gesamtleistung eines Leistungserbringers im Gesundheitswesen mit einem Pauschalbetrag vergütet. Budgetvorgaben können unabhängig von der tatsächlichen Inanspruchnahme (starres Budget oder inflexibles Budget) oder in Abhängigkeit von der tatsächlichen Inanspruchnahme des jeweiligen Leistungserbringers (flexibles Budget) festgelegt werden.

■ Bürgerversicherung

Konzept, das sowohl die Bemessungsgrundlage zur Beitragsberechnung auf alle Einkommensarten (Lohn, Zinsen, Mieten, Kapitalerträge) als auch den Versicherungspflichtkreis auf Selbständige und Beamte ausdehnen will, um somit die Einnahmebasis der GKV zu stabilisieren und die Arbeitskosten zu senken. Langfristig würde dadurch die Private Krankenversicherung in ihrer Existenz gefährdet.

■ Capitation

Die Capitation bezeichnet einen fixen Betrag, der pro Monat und pro Versichertem als sogenannte Kopfpauschale von der Versicherung an die Leistungserbringer gezahlt wird. Unterschieden werden „Full Capitation" und „Partial Capitation". Bei einer „Full Capitation" werden mit der Bezahlung der Kopfpauschale alle potenziellen Leistungen vergütet. Hierbei übernehmen die Leistungserbringer das Morbiditätsrisiko der Versicherten und erhalten im Gegenzug monatlich eine fixe Vergütung, die für die Leistungserbringer eine finanzielle Planungssicherheit bietet. Bei einer „Partial Capitation" wird nur ein Teil der Leistungen über Kopfpauschalen vergütet. Beispielsweise kann nur die ambulante Versorgung über Kopfpauschalen abgedeckt werden, während die stationäre Versorgung weiterhin über DRGs vergütet wird.

■ Daily Drug Costs

→ Tagestherapiekosten

■ DALY

→ Disability Adjusted Life Years

■ DDD

→ Defined Daily Dose

■ Defined Daily Dose (DDD)

Unter Defined Daily Dose (DDD) wird die mittlere Erhaltungsdiagnosis, die zur Therapie der Hauptindikation eines Arzneimittels empfohlen wird, verstanden.

■ Diagnosis Related Groups (DRG)

Diagnosis Related Groups sind ein Patientenklassifikationssystem, das die Grundlage für fallpauschalierte Vergütungssysteme darstellen kann. Patientenklassifikationssysteme unterteilen die Patientenschaft in klinisch definierte Gruppen mit ähnlichen Behandlungskosten. Von klinischer Seite ist die Zielsetzung, ausgehend von den Problemen und Zielen bei der Behandlung eines einzelnen Patienten, ähnliche Fälle in möglichst ausdifferenzierten homogenen Behandlungsgruppen zusammenzufassen.

■ Disability Adjusted Life Years (DALYs)

Dieser methodische Ansatz wurde von der Weltbank 1993 in ihrem World Development Report „Investing in Health" eingeführt und wird seither von der WHO in Ihren Berichten zur globalen Krankheitslast eingesetzt. Die DALYs sind neben anderen Ansätzen wie QALY Summenmaße, die als Instrument zur Quantifizierung der Krankheitslast (→ Mortalität, → Morbidität) einer Bevölkerung angewandt werden. Hierzu wird die Summe der Lebensjahre, die durch vorzeitigen Tod verloren gehen → LL, Years Of Life Lost) und den Lebensjahren, die in Behinderung gelebt werden (→ YLD, Years Of Life Lived With Disability) gebildet. DALY=YLL+YLD.

■ Disease Management

Grundsätzlich wird mit Disease Management die Idee beschrieben, den Versorgungsprozess am Krankheitsbild auszurichten, d. h. integriert über Prävention, Kuration und Rehabilitation. Eine wichtige Voraussetzung für die Umsetzung von Disease Management-Ansätzen ist die kontinuierliche Überprüfung des medizinischen Outcome. Aus diesem Grunde spielen Leitlinien und Standards der medizinischen Versorgung eine besondere Rolle. Die medizinischen Ergebnisse müssen, um ökonomische Steuerungsempfehlungen ableiten zu können, mit Methoden der gesundheitsökonomischen Evaluation aufgearbeitet werden.

▪ Duale Krankenhausfinanzierung

Die duale Krankenhausfinanzierung beschreibt das derzeitige Finanzierungssystem der Deutschen Krankenhäuser, die in den jeweiligen Landeskrankenhausplan aufgenommen wurden. Eingeführt wurde das duale Finanzierungssystem 1972 mit dem Krankenhausfinanzierungsgesetz. Es ist festgelegt, dass sich die Bundesländer und die gesetzlichen und privaten Krankenkassen die Krankenhausfinanzierung teilen, da die Vorhaltekosten der Krankenhäuser als öffentliche Aufgabe wahrgenommen werden. Die Bundesländer sind für die Investitionskosten verantwortlich, die Krankenkassen dagegen finanzieren die Betriebskosten.

▪ Effectiveness

Dieser Begriff beschreibt die Wirksamkeit (Effektivität) einer medizinischen Maßnahme unter Alltagsbedingungen. Sie befindet sich damit im Gegensatz zur Efficacy, die die Wirksamkeit unter Idealbedingungen beschreibt.

▪ Effektivität

Als Effektivität wird das Verhältnis von erreichtem Ziel zu dem vorgegebenen Ziel bezeichnet. Eine Maßnahme ist dann effektiv, wenn das vorgegebene Ziel zu möglichst 100 % erreicht wird.

▪ Effizienz

Effizienz beschreibt das Verhältnis zwischen einem erreichten Nutzen und den dafür eingesetzten finanziellen Mitteln.

▪ Einheitlicher Bewertungsmaßstab (EBM)

Der einheitliche Bewertungsmaßstab (EBM) ist ein Katalog zur relativen Bewertung erbrachter medizinischer Leistungen mittels Punkten. Er wird von einem Bewertungsausschuss erstellt und ist Bestandteil der Bundesmantelverträge zwischen Kassenärztlicher Bundesvereinigung und den Spitzenverbänden der Krankenkassen. Der Wert eines Punktes ist keine feste Größe, da er vom Leistungsumfang und vom Budget abhängt.

■ Einnahmenorientierte Ausgabenpolitik

Ziel der einnahmenorientierten Ausgabenpolitik ist es, die Ausgabenveränderungen der GKV an der Entwicklung der versicherten Einkommen zu orientieren. Als Indikator für die Einnahmenentwicklung wird die durchschnittliche → Grundlohnsumme der beteiligten Krankenkassen festgelegt.

■ Einzelleistungsvergütung

Die Vergütung der vom Arzt erbrachten Leistungen nach einem detaillierten Gebührenverzeichnis. In der GKV entrichten die Krankenkassen an die Kassen(zahn)ärztliche Vereinigung eine Gesamtvergütung mit befreiender Wirkung für die kassenärztliche Versorgung. Die Kassen(zahn)ärztliche Vereinigung verteilt dieses Gesamthonorar in der Regel nach den abgerechneten Einzelleistungen an die beteiligten Ärzte.

■ Epidemiologie

Lehre von der Entstehung, Verbreitung und Bekämpfung von Krankheiten.

■ Europäisches Semester

Ein seit 2011 in der EU angewandtes Koordinierungsinstrument, das eine stärkere Finanz- und haushaltspolitische Abstimmung der Mitgliedsstaaten erreichen soll. Es folgt dabei einem festen Sechsmonats-Fahrplan.

■ Evidenzbasierte Medizin (EbM)

EbM ist der gewissenhafte, ausdrückliche und vernünftige Gebrauch der gegenwärtig besten externen, wissenschaftlichen Evidenz für Entscheidungen in der medizinischen Versorgung individueller Patienten. Die Praxis der EbM bedeutet die Integration individueller klinischer Expertise mit der bestmöglichen externen Evidenz aus systematischer Forschung.

■ Empowerment

Der Begriff Empowerment (Selbstkompetenz) beschreibt ein allgemeines Konzept, dessen Ziel es ist, die Machtverhältnisse zwischen Gruppen so zu verändern, dass alle Mitglieder beider Gruppe in eigenverantwortlichen, selbstbestimmten und gerechten Verhältnissen zueinander leben.

■ Europäische Agentur für die Beurteilung von Arzneimitteln (EMA)

Neben den nationalen Zulassungsverfahren für Arzneimittel in den einzelnen Ländern der EU besteht die Möglichkeit eines zentralen Zulassungsverfahrens bei der Europäischen Agentur für die Beurteilung von Arzneimitteln. Sie wurde zum 1.1.1995 durch die EU-Mitgliedsstaaten gegründet.

■ Fallpauschale

Pauschalbetrag für die Abgeltung der (zahn)ärztlichen Leistungen im Rahmen eines Behandlungsvertrags. Für eine bestimmte Indikation wird im Voraus ein festes Entgelt unabhängig von den tatsächlich entstehenden Kosten vereinbart.

■ Festbeträge

In der Gesetzlichen Krankenversicherung gibt es seit dem Gesundheits-Reformgesetz (GRG) für Arzneimittel bestimmte Erstattungsobergrenzen, so genannte Festbeträge. Sie wurden entwickelt, um Wirtschaftlichkeitsreserven auszunutzen, einen wirksamen Preiswettbewerb anzuregen und möglichst preisgünstige Versorgungsmöglichkeiten zu realisieren, wobei Therapiemöglichkeiten dadurch nicht eingeschränkt werden dürfen. Zwar setzt der Hersteller weiterhin seinen Preis grundsätzlich autonom fest, doch ergeben sich im Hinblick auf die Produktattraktivität nun Anreize, diesen an dem Festbetrag zu orientieren, da der Patient einen eventuellen Differenzbetrag selbst zahlen muss.

■ Freifahrer-Mentalität (Free-Rider-Mentalität)

Aufgrund der bestehenden Versicherung im Rahmen des → Sachleistungsprinzips wird auf eine preisliche Steuerung der Nachfrage verzichtet. Bei dem einzelnen Patienten kann nun die Illusion entstehen, Gesundheitsleistungen seien kostenlos. Hierdurch fragt er Gesundheitsleistungen bis zu seiner Sättigungsgrenze nach. Die Freifahrermentalität lässt sich insbesondere bei „konsumnahen" Gesundheitsleistungen beobachten.

■ Gebührenordnung für Ärzte (GOÄ)

Amtliche Taxe für ärztliche Leistungen, die vom Bundesgesundheitsministerium mit Zustimmung des Bundesrates erlassen wird. Die GOÄ bildet die Grundlage für die Berechnung der Vergütungen für die ärztlichen Leistungen, des → Arzthonorars.

■ gematik
(Gesellschaft für Telematikanwendungen der Gesundheitskarte mbH)

Im Jahr 2005 gegründete Gesellschaft, die die Konzeption der elektrischen Gesundheitskarte und der Telematikinfrastruktur zur Aufgabe hat.

▪ Gemeinsamer Bundesausschuss

Der Gemeinsame Bundesausschuss (G-BA) ist ein Gremium der gemeinsamen Selbstverwaltung. Er wurde im Zuge des GKV-Modernisierungsgesetzes aus dem Bundesausschuss der Ärzte und Krankenkassen, dem Ausschuss der Krankenhäuser und dem Koordinierungsausschuss gebildet. Der G-BA wird von den Kassenärztlichen Bundesvereinigungen (Ärzte, Zahnärzte), der Deutschen Krankenhausgesellschaft und dem GKV-Spitzenverband getragen. Sitz des Ausschusses ist Berlin. Aufgabe des G-BA ist es, festzulegen, welche ambulanten und stationären Leistungen ausreichend, zweckmäßig und wirtschaftlich sind.

▪ Generationenbilanz

Mit Hilfe von Generationenkonten lässt sich die wachsende Verschuldung künftiger Generationen abbilden, indem für jede Generation der (Netto-)Barwert der Ein- und Auszahlungen in die Gesetzliche Krankenversicherung abgebildet wird.

▪ Gerontologie

Wissenschaft vom alternden Menschen.

▪ Gesetzliche Krankenversicherung (GKV)

Träger der GKV sind als öffentlich-rechtliche Selbstverwaltungskörperschaften die Krankenkassen. Die Beiträge zur GKV werden auf Grundlage des → Solidarprinzips erhoben. Die GKV deckt grundsätzlich die Risiken ab, die sich im Krankheitsfall in Form von Behandlungskosten und Einkommensausfall ergeben. Für die Leistungserbringung gilt das → Sachleistungsprinzip. Familienangehörige von Versicherten sind in der GKV mitversichert. In der GKV sind rund 90 % der deutschen Bevölkerung versichert. Es gibt Versicherungspflichtige und Versicherungsberechtigte. Versicherungspflichtige sind solche Personen, deren Arbeitseinkommen eine bestimmte Höhe (Versicherungspflichtgrenze) nicht überschreitet oder die bestimmte Kriterien erfüllen.

▪ Gesundheitsfonds

Modell zur Finanzierung der GKV. Der Gesundheitsfonds wirkt als eine Geldsammelstelle und verteilt einheitliche Beiträge an die Krankenkassen. Der deutsche Gesundheitsfonds ist ein Kompromiss aus Gesundheitsprämie und Bürgerversicherung. Beiträge werden weiterhin lohnabhängig erhoben. Zusätzlich wird der Fonds mit Steuermitteln aufgefüllt.

■ Gesundheitsprämie

Modell zur Krankenversicherung, bei dem jeder Versicherte unabhängig von Einkommen, Alter oder Geschlecht den gleichen Beitrag zahlt. Um eine finanzielle Überforderung zu vermeiden entsteht ein Sozialausgleich aus einem Sondervermögen. Ziel ist eine Abkopplung der Krankenversicherung von der Lohnentwicklung.

■ Good Manufacturing Practice

Unter Good Manufacturing Practice (GMP) werden Richtlinien zur Qualitätssicherung der Produktionsabläufe und -umgebung bei der Herstellung von Arzneimitteln und Wirkstoffen verstanden. Richtlinien für die GMP werden durch die Europäische Arzneimittelagentur (EMEA) und die US-amerikanische Food and Drug Administration (FDA) erstellt.

■ Grundlohnsumme

Die Grundlohnsumme ist das beitragspflichtige Arbeitsentgelt, aus dem im Durchschnitt eines bestimmten Zeitraums die Beiträge zur Sozialversicherung berechnet werden.

■ Hausarztmodell

Modell zur Krankenversorgung, bei dem die Patienten immer zuerst ihren Hausarzt konsultieren müssen. Der Hausarzt agiert als Lotse, er koordiniert die Behandlung und entscheidet über die Weiterversorgung, bei ihm laufen alle Informationen zusammen. Ziel dieses Versorgungsmodells ist die Kostensenkung durch z. B. Vermeidung von Doppeluntersuchungen oder unnötigen Facharztbehandlungen. Typisch ist auch, dass sich Patienten für einen gewissen Zeitraum bei einem bestimmten Arzt einschreiben müssen.

■ Health Technology Assessment (HTA)

Health Technology Assessment (HTA) ist definiert als Analyse, Synthese und Bewertung wissenschaftlicher Information über Auswirkungen medizinischer Verfahren, Technologien und Strukturen auf die Gesundheit/Gesundheitsversorgung im Rahmen einer Entscheidungsfindung. Der Begriff „Technology" umfasst hierbei medizinische Verfahren, Produkte sowie Produktionsabläufe. „Assessment" beschreibt die Bewertung ebendieser Technologie nach entsprechenden evidenzbasierten Kriterien.

▩ Heilmittel

Überwiegend äußerlich auf den Körper zur Heilung und Linderung einer Krankheit angewandte Mittel (Massagen, Bäder, Packungen, Gymnastik, Sprachtherapie).

▩ Hilfsmittel

Hilfsmittel, die dem Kranken helfen sollen, mit der Krankheit oder ihren Folgen zu leben (Zahnersatz, Gehhilfen, Krankenfahrstühle, Hörgeräte, Brillen, Kompressionstrümpfe, Orthesen, Prothesen).

▩ Individuelle Gesundheitsleistungen (IGEL)

Unter Individuellen Gesundheitsleistungen (IGEL) fasst man ärztliche Sonderleistungen, die nicht von der GKV getragen werden, zusammen. Individuelle Gesundheitsleistungen müssen von den Patienten selbst getragen werden und stellen für den niedergelassenen Arzt eine zusätzliche Einnahmequelle dar.

▩ Inkrementalkosten

Inkrementalkosten beschreiben die zusätzlichen Kosten bei der Betrachtung beispielsweise zweier alternativer medizinischer Behandlungsformen.

▩ Innovationsausschuss

Der beim G-BA angesiedelte Innovationsausschuss legt in Förderbekanntmachungen die Schwerpunkte und Kriterien der Förderung fest und entscheidet über die eingereichten Förderungsanträge.

▩ Innovationsfonds

Im Rahmen des GKV-Versorgungsstärkungsgesetz eingeführter Fonds (mit einer Fördersumme von 2016 bis 2019 von jährlich 300 Millionen €) dessen Ziel es ist die qualitative Weiterentwicklung der Versorgung der GKV in Deutschland zu fördern.

▩ Institut für das Entgeltsystem der Krankenhäuser (InEK)

2001 gründeten die Spitzenverbände der Krankenkassen, der Verband der privaten Krankenversicherer und die Deutsche Krankenhausgesellschaft das Institut für das Entgeltsystem im Krankenhaus in der Rechtsform einer gemeinnützigen GmbH. Aufgabe des InEKs ist die Unterstützung der Krankenhäuser und Krankenkassen bei der durch das GKV-Modernisierungsgesetz vorgeschriebenen Einführung und kontinuierlichen Weiterentwicklung des DRG-Systems.

Institut für Qualität und Transparenz im Gesundheitswesen (IQTiG)

Das 2014 vom G-BA gegründete Institut soll Maßnahmen zur Qualitätssicherung und zur Darstellung der Versorgungsqualität im Gesundheitswesen erarbeiten. Seit 2018 führt es die einrichtungs- und sektorenübergreifende Qualitätssicherung nach § 136ff SGB V durch.

Institut für Qualität und Wirtschaftlichkeit im Gesundheitswesen (IQWiG)

Das IQWiG wurde im Juni 2004 im Rahmen des Gesundheitsmodernisierungsgesetzes als unabhängiges wissenschaftliches Institut gegründet und ist im Auftrag des Gemeinsamen Bundesausschusses oder des Bundesgesundheitsministeriums tätig.

International Classification of Diseases (ICD)

Die International Classification of Diseases (ICD) ist der Diagnoseschlüssel der Weltgesundheitsorganisation für Krankheit und gesundheitliche Störungen des menschlichen Organismus. Seit 2005 liegt die ICD in der zehnten Version vor. (ICD-10)

Inzidenz

Mit Inzidenz wird die Anzahl der Neuerkrankungsfälle einer bestimmten Erkrankung innerhalb eines bestimmten Zeitraums beschrieben. Die Inzidenzrate gibt die Anzahl der Personen mit Neuerkrankung pro Zeiteinheit im Verhältnis zur Anzahl der exponierten Patienten an.

Kapitaldeckung

Im Gegensatz zur Umlagefinanzierung, in dem in jedem definierten Zeitraum die laufenden Ausgaben durch die laufenden Einnahmen gedeckt werden müssen, würde eine Kapitaldeckung im Gesundheitswesen eine Ansparfunktion im Krankenversicherungssystem integrieren. Ziel der Modelle der Kapitaldeckung ist es, intergenerative Transfers zu vermeiden.

Kassenärztliche Vereinigung (KV)

Mitglieder der Kassenärztlichen Vereinigung (KV), kassenzahnärztlichen Vereinigung (KZV) sind alle Ärzte, Zahnärzte und Psychotherapeuten, die zur ambulanten Behandlung von Kassenpatienten zugelassen sind. Hauptaufgabe der KV ist die Sicherstellung der ambulanten Versorgung.

■ Kontrahierungszwang

Der Kontrahierungszwang bezeichnet die Tatsache, dass die GKV keinen Bewerber um eine Mitgliedschaft aufgrund von Morbidität oder finanziellen Gründen ablehnen darf. Die GKV muss jeden Versicherungspflichtigen unabhängig vom Gesundheitsstatus oder der finanziellen Leistungsfähigkeit aufnehmen.

■ Kostendeckungsprinzip

Prinzip der Finanzierung, das dem Krankenhaus einen Anspruch gegenüber den Finanzierungsträgern der Gesundheitsversorgung auf Erstattung aller im Rahmen der Leistungserstellung entstandenen Kosten gewährt.

■ Kostenerstattungsprinzip

Die Patienten übernehmen zunächst die Bezahlung der Kosten für die Inanspruchnahme (zahn)ärztlicher Leistungen. Sie erhalten erst anschließend den Gesamt- oder einen Teilbetrag von ihrer Versicherung erstattet. Die Kostenerstattung wird in der → Privaten Krankenversicherung generell, in der GKV nur vereinzelt angewendet.

■ Krankengeld

Versicherte in der GKV haben, wenn sie durch Krankheit arbeitsunfähig sind oder stationär im Krankenhaus sind, in einer Vorsorge- und Rehabilitationseinrichtung behandelt werden müssen, Anspruch auf Krankengeld. Mit Ablauf der → Lohnfortzahlung beginnt dieser Anspruch und endet bei Wiederaufnahme der Arbeit mit Beginn der Arbeitsfähigkeit. Das Krankengeld beträgt für anspruchsberechtigte Mitglieder zwischen 70 % des entgangenen geregelten Bruttoeinkommens und maximal 70 % der Beitragsbemessungsgrenze, jedoch nie mehr als 90 % des entgangenen geregelten Nettoeinkommens. Der Versicherte muss davon auch Beiträge an die gesetzliche Renten-, Arbeitslosen-, und Pflegeversicherung bezahlen.

■ Krankenversicherungskarte

Die maschinenlesbare Krankenversicherungskarte (Chipkarte) hat 1995 den Krankenschein als Versicherungsnachweis und Abrechnungsbeleg für die vertragsärztliche Behandlung abgelöst. Die Karte muss dem Arzt vorgelegt werden und speichert Name, Geburtsdatum, Anschrift, Versichertennummer, Mitgliedsstatus, Krankenkasse und ihre Gültigkeitsdauer.

▪ Lebensqualität

Lebensqualität wird in vier Dimensionen unterteilt: psychisches Befinden, soziale Beziehungen, funktionale Kompetenz und körperliche Verfassung. Dabei werden zumeist objektive Indikatoren der Lebensqualität (medizinische Parameter) und subjektive Indikatoren (z. B. emotionale Situation) ermittelt. Mit Hilfe dieser Indikatoren kann die Lebensqualität dann als aggregierter und numerischer Wert bestimmt werden.

▪ Leistungsfähigkeitsprinzip

In Deutschland folgt die Erhebung von Steuern und Beiträgen zur Sozialversicherung dem Leistungsfähigkeitsprinzip (englisch: ability-to-pay principle). Dies heißt, dass Personen mit einem höheren Einkommen auch einen höheren Beitrag zur Finanzierung der Sozialversicherungssysteme zu tragen haben als Personen mit einem niedrigen Einkommen.

▪ Leistungskatalog

Der Leistungskatalog der GKV ist im SGB V festgelegt und beinhaltet alle Leistungen, die zu Lasten der GKV erbracht werden dürfen und auf die Versicherte gegenüber den Krankenkassen einen Anspruch haben. Der gemeinsame Bundesausschuss überprüft diesen Katalog ständig hinsichtlich des diagnostischen und therapeutischen Nutzens.

▪ Letalität

Im Gegensatz zur → Mortalität, die sich auf die krankheitsunspezifische Sterblichkeit bezieht, beschreibt die Letalität die Anzahl der Sterbefälle bezogen auf die Anzahl der Personen, die an einer spezifischen Krankheit erkrankt sind.

Lohnfortzahlung

Ein Arbeitnehmer hat Anspruch auf Lohnfortzahlung für absehbare Zeit, die er durch Krankheit aus dem Berufsleben ausscheidet, In den ersten sechs Wochen wird diese zu 100 % vom Arbeitgeber getragen, danach zahlt die GKV ein → Krankengeld.

▪ Managed Care

Für den Begriff „Managed Care" lässt sich eine Vielzahl von Definitionsansätzen anführen. Unter dem Blickwinkel einer ordnungsökonomischen Betrachtung wird als Managed Care eine Form der vertraglichen Bindung zwischen einzelnen Krankenversicherern und ausgewählten Leistungserbringern verstanden (Form des selektiven Kontrahierens), bei der die Krankenversicherung auf die Leistungserbringer Einfluss nehmen kann (Steuerungsaspekt). Im Rahmen der Vertragsbeziehung lassen sich unterschiedliche Managed Care-Instrumente bezüglich Vergütung, Qualitätssicherung und Haftungsfragen einsetzen. Organisatorisch bieten sich vor allem → Disease Management-Ansätze an, die im Sinne von Managed Care geführt zu werden.

▣ Me-too-Präparat

Me-too-Präparate sind Analogpräparate, die in ihrer chemischen Zusammensetzung nur minimal von dem ursprünglichen patentgeschützten Medikament abweichen und in der Regel nach Ablauf des Patentschutzes für das ursprüngliche Präparat auf den Markt kommen. Sie werden auch als Schein- oder Schrittinnovation bezeichnet. Für diese Präparate kann erneut ein Patentschutz beantragt werden.

▣ Moral-Hazard-Phänomen

Dies ist ein Phänomen, das bei Bestehen einer Versicherung auftritt, so dass die Verhaltensanreize für einen Versicherten geändert werden, was dazu führt, dass dieser versucht, für den bezahlten Versicherungsbeitrag ein möglichst hohes Maß an Leistungen „herauszuholen". Unter Moral-Hazard wird auch verstanden, wenn ein Individuum aufgrund seines Versicherungsschutzes durch krankheitsbegünstigendes und krankheitsförderndes Verhalten die Wahrscheinlichkeit zu erkranken erhöht.

▣ Morbidität

Häufigkeit einer Erkrankung in einer abgegrenzten Bevölkerungsgruppe in einem festgelegten Beobachtungszeitraum. Als Multimorbidität wird das gleichzeitige Bestehen mehrerer Erkrankungen bei einer Person verstanden.

▣ Morbi-RSA

Ab 2007 geplanter morbiditätsorientierter RSA auf Basis diagnositscher Informationen in Form von Diagnosegruppen. Mit der Einführung des Gesundheitsfonds (2009) wurde der Morbi-RSA Bestandteil der Finanzierungslogik der GKV. Die Kassen erhalten einen durch den Morbi-RSA adjustierten Finanzierungsanteil pro Versicherten aus dem Gesundheitsfonds.

▣ Mortalität

Sterberate, die in Prozent die Anzahl der Todesfälle, bezogen auf die Gesamtbevölkerung oder eine definierte Bevölkerungsgruppe, angibt.

■ Negativliste

In der Negativliste (Gegensatz: Positivliste) sind alle Maßnahmen aufgeführt, die nicht auf Kosten der GKV verordnet werden dürfen. Sie werden üblicherweise gegen geringfügige Gesundheitsstörungen eingesetzt und gelten gemäß allgemeiner Richtlinien als unwirtschaftlich (Arzneimittelrichtlinien).

■ Ökonomisches Prinzip

Das ökonomische Prinzip oder Wirtschaftlichkeitsprinzip fordert, dass knappe Mittel rationell verwendet werden, das heißt mit verfügbaren (gegebenen) Mitteln einen höchstmöglichen Ertrag (Output) zu erwirtschaften (Maximalprinzip) oder einen bestimmten Ertrag mit dem geringstmöglichen Aufwand (Input) zu erzielen (Minimalprinzip).

■ Opportunitätskosten

Bei Opportunitätskosten (Alternativ- oder Nutzungskosten) handelt es sich um entgangene Erträge oder Nutzen, die sich bei der zweitbesten Verwendung eines Produktionsfaktors oder -gutes ergäben. Da die Ressourcen einer Volkswirtschaft knapp sind und die Güter nicht unbegrenzt hergestellt werden können, bestimmt der Wert der Güter, die nicht produziert werden können, die tatsächlichen (volkswirtschaftlichen) Kosten für die Produktion eines Gutes.

■ Pflegesatz

Tagesgleiche Pauschale pro Pflegetag als Entgelt für die Behandlung eines Patienten im Krankenhaus.

■ Pharmakologie

Als Pharmakologie wird die Lehre von der Wirkung fremder und körpereigener Stoffe auf den Organismus sowie die Lehre von der Nutzung bestimmter chemischer Stoffe als Heilmittel bezeichnet.

■ Pharmazeutik

Die dem Apothekerberuf zugrunde liegende Wissenschaft von den Arzneimitteln und ihrer Herstellung.

■ Prävalenz

Anzahl aller Erkrankungsfälle einer bestimmten Erkrankung bzw. Häufigkeit eines Merkmals zu einem bestimmten Zeitpunkt (Punktprävalenz) oder innerhalb einer bestimmten Zeitperiode (Periodenprävalenz).

Preisbindung der zweiten Hand

Der Hersteller kann dem Händler zwingend einen Absatzpreis vorschreiben. Grundsätzlich ist dieses Prinzip wettbewerblich verboten, mit Ausnahmen wie etwa im Arzneimittelbereich. Vom Hersteller wird mit dem Fabrikabgabepreis aufgrund gesetzlicher Regulierungen bei Arzneimitteln der Endverkaufspreis eines Arzneimittels fixiert.

Prinzipal-Agent-Beziehung

Wird von einem Auftraggeber (Prinzipal) eine Aufgabe an einen Auftragnehmer (Agent) delegiert, dann ist aufgrund von Informationsasymmetrien unsicher inwieweit der Agent im Interesse des Prinzipals handelt.

Private Krankenversicherung (PKV)

Privatrechtliche Gesellschaften, für die die Vollmitgliedschaft freiwillig und nur möglich ist, wenn keine Versicherungspflicht für die GKV besteht. Für Mitglieder der GKV besteht die Möglichkeit, sich bei einer Privaten Krankenversicherung im Rahmen einer Zusatzversicherung weitergehende Leistungsansprüche aufzubauen. Die Beiträge werden nach dem → Äquivalenzprinzip erhoben. Für die Leistungserbringung gilt das → Kostenerstattungsprinzip.

Rationalisierung

Bei einer Rationalisierung wird auf überflüssige Maßnahmen verzichtet, d. h., es handelt sich um eine Steuerungsfrage. Rationalisierungsmaßnahmen können durch dezentrale Anreize oder hoheitliche Vorgaben umgesetzt werden.

Rationalitätenfalle

Diskrepanz („Falle") zwischen individueller und kollektiver Rationalität. So verhalten sich aufgrund der bestehenden Anreizstrukturen die einzelnen Beteiligten im Gesundheitswesen völlig rational, wenn sie möglichst viel aus dem sozialen Sicherungssystem „herausholen" wollen. Gesamtgesellschaftlich bedeutet dies jedoch eine Verschwendung, d. h., es widerspricht der kollektiven Rationalität. Es liegt ein → Verantwortungsvakuum vor.

Rationierung

Von einer Rationierung wird gesprochen, wenn auf wirksame Maßnahmen verzichtet werden muss. Rationierung ist das Komplement zur grundlegenden Problematik der Knappheit.

■ Regelleistungsvolumen

Die Reform der ambulanten Vergütung setzt an einer morbiditätsorientierten Gesamtvergütung an. Die Regelleistungs-volumina umfassen einen standardisierten Fallwert, der mit einer Fallzahl multipliziertwird und mit einem Altersfaktor adjustiert werden soll. Der Fallwert selbst stellt eine Art standardisierte, arztgruppenspezfische Geldleistung dar, die Fallzahl bezieht sich auf die tatsächliche Fallzahl im gleichen Quartal des Vorjahres.

■ Risikostrukturausgleich (RSA)

Mit der Einführung der Kassenwahlfreiheit für die Versicherten durch das GSG wurde ein Risikostrukturausgleich (RSA) geschaffen, der Element einer „solidarischen Wettbewerbsordnung" sein sollte. Die Beitragssätze der Kassen sollen dabei Unterschiede in der Leistungsfähigkeit widerspiegeln, nicht jedoch auf unterschiedlichen Risikostrukturen beruhen. Der RSA orientiert sich daher an standardisierten Leistungsausgaben. Ziel ist, auf volkswirtschaftlicher Ebene eine Risikoselektion zu vermeiden. Vgl. weiterhin → Morbi-RSA.

■ Sachleistungsprinzip

Gegen Vorlage der Versichertenchipkarte haben die Versicherten der GKV Anspruch auf eine kostenfreie (zahn)ärztliche Leistung. Die Abrechnung über die erbrachten Leistungen erfolgt dann zwischen den (Zahn-)Ärzten und den Kassen(zahn)ärztlichen Vereinigungen sowie sonstigen Leistungserbringern und den Krankenkassen. Durch die Anwendung des Sachleistungsprinzips erhalten die Versicherten keine Kenntnis über den Umfang und die konkreten Kosten der von ihnen in Anspruch genommenen Leistung. Dies kann zu einem Fehlverhalten führen (→ Freifahrer-Mentalität, → Moral-Hazard-Phänomen sowie → angebotsinduzierte Nachfrage).

■ Selbstbeteiligung

Es wird eine direkte und indirekte Selbstbeteiligung unterschieden. Die indirekte Selbstbeteiligung liegt vor, wenn Leistungen von der Erstattung ausgeschlossen werden (→ Negativliste), die direkte Selbstbeteiligung stellt auf eine unmittelbare finanzielle Beteiligung des Patienten an den Kosten für die in Anspruch genommenen Leistungen dar.

■ Selbstmedikation

Gesetzlich gestattete Arzneimitteltherapie durch medizinische Laien. Selbstmedikation bezieht sich immer auf nicht → verschreibungspflichtige Arzneimittel.

▨ Sicherstellungsauftrag

Verpflichtung der Kassen(zahn)ärztlichen Vereinigungen und der Kassen(zahn)ärztlichen Bundesvereinigung gegenüber den Krankenkassen, die ihnen obliegende (zahn)ärztliche Versorgung sicherzustellen und gegenüber den Trägern der GKV zu garantieren, dass die kassen(zahn)ärztliche Versorgung den gesetzlichen und vertraglichen Erfordernissen entspricht.

▨ Solidarprinzip

In der GKV sind die Beitrags- und Leistungsgestaltung nach dem Solidarprinzip aufgebaut: Es gilt der Grundsatz „einkommensabhängige Beiträge und beitragsunabhängige Leistungen". Die Beiträge werden nach der Höhe der Einkommen erhoben (nach der individuellen Leistungsfähigkeit), die Leistungsgewährung ist jedoch gleich, somit beitragsunabhängig. Auf diese Weise findet eine soziale Umverteilung von Ledigen und Verheirateten ohne Kinder an Verheiratete mit Kindern statt, von jungen Versicherten an ältere Versicherte. Der Solidareffekt ist jedoch durch die → Versicherungspflichtgrenze und die → Beitragsbemessungsgrenze eingeschränkt.

▨ Stationäre Behandlung (Versorgung)

Behandlung, die in einem Krankenhaus vorgenommen wird und der Behandelte dort die Nacht bzw. einen noch längeren Zeitraum zur Beobachtung und/oder weiteren Behandlung verbringt.

▨ Strukturfonds

Im Rahmen des GKV-VStG 2012 wurde den KVen die Möglichkeit gegeben einen Strukturfonds einzurichten, der z. B. über Investitionszuschüsse Maßnahmen zur Sicherstellung der Versorgung finanzieren soll.

▨ Subsidiaritätsprinzip

Dieses Prinzip bezieht sich auf die vertikale Rangordnung bei der Hilfestellung. Jeder einzelne sollte sich zunächst im Rahmen seiner Möglichkeiten selbst helfen. Erst wenn diese Möglichkeiten erschöpft sind, sollen andere übergeordnete Einrichtungen unterstützend eingreifen.

▨ Substitutionsverbot

→ Aut-Simile-Verbot.

▪ Tagestherapiekosten

Es handelt sich um die Arzneimittelkosten, die in der Regel an einem Behandlungstag anfallen.

▪ Telematikinfrastruktur

Der Begriff wurde aus der Kombination von „Telematik" und „Informatik" gebildet. Mit Hilfe der Telematikinfrastruktur sollen Informationen aus unterschiedlichen Quellen (z. B. Arztpraxen, Apotheken, Krankenhäusern und Krankenkassen) miteinander verknüpft werden, um so einen systemübergreifenden Informationsaustausch zu ermöglichen.

▪ Telemedizin

Unter Telemedizin versteht man ärztliche Versorgungskonzepte bei denen die medizinischen Leistungen zur Diagnostik oder Therapie über räumliche (ev. auch zeitliche) Entfernung erbracht wird und somit Diagnostik und Therapie durch eine technologische Infrastruktur unterstützt wird. Dabei kommen Informations- und Kommunikationstechnologien zum Einsatz.

▪ Therapiefreiheit des Arztes

Der Arzt muss die Freiheit von äußeren Reglementierungen und Regulierungen bei der Wahl der medizinisch notwendigen diagnostischen und therapeutischen Methoden besitzen. Er darf nicht zu einer seinem ärztlichen Gewissen widersprechenden Diagnose- und Behandlungsmethode gezwungen werden. Die Therapiefreiheit soll es dem Arzt gestatten, sich für jeweils diejenigen Maßnahmen zu entscheiden, die nach seiner Auffassung unter den gegebenen Umständen den größtmöglichen therapeutischen Nutzen für den Patienten erwarten lassen.

▪ Therapiefreiheit des Patienten

Der Patient muss – soweit dies gesundheits- und gesellschaftspolitisch vertretbar ist – das Recht besitzen, unter alternativen Diagnose- und Behandlungsmethoden mit Hilfe des ärztlichen Rates frei entscheiden zu können (Selbstbestimmungsrecht). Es wird hier nicht von einer Omnipotenz des Patienten ausgegangen, sondern vielmehr von der These der Unteilbarkeit der Freiheit, d. h., der einzelne Mensch muss die Freiheit zur Entscheidung besitzen, solange Interessen Dritter nicht tangiert werden. Es wird hierbei von einem mündigen, nicht von einem omnipotenten Bürger ausgegangen. Der Patient bedarf weiterhin der Beratung kompetenter Agenten (z. B. Arzt, Krankenkasse).

▓ Transaktionskosten

Transaktionskosten entstehen bei jeder Transaktion im Markt, da die Inanspruchnahme des Marktes nicht kostenlos ist. Zu den Transaktionskosten werden entsprechend alle Kosten gerechnet, die bei der Beschaffung von Gütern und Dienstleistungen über den Markt entstehen.

▓ Transferzahlung

Transferzahlungen sind Zahlungen ohne entsprechende Gegenleistungen. So ist beispielsweise die Zahlung eines Wohngeldes eine Transferzahlung.

▓ Verantwortungsvakuum

Ein Verantwortungsvakuum entsteht, wenn individuelle Verantwortung nicht mehr mit individuellem Handeln konform geht, d.h. dass das individuelle Handeln ohne die Gefahr einer späteren Haftung erfolgt.

▓ Verschreibungspflicht

Gesetzlich festgelegte Auflage, nach der bestimmte Arzneimittel nur nach Vorlage einer ärztlichen Verordnung (Rezept) an den Verbraucher abgegeben werden dürfen.

▓ Versicherungspflichtgrenze

Einkommensgrenze, die die Pflicht, sich bei einer GKV zu versichern, festlegt. Arbeitnehmer, deren Einkommen diese Grenze nicht überschreitet, müssen sich in einer Gesetzlichen Krankenkasse versichern. Die Versicherungspflichtgrenze wird dynamisch der allgemeinen Einkommensentwicklung angepasst.

▓ Wirtschaftlichkeitsgebot

Alle Leistungen, die zu Lasten der GKV erbracht werden, unterliegen dem Wirtschaftlichkeitsgebot des Sozialgesetzbuches (SGB V). Sie müssen „ausreichend, zweckmäßig und wirtschaftlich sein, sie dürfen das Maß des Notwendigen nicht überschreiten. Leistungen, die nicht notwendig oder unwirtschaftlich sind, können Versicherte nicht beanspruchen, dürfen die Leistungserbringer nicht bewirken und die Krankenkassen nicht bewilligen."

▓ Years Of Life Lived With Disability (YLD)

Years Of Life Lived With Disability (YLD) werden definiert als der Zeitraum der in Krankheit verbrachten Lebensjahre gegenüber einer in Gesundheit verbrachten Standard-Lebenserwartung. Die YLD beschreibt im Gegensatz zu den → YLL, die sich auf die Mortalität beziehen, die Auswirkungen einer Krankheit in Form von Morbidität. Die Schwere der Krankheit und die damit verbundenen Einschränkungen (Behinderungen) werden dabei mit krankheitsspezifischen Faktoren gewichtet.

▪ Years Of Life Lost

Die Years Of Life Lost (YLL) werden definiert als der Zeitraum, der durch eine Krankheit bedingt zu einem Verlust an Lebensjahren durch vorzeitiges Ableben gegenüber der Standard-Lebenserwartung führt.

Literatur

Ahlert, M./Breyer, F./Schwettmann, L. (2014): How you ask is what you get: Willingness-to-Pay for a Qaly in Germany, DIW-Discussion Paper 1384.

Alber, J. (1992): Das Gesundheitswesen der Bundesrepublik Deutschland. Entwicklung, Struktur und Funktionsweise, Frankfurt a.M. und New York.

Albrecht, M./de Millas, C./Hildebrandt, S./Schliwen, A. (2010): Die Bedeutung von Wettbewerb im Bereich der privaten Krankenversicherungen vor dem Hintergrund der demographischen Entwicklung. Forschungsprojekt des Bundesministeriums für Wirtschaft und Technologie, IGES Institut (Hrsg.), Berlin.

Albrecht, M./Neumann, K./Nolting, H.-D. (2015): IGES-Konzept für einen stärker versorgungsorientierten Wettbewerb in der Gesetzlichen Krankenversicherung. In: Rebscher, H. (Hrsg.): Update: Solidarische Wettbewerbsordnung, Beiträge zur Gesundheitsökonomie und Versorgungsforschung, Bd. 11, Heidelberg, S. 14–53.

Anand, P. (2003): The integration of claims to health-care: a programming approach. In: Journal of Health Economics, Jg. 22, S. 731–745.

Aspden, P. (ed.) (2002): Medical innovation in the changing healthcare market place. Conference Summary, Washington D. C.

Auerbach, A./Gokhale, J./L. Kotlikoff (1994): Generational Accounting: a Meaningful Way to Evaluate Fiscal Policy. In: Journal of Economic Perspectives, Vol. 8, pp. 73–94.

Balia, S./Braun, R./Brau, R. (2013): A Country for old Men? Long-Term Home Care Utilization in Europe. In: Health Economics, published online, DOI: 10.1002/hec.2977.

Barros, P./Martinez-Giralt X. (2012): Health Economics. An Industrial Organization Perspective, Routledge, London and New York.

Beivers, A. (2010): Ländliche Krankenhausversorgung in Deutschland: Eine gesundheitsökonomische Analyse, Frankfurt a. M. u. a. O.

Bernholz, P./Breyer F. (1994): Grundlagen der Politischen Ökonomie, Bd. 2, Ökonomische Theorie der Politik, 3. Aufl., Tübingen.

Berufsbildungswerk der Deutschen Versicherungswirtschaft (BWV) e. V. (Hrsg.) (1992): Individualversicherung. Versicherungslehre II, Karlsruhe, S. 149.

Blankart, C. (2001): Öffentliche Finanzen in der Demokratie. Einführung in die Finanzwirtschaft, 4. Aufl., München.

Böhm-Bawerk, E. v. (1961), Kapital und Kapitalzins, 4. Aufl., Meisenheim.

Bolin, K. (2011): Health Production. In: Glied, S./Smith, P. (Hrsg.), The Oxford Handbook of Health Economics, Oxford University Press, Oxford and New York, pp. 95–123.

Bonin, H. (2014): Der Beitrag von Ausländern und künftiger Zuwanderung zum deutschen Staatshaushalt, ZEW-Zentrum für Europäische Wirtschaftsforschung Mannheim, Bertelsmann-Studie, https://www.bertelsmann-stiftung.de/de/publikationen/publikation/did/der-beitrag-von-auslaendern-und-kuenftiger-zuwanderung-zum-deutschen-staatshaushalt/Abfrage, vom 23.06.2016.

Börsch-Supan, A. (1991): The Implication of an Aging Population: Problems and Policy Options in the U. S. and in Germany. In: Economic Policy, Vol. 12, pp. 103–139.

Bratan, T./Wydra S. (2013): Technischer Fortschritt im Gesundheitswesen: Quelle für Kostensteigerungen oder Chance für Kostensenkungen, TAB, Büro für Technikfolgen-Abschätzung beim Deutschen Bundestag, Mai 2013, Arbeitsbericht Nr. 157.

Breyer, F. (2015): Demographischer Wandel und Gesundheitsausgaben: Theorie, Empirie und Politikimplikationen. In: Perspektiven der Wirtschaftspolitik 16(3), S. 215–230.

Breyer, F./Kolmar, M. (2001): Grundlagen der Wirtschaftspolitik, Tübingen.

Breyer, F./Ulrich V. (2000): Gesundheitsausgaben, alter und medizinischer Fortschritt: eine Regressionsanalyse. In: Jahrbücher für Nationalökonomie und Statistik 220, S. 1–17.

Breyer, F./Zweifel, P./Kifmann M. (2005), Gesundheitsökonomik, 5. Aufl., Heidelberg.

Buchner, F. (2002): Versteilerung von Ausgabenprofilen in der Krankenversicherung, Baden-Baden.

Büchner, K./Dinkel, R./Oberender P. (1988), Kosten und Nutzen der medikamentösen Angina-pectoris-Prophylaxe, Bern und Stuttgart.

Bundesfachverband der Arzneimittel-Hersteller e. V. (BAH) (2003): Arzneimittelmarkt in Zahlen, S. 7.

Bundesministerium für Arbeit und Sozialordnung (Hrsg.) (1993): Bundesarbeitsblatt, Heft 6.

Bundesministerium für Bildung, Wissenschaft, Forschung und Technologie (Hrsg.) (1995): Deutscher Delphi-Bericht zur Entwicklung von Wissenschaft und Technik, 2. Aufl., Bonn.

Bundesministerium für Gesundheit (Hrsg.) (1999): Daten des Gesundheitswesens, Ausgabe 1999. In: Schriftenreihe des Bundesministeriums für Gesundheit, Bd. 122, Baden-Baden.

Bundesministerium für Gesundheit und soziale Sicherung (Hrsg.) (2005): Statistisches Taschenbuch 2005, Bonn.

Cassel, D. (1993): Organisationsreform der GKV zwischen Kassenwettbewerb und Einheitskasse. In: Wirtschaftsdienst, 73 Jg.

Cassel, D./Müller, C./Sundmacher, T. (2006): Die Finanzierung der GKV auf dem „normativen" Prüfstand. In: Rebscher, H. (Hrsg.): Gesundheitsökonomie und Gesundheitspolitik im Spannungsfeld zwischen Wissenschaft und Politikberatung, Heidelberg, S. 289–306.

Cassel, D./Heigl, A. (2013): AMNOG in der Umsetzung: Preisregulierung als Innovationsbremse?. In: Recht und Politik im Gesundheitswesen, 19 Jg. (2013 (1)), S. 10–27.

Cassel, D./Jacobs K. (2015): Mehr Versorgungsinnovationen – aber wie? Innovationswettbewerb statt Innovationsfonds in der GKV-Gesundheitsversorgung. In: RPG, Bd. 21, S. 55–68.

Cassel, D./Ulrich, V. (2015): AMNOG auf dem ökonomischen Prüfstand, Baden-Baden.

Cassel, D./Wasem, J. (2014): Solidarität und Wettbewerb als Grundprinzipien eines sozialen Gesundheitswesens. In: Cassel, D./Jacobs K./Vauth C./Zerth J. (Hrsg.), Solidarische Wettbewerbsordnung. Genese, Umsetzung und Perspektiven einer Konzeption zur wettbewerblichen Gestaltung der Gesetzlichen Krankenversicherung, Heidelberg, S. 3–43.

Cassel, D./Zeitner, R. (2010): GKV-Arzneimittelmarkt im Zeichen des Arzneimittelneuordungsgesetzes (AMNOG). Zu Risiken und Nebenwirkungen einer gesundheitspolitischen Regulierungs-Innovation, Teil 2. In: Die Pharmazeutische Industrie, 72. Jg. (2010 (12)), S. 2044–2050.

Cochrane, J. H. (1995): Time-Consistent Health Insurance. In: Journal of Political Economy, Vol. 103, Nr. 3, pp. 445–473.

Culyer, A. J. (1971): The Nature of the Commodity „Health Care" and its Efficient Allocation. In: Oxford Economic Papers, Vol. 16, pp. 67–88.

Cutler, D. (2010): Where are the Health Care Entrepreneurs? The Failure of organizational Innovation in Health Care, NBER Working Paper Series, Working Paper 16030, http://www.nber.org/papers/w16030.

Cutler, D./McClellan, M. (2001): Is Technology Change in Medicine Worth it?, in: Health Affairs 20, No.5: 11–29

Cutler, D./Weber, S. (1998): Paying for health insurance: the trade-off between competition and adverse selection. In: The Quarterly Journal of Economics, Vol. 113, pp. 433–466.

Deutsche Bundesbank (2014): Monatsbericht Juli 2014, Frankfurt.

Deutsche Krankenhausgesellschaft (Hrsg) (2004): Daten zur Finanzentwicklung.

Deutscher Bundestag, Referat Öffentlichkeitsarbeit (Hrsg.) (1990): Strukturreform der Gesetzlichen Krankenversicherung: Endbericht der Enquete-Kommission des 11. Deutschen Bundestages „Strukturreform der Gesetzlichen Krankenversicherung", Bd. 1, Bonn, S. 15–88.

Deutscher Bundestag (2015): Entwurf eines Gesetzes über sichere digitale Kommunikation und Anwendungen im Gesundheitswesen, Drucksache 18/5293 vom 22.6.2015.

De Meijer, C./Koopmanschap, M./Bago d'Uva T./Doorslaer E. (2011): Determinants of long-term care spending: age, time to death or disability?. In: Journal of Health Economics 30, pp. 425–438.

Donges, J./Freytag A. (2009): Allgemeine Wirtschaftspolitik, 3. Aufl., Stuttgart.

Dullinger, F. (1996): Krankenhaus-Management im Spannungsfeld zwischen Patientenorientierung und Rationalisierung: Probleme und Gestaltungsmöglichkeiten des Business Reengineering in der Krankenhaus-Praxis, Arbeitspapier zur Schriftreihe Schwerpunkt Marketing, Bd. 66, 2. Aufl., München.

Ecker T./Häussler B./Schneider M. (2004): Belastung der Arbeitgeber in Deutschland durch gesundheitssystembedingte Kosten im internationalen Vergleich. IGES/BASYS-Studie, Berlin und Augsburg

Enthoven, A. (1993): The History And Principles Of Managed Competition, Health Affairs 12: 24–48.

Eucken, W. (1975): Grundsätze der Wirtschaftspolitik, 5. Aufl., Tübingen.

Evans, R.(1974): Supplier-induceddemand: Some empirical evidence and implications. In: Perlman, M. (ed.), The economics of health and medical care, Macmillan, London, pp. 162–173.

Fargel, M. (1990): Tendenzen im Gesundheitsmarkt. In: Szallies R./Wiswede G. (Hrsg.), Wertewandel und Konsum. Fakten, Perspektiven und Szenarien für Markt und Marketing, Landsberg am Lech, S. 411–416.

Fehl, U./Oberender P. (2004), Grundlagen der Mikroökonomie, 9. Aufl., München.

Felder S./Kifmann M. (2004), Kurzfristige und langfristige Folgen einer Bürgerversicherung. In: Cassel, D. (Hrsg.), Wettbewerb und Regulierung im Gesundheitswesen, Gesundheitsökonomische Beiträge, Baden-Baden, S. 9–32.

Felder, S. (2006): Lebenserwartung, medizinischer Fortschritt und Gesundheitsausgaben: Theorie und Empirie. In: Perspektiven der Wirtschaftspolitik 7 (Special Issue), S. 49–73.

Felder, S. (2012): Auswirkungen der älter werdenden Gesellschaft auf das Gesundheitswesen – bleibt es bezahlbar?. In: Günster, C./Klose J./Schmacke N. (Hrsg.), Versorgungs-Report 2012, Schwerpunkt: Gesundheit im Alter, Stuttgart, S. 23–32.

Fetzer, S. (2005): Determinanten der zukünftigen Finanzierbarkeit der GKV: Doppelter Alterungsprozess, Medikalisierungs- vs. Kompressionsthese und medizinisch-technischer Fortschritt, Diskussionsbeitrag 130/05 des Instituts für Finanzwissenschaft der Albert-Ludwigs-Universität Freiburg.

Fetzer, S./Raffelhüschen B. (2002, überarbeitet 2004): Zur Wiederbelebung des Generationenvertrags in der gesetzlichen Krankenversicherung: Die Freiburger Agenda, Diskussionsbeitrag 103/02 des Instituts für Finanzwissenschaft der Albert-Ludwigs-Universität Freiburg.

Fetzer, S./Mevis, D./Raffelhüschen B. (2003): Zur Zukunftsfähigkeit des Gesundheitswesens. Eine Nachhaltigkeitsstudie zur marktorientierten Reform des deutschen Gesundheitssystems, Diskussionsbeitrag 108/03 des Instituts für Finanzwissenschaft der Albert-Ludwigs-Universität Freiburg.

Fries, J. (2000): Compression of morbidity in the elderly. In: Vaccine, Vol. 18, Rotterdam, S. 1584–1589.

Fries, J. F. (1980): Ageing, Natural Death, and the Compression of Morbidity. In: New England Journal of Medicine, Vol. 3, Massachusetts, S. 130–135.

Gaynor, M. (2006): Is vertical integration anticompetitive? Definitely maybe (but that´s not final). In: Journal of Health Economics 25, pp. 175–180.

Gaynor, M./Vogt W. (2000): Antitrust and Competition in Health Care Markets. In: Culyer, A./Newhouse J. (eds.), Handbook of Health Economics, 1 B, pp. 1405–1487.

Geraedts, M./Selbmann, H.K./Ollenschläger G. (2002): Beurteilung der methodischen Qualität klinischer Messgrößen. In: Zeitschrift für ärztliche Fortbildung und Qualitätssicherung, Vol. 96, S. 91–96.

Gerken, L./Raddatz G. (2003): „Bürgerversicherung" oder „Kopfpauschale": Im Dickicht der Gesundheitsreform. In: Argumente zu Marktwirtschaft und Politik, Nr. 79.

Gitter, W./Oberender P. (1987): Möglichkeiten und Grenzen des Wettbewerbs in der Gesetzlichen Krankenversicherung. Eine ökonomische und juristische Untersuchung zur Strukturreform der GKV, Baden-Baden.

Graves, J. (2012): Medicaid Expansion Opt-Outs and Uncompensated Care. In: New England Journal of Medicine 367:25: 2365–2367.

Grossman, M. (1972): On the Concept of Health Capital and the Demand for Health. In: Journal of Political Economy, 80, pp. 223–255.

Hagist, C./Heidler, M./Raffelhüschen, B./Schoder J. (2007): Die Generationenbilanz – Brandmelder der Zukunft, Update 2007: Demographie trifft Konjunktur, Forschungszentrum Generationenverträge Universität Freiburg, Diskussionsbeiträge, Nr. 17.

Hamm, W. (1984): Programmierte Unfreiheit und Verschwendung: Zur überfälligen Reform der Gesetzlichen Krankenversicherung. In: ORDO, Jahrbuch für die Ordnung von Wirtschaft und Gesellschaft, Bd. 35, S. 21–42.

Hammes, W./Fleischer H. (1993): Bevölkerungsentwicklung 1992. In: Wirtschaft und Statistik, S. 893–898.

Heinemann. A.-K./Lang. C. (2011): Der Begriff des Nutzens in der Frühbewertung nach dem AMNOG. In: Medizinrecht, 29 Jg., S. 150–153.

Hellbrück, R. P. (1997): Qualität und Ausgaben in der medizinischen Versorgung. Von Qualitätssicherung und Kosteneffizienz zu Konkurrenz im Gesundheitswesen, Berlin.

Henke, K.-D. (2004): Grenzüberschreitende Versicherungsleistungen in der Gesetzlichen Krankenversicherung – Die ökonomische Perspektive. In: Basedow, J./ Meyer, U./Rückle, D./Schwintowski, H.-P. (Hrsg.), Lebensversicherung – betriebliche Altersversorgung, VVG-Reform, Grenzüberschreitende Versicherungsleistungen in der Krankenversicherung, Der Handel mit gebrauchten Versicherungspolicen, Baden-Baden, S. 189–203.

Henke, K.-D./Schreyögg J. (2004): Towards sustainable health care systems. Strategies in health insurance schemes in France, Germany, Japan and the Netherlands. A comparative study, Genf.

Herrick, D. (2005): Consumer Driven Health Care: The Changing Role of the Patient: NCPA Policy Report, No. 276.

Herrmann-Pillath, C. (1997): Ökonomische Transformationstheorie: Quo vadis?. In: Der Osten Europas im Prozess der Differenzierung – Fortschritte und Misserfolge der Transformation, Bundesinstitut für ostwissenschaftliche und internationale Studien, Jahrbuch 1996/97, München, S. 203–214.

Holmström, B./Milgrom, P. (1991): Multitask Principal-Agent Analyses: Incentive Contracts, Asset Ownership, and Job Design. In: Journal of Law, Economics and Organization 7, pp. 24–52.

Homann, K./Pies I. (1996): Sozialpolitik für den Markt: Theoretische Perspektiven konstitutioneller Ökonomik. In: Pies, I./Leschke, M. (Hrsg.), James Buchanan konstitutionelle Ökonomik, Tübingen, S. 203–239.

Homburg, S./Richter W. (1990): Eine effizienzorientierte Reform der GRV. In: B. Felderer (Hrsg), Bevölkerung und Wirtschaft, Berlin, S. 183–191.

Horneber, M. (2010): Innovative Technik in der Sozial- und Gesundheitswirtschaft. In: Horneber, M./Helbich, P./Raschzok, K. (Hrsg.), Dynamisch Leben gestalten. Perspektiven zukunftsorientierter Unternehmen in der Sozial- und Gesundheitswirtschaft, Stuttgart, S. 147–175.

Hurley, J. (2000): An overview of the normative economics of the health sector. In: Handbook of Health Economics, 1A, pp. 55–118.

Institut der Deutschen Wirtschaft (Hrsg.) (2008): Deutschland in Zahlen 2008, Köln.

Jacobs, K. (2013): Wettbewerb im dualen Krankenversicherungssystem in Deutschland – Fiktion und Realität. In: Jacobs, K./Schulze, S. (Hrsg.), Die Krankenversicherung der Zukunft. Anforderungen an ein leistungsfähiges System, Berlin, S. 47–73.

Jankowski, M./Zimmermann, A. (2004): Wettbewerb ohne Risikoselektion auf dem deutschen Krankenversicherungsmarkt. In: List Forum für Wirtschafts- und Finanzpolitik, Bd. 30, S. 1–19.

Johnson, E. M. (2014): Physician-Induced Demand. In: Culyer, A. (ed.): Encyclopedia of Health Economics, Elsevier, Amsterdam, pp. 77–82

Kallfaß, H. (2006): Räumlicher Wettbewerb zwischen Allgemeinen Krankenhäusern, Diskussionspapier Nr. 50, TU Ilmenau.

Karmann, A./F. Rösel/Schneider M. (2016): Produktivitätsmotor Gesundheitswirtschaft: Finanziert sich der medizinisch-technische Fortschritt selbst?. In: Perspektiven der Wirtschaftspolitik 17 (1), S. 54–67.

Kartte, J./Neumann, K./Kainzinger, F./Henke K.D. (2005): Innovation und Wachstum im Gesundheitswesen. Roland Berger.

Kenkel, D. (2000): Prevention. In: Culyer, A./Newhouse, J. (eds.), Handbook of Health Economics, Vol. B, Amsterdam u.a.O., pp. 1675–1714.

Kerres, A./Kemser J. (2015): Individualisiert vs. Solidarität. Können uns die „Töchter" noch pflegen?. In: Oberender, P./Zerth, J./Brodmann G. (Hrsg.), Patient Gesundheitswesen. Mission 2030, Berlin u. a., These 2.5.

Kersting, T. (1995): Medizinische Aspekte der teilstationären und vor-/nachstationären Versorgung. In: Eichhorn, S./Schmidt-Rettig, B. (Hrsg.), Krankenhausmanagement im Werte- und Strukturwandel, Stuttgart u.a.O., S. 46–56.

Kifmann, M. (2001): Langfristige Folgen einer Einbeziehung der Selbständigen in die gesetzliche Rentenversicherung. In: Konjunkturpolitik, 47, S. 51–73.

Klein-Hitpaß, U./Leber, W.-D./Scheller-Kreisen, D. (2015): Strukturfonds: Marktaustrittshilfen für Krankenhäuser. In: Gesundheit und Gesellschaft, Wissenschaft (GGW), 15. Jg., Nr. 3, S. 15–23.

Knappe, E. (2001): Öffnung des deutschen Gesundheitssystems zum gemeinsamen Markt. In: Schmähl, W. (Hrsg), Möglichkeiten und Grenzen einer nationalen Sozialpolitik in der Europäischen Union, Berlin, S. 137–176.

Knappe, E. (2003): Ökonomische Betrachtung. In: Klusen, N. (Hrsg.), Zuwahlleistungen in der Gesetzlichen Krankenversicherung, Baden-Baden, S. 13–56.

Knappe, E./Arnold R. (2002): Pauschalprämie in der Krankenversicherung. Ein Weg zu mehr Effizienz und mehr Gerechtigkeit, Vereinigung der bayerischen Wirtschaft (Hrsg.), München.

Knoepffler, N. (2015): Priorisierung oder Rationierung in der Onkologie?. In: Onkologe 21, S. 717–723.

Knoll, R./Ochel, W./Vogler-Ludwig K. (1993): Auswirkungen der internationalen Wanderungen auf Bevölkerung, Arbeitsmarkt und Infrastruktur. Szenarien für Bayern bis zum Jahr 2010. In: ifo-Schnelldienst, 46. Jg., Nr. 6, S. 7–17.

Kortendiek, G. (1993): Gesundheitsökonomie und Wirtschaftspolitik: Neoklassische vs. Österreichische Markttheorie, dargestellt am Beispiel des Gesundheits- und Krankenversicherungswesens, Freiburg i. Br.

Krämer, W. (1989): Die Krankheit des Gesundheitswesens. Die Fortschrittsfalle der modernen Medizin, Frankfurt am Main.

Krämer, W. (1993): Ist moderne Medizin heute noch bezahlbar?. In: Die Pharmazeutische Industrie, Jg. 55, S. 793–795.

Krämer, W. (1993): Wir kurieren uns zu Tode. Die Zukunft der modernen Medizin, Campus-Verlag, Frankfurt/Main.

Langheim S./Kern A./Beske F. (1999): Anforderungen und Rahmenbedingungen zur Erstellung einer Liste verordnungsfähiger Arzneimittel in der gesetzlichen Krankenversicherung – Positivliste –, Würzburg.

Lauterbach, K. W./Wille E. (2001): Modell eines fairen Wettbewerbs durch den Risikostrukturausgleich – Sofortprogramm „Wechslerkomponente und solidarische Rückversicherung" unter Berücksichtigung der Morbidität, Abschlußbericht, Köln.

Leist, A. (2002): Gleichheit in Grenzen statt Altersrationierung. In: Gutmann, T./Schmidt, V. (Hrsg.), Rationierung und Allokation im Gesundheitswesen, Weilerswist, S. 155–178.

Litsch, M. (1990): Auswirkungen der Arzneimittelfestbeträge. Wissenschaftliches Institut der Ortskrankenkassen, Bonn.

Lüdecke, R. (1988): Staatsverschuldung, intergenerative Redistribution und umlagefinanzierte gesetzliche Rentenversicherung: Eine andere Sicht der Lasten durch ein negatives Bevölkerungswachstum. In: Klaus, J./Klemmer P. (Hrsg), Wirtschaftliche Strukturprobleme und soziale Fragen, Berlin, S. 167–181.

Lynk, W. (1995): The creation of economic efficiencies in hospital mergers. In: Journal of Health Economics, 14, pp. 507–530.

May, U./Bauer, C. (2011): Regulierungsinstrumente in der GKV-Arzneimittelversorgung. Eine ordungspolitische Analyse, Stuttgart.

McGuire, T. (2011): Physician Agency and Payment for Primary Medical Care. In: Glied, S./Smith, P. (eds.), The Oxford Handbook of Health Economics, Oxford University Press, Oxford, pp. 602–623.

Merschbächer, G. (1999): Instrumente der strategischen Planung. In: Braun, G. (Hrsg.), Handbuch Krankenhausmanagement, Stuttgart, S. 387–416.

Merten, M (2003): Krankenhäuser. Anhaltender Bettenabbau. In: Deutsches Ärzteblatt, Heft 6, S. A299–A301.

Meyer, D. (1994): Gesellschaftliche Steuerung des medizinischen Fortschritts. In: Das Gesundheitswesen, Jg. 56, S. 1–5.

Meyer, U. (2002): Mehr Wettbewerb in der privaten Krankenversicherung durch Übertragbarkeit der Alterungsrückstellung, Diskussionspapier Universität Bamberg, Bamberg.

Möschel, W. (2003): Welche rechtlichen Rahmenbedingungen gelten für Krankenkassen, wenn der Sicherstellungsauftrag auf die Krankenkassen übergeht?. In: MedR, Heft 3, S. 133–136.

Mossialos, E./McGuire A. (2004): Market Oriented Reforms and Competition in European Health Care Systems. In: Eekhoff, J. (Hrsg.), Competition Policy in Europe, S. 99–126.

Mühlnickel, I. (2004): Kassensturz. Die gesetzliche Krankenversicherung schrumpft sich gesund. In: Klinik Management aktuell, Nr. 93, Heft 3, S. 15-22.

Murphy, M./Tobel R. (2005): The value of Health and Longevity, NBER Working Paper, No. 11405.

Mussler, W./Streit M. (1996): Integrationspolitische Strategien in der EU. In: Ohr, R. (Hrsg.), Europäische Integration, Stuttgart u.a.O., S. 265–292.

Neubauer, G. (1988): Verfahren des Finanzausgleichs in der Gesetzlichen Krankenversicherung zur Angleichung der Wettbewerbssituation. In: Die Betriebskrankenkasse, Jg. 76, S. 281–285.

Neubauer, G. (1993): Schritte zur Neuordnung der Krankenhausfinanzierung in Deutschland. In: Oberender, P. (Hrsg.), Institutionelle Erneuerung des Gesundheitswesens in Deutschland, Baden-Baden, S. 63–83.

Neudeck, W./Podczeck K. (1996): Adverse selection and regulation in health insurance markets. In: Journal of Health Economics, Vol. 15, S. 387–408.

Oberender, P. (1996): Leitlinien für eine Systemkorrektur in der Krankenversicherung. In: Siebert, H. (Hrsg.), Sozialpolitik auf dem Prüfstand, Tübingen, S. 85–110.

Oberender, P. (1998): Gesundheitsversorgung und Rationierung aus Sicht der Krankenversicherung. In: Nagel, E./Fuchs C. (Hrsg.), Rationalisierung und Rationierung im deutschen Gesundheitswesen, Stuttgart u.a.O., S. 10–26.

Oberender, P. (2000): Entscheidungskriterien für erstattungsfähige Arzneimittel. In: Wille, E./Albring, M. (Hrsg.), Rationalisierungsreserven im deutschen Gesundheitswesen, Frankfurt a.M., S. 273–282.

Oberender, P. (2005): Medizin und Ökonomie: kein Widerspruch. Liberale Argumente zu einem vermeintlichen Dilemma, 2. Aufl., Bayreuth.

Oberender, P./Fibelkorn A. (1997): Ein zukunftsfähiges deutsches Gesundheitswesen, Bayreuth.

Oberender, P./Daumann F. (1997): Ökonomische Aspekte der Qualitätssicherung. In: Jaster, H.-J. (Hrsg.), Qualitätssicherung im Gesundheitswesen, New York u.a.O., S. 210–248.

Oberender, P./Fleckenstein J. (2004): Reform der Sozialen Pflegeversicherung in Deutschland – Entschärfung einer „Zeitbombe", Universität Bayreuth, Rechts- und Wirtschaftswissenschaftliche Fakultät, Diskussionspapier 05–04, Bayreuth.

Oberender, P./Fleischmann J. (2001): Der Risikostrukturausgleich zwischen den Gesetzlichen Krankenkassen. In: Wirtschaftswissenschaftliches Studium, Heft 11, S. 599–606.

Oberender, P./Fleischmann J. (2002): Gesundheitspolitik in der Sozialen Marktwirtschaft: Analysen der Schwachstellen und Perspektiven der Reform, Stuttgart.

Oberender, P./Fleischmann J. (2004): Sozialreicht und Wettbewerbsrecht: Ein Gegensatz? Ordnungspolitische Anmerkungen zu einem Urteil des Europäischen Gerichtshofs vom 16. März 2004, ORDO, Bd. 55, S. 191–208

Oberender, P./Zerth J. (2001): Gesundheitspolitik in Deutschland, Bayreuther Gesundheitsökonomie, Bd. 1, 1. Aufl., Bayreuth.

Oberender, P./Zerth J. (2003): Bayreuther Manifest. Der Weg in ein freiheitliches Gesundheitswesen, Bayreuth.

Oberender, P./J. Zerth (2005a): Anreizwirkungen des RSA in einem wettbewerblich orientierten Krankenversicherungssystem. In: Klusen, N./Straub, C./Meusch, A. (Hrsg.), Steuerungswirkungen des Risikostrukturausgleichs, Baden-Baden, S. 37–49.

Oberender, P./Zerth J. (2005b): Clinical Pathways als eine Zukunftsstrategie des Krankenhauses: eine gesundheitsökonomische Einführung. In: Oberender, P. (Hrsg.), Clinical Pathways. Facetten eines neuen Versorgungsmodells, Stuttgart, S. 15–27.

Oberender, P./Zerth J. (2005c): Gesundheitspolitik in Deutschland, Bayreuther Gesundheitsökonomie, Bd. 1, 3. durchgesehene und überarbeitete Aufl., Bayreuth.

Oberender, P./Zerth J. (2008): Wettbewerb in der gesetzlichen Krankenversicherung: Perspektiven nach dem GKV-WSG. In: Die BKK – Zeitschrift der Betrieblichen Krankenversicherung, 96. Jg., S. 202–210.

Oberender, P./Zerth J. (2010): Wettbewerb im Gesundheitswesen: Eine Einschätzung nach dem Gesundheitsfonds. In: Oberender, P. (Hrsg.): Wettbewerb im Gesundheitswesen, Berlin, S. 11–22.

Oberender, P./Zerth J. (2014a): Selektivverträge als „ökonomischer Kern" der Solidarischen Wettbewerbsordnung. In: Cassel, D./Jacobs, K./Vauth C./Zerth J. (Hrsg.), Solidarische Wettbewerbsordnung. Genese, Umsetzung und Perspektiven einer Konzeption zur wettbewerblichen Gestaltung der Gesetzlichen Krankenversicherung, Heidelberg, S. 173–198.

Oberender, P./Zerth J. (2014b): Die zukünftige Finanzierung des deutschen Gesundheitswesens aus gesundheitsökonomischer Perspektive: Grundlegende anreizbezogene Anmerkungen. In: Matusiewicz, D./Wasem J. (Hrsg.), Gesundheitsökonomie. Bestandsaufnahme und Entwicklungsperspektiven, Berlin, S. 103–120.

Oberender, P./Ecker T. (1999): Der Risikostrukturausgleich in der GKV: eine ordnungsökonomische Analyse. In: Knappe, E. (Hrsg.), Wettbewerb in der Gesetzlichen Krankenversicherung, Baden-Baden, S. 51–60.

Oberender, P./Ecker T. (2001): Grundelemente der Gesundheitsökonomie, Bayreuth.

Oberender, P./Ecker, T./Zerth J. (2005): Grundelemente der Gesundheitsökonomie, 2. Aufl., Bayreuth.

Oberender, P./Fleischmann, J./Reiß C. (2003): Gradualismus vs. Schocktherapie oder lokale vs. globale Optimierung als relevante Alternativen der Transformationspolitik. Eine theoretische Analyse. Wirtschaftswissenschaftliche Diskussionspapiere der Rechts- und Wirtschaftswissenschaftlichen Fakultät der Universität Bayreuth, Nr. 15, Bayreuth.

Oberender, P./Zerth J./Bronnhuber A. (2015): Wachstumsmarkt Onkologie. Wachstum oder Priorisierung im Lichte personalisierter Medizin?. In: Onkologe 21, S. 701–707.

Oberender, P./Ulrich, P./Felder, S./Schneider, U./Werblow, A./Zerth J. (2006): Bayreuther Manifest – Bayreuther Versichertenmodell, Bayreuth.

Oberender, P./Ecker, T./Zerth, J. (2005): Grundelemente der Gesundheitsökonomie, 2. Aufl., Bayreuth.

Oberender, P./Zerth, J. (2010): Wachstumsmarkt Gesundheit, 3. Aufl., Lucius und Lucius, Baden-Baden.

OECD (2015): Ländernotiz: Wie hoch sind die Gesundheitsausgaben in Deutschland, 7. Juli 2015, www.oecd.org/health.

Okruch, S. (2001): Gesundheitspolitik. Wirtschaftspolitik der Experimente als Ursache und Lösung der Krise des Gesundheitswesens. In: Koch, L. (Hrsg.), Wirtschaftspolitik im Wandel, München u.a.O., S. 113–136.

Orlowski, U./Preusker, U. (2012): Allgemeine Struktur und Überblick über das GKV-VStG. In: Orlowski,U./Preusker, U./Schiller, H./Wasem J. (Hrsg.), Versorgungsstrukturgesetz (GKV-VStG) – Auswirkungen auf die Praxis, Heidelberg.

Ozegowski, S./Sundmacher L. (2014): Understanding the gap between need and utilization in outpatient care – The effect of supply-side determinants on regional inequities. In: Health Policy 114, pp. 54–63.

Pauly, M. (1988): Is medical care different? Old questions, new answers. In: Journal of Health Politics, Policy and Law, 13, pp. 227–237.

Pauly, M. (2000): "Optimal health insurance". In: The Geneva Papers on Risk and Insurance, 25, pp. 33–57.

Pauly, M. (2011): Insurance and the Demand for Medical Care. In: Glied, S./Smith P. (eds.), The Oxford Handbook of Health Economics, Oxford University Press, Oxford and New York, pp. 354–379.

Pimpertz, J. (2002): Leitlinien zur Reform der gesetzlichen Krankenversicherung. Von der fiskalischen Reaktion zur Ordnungspolitik des Gesundheitswesen, Beiträge zur Wirtschafts- und Sozialpolitik, Köln.

Pimpertz, J. (2010): Ausgabentreiber in der Gesetzlichen Krankenversicherung. In: IW-Trends – Vierteljahresschrift zur empirischen Wirtschaftsforschung, Heft 2.

Pötzsch, O. und B. Sommer (2010): Bevölkerung Deutschlands bis 2050. 10. koordinierte Bevölkerungsvorausberechnung, Statisches Bundesamt Wiesbaden.

Popper, K. (1974): Das Elend des Historizismus, 4. Aufl., Tübingen.

Porter, M. (1989): Wettbewerbsvorteile – Spitzenleistungen leisten und behaupten, Frankfurt.

Porzsolt, F./Druckrey E. (1996): Gesundheitsökonomie und Klinische Ökonomie. In: Oberender, P. (Hrsg.), Möglichkeiten und Grenzen der gesundheitsökonomischen Evaluation im Gesundheitswesen, Baden-Baden, S. 9–22.

Prosi, G. (1988): Innovationen in der Medizintechnik. In: Orientierungen zur Wirtschafts- und Gesellschaftspolitik, 35. Jg., S. 67–71.

Raffelhüschen, B. (1999): Generational Accounting: Method, Data, Limitations. In: European Economy, Reports and Studies, Vol. 6, S. 17–28.

Rebscher, H. (2010): „Wettbewerb als Entdeckungsverfahren" im Gesundheitswesen – Chancen, Bedingungen, Grenzen. In: Oberender, P. (Hrsg.), Wettbewerb im Gesundheitswesen, Berlin 2010, S. 35–57.

Rebscher, H. (2011): Perspektivenwechsel Bewertungskategorien selektiven Vertragshandelns. In: Rüter, G./Da-Cruz, P./Schwegel, P. (Hrsg.), Gesundheitsökonomie und Wirtschaftspolitik, Baden-Baden, S. 348–362.

Rebscher, H. (2015): Das Gesetz funktioniert in der Praxis. Interview zum AMNOG-Report der DAK Gesundheit. In: market access & health policy, 2, S. 5–6.

Ritter, P./Hohmeier J. (1999): Alterspolitik. Eine sozio-ökonomische Perspektive, München.

Robra, B.P./Deh, U./Swart, E./Felder, S./Dralle R. (2003): Krankenhausplanung auf der Grundlage von DRGs. In: Klauber, J./Robra, B.P./Schellschmidt, H. (Hrsg.), Krankenhaus-Report 2003, Stuttgart u.a.O., S. 137–148.

Rosenberg, P. (1990): Das soziale Netz vor der Zerreißprobe? Ökonomische, technologische und demographische Herausforderungen, Frankfurt am Main.

Rothgang, H./Müller, R./Unger, R. (2013): Barmer GEK Pflegereport 2012, Schriftenreihe zur Gesundheitsanalyse, Bd. 23, Siegburg.

Ruckdäschel, S. (2000): Wettbewerb und Solidarität im Gesundheitswesen: Zur Vereinbarkeit von wettbewerblicher Steuerung und sozialer Sicherung, Bayreuth.

Rürup, B./Wille E. (2004): Finanzierungsreform in der Krankenversicherung, Gutachten, Darmstadt und Mannheim, S. 265–294.

Sachverständigenrat für die Konzertierte Aktion im Gesundheitswesen (Hrsg.) (1987): Jahresgutachten 1987, Medizinische und ökonomische Orientierung. Vorschläge für die Konzertierte Aktion im Gesundheitswesen, Baden-Baden.

Sachverständigenrat für die Konzertierte Aktion im Gesundheitswesen (Hrsg.) (1994): Gesundheitsversorgung und Krankenversicherung 2000. Eigenverantwortung, Subsidiarität und Solidarität bei sich ändernden Rahmenbedingungen, Sachstandsbericht 1994, Kurzfassung, Baden-Baden.

Sachverständigenrat für die Konzertierte Aktion im Gesundheitswesen (Hrsg.) (1996): Gesundheitswesen in Deutschland. Kostenfaktor und Zukunftsbranche, Bd. 1: Demographie, Morbidität, Wirtschaftlichkeitsreserven und Beschäftigung, Bonn.

Sachverständigenrat zur Begutachtung der Entwicklung im Gesundheitswesen (Hrsg.) (2014): Bedarfsgerechte Versorgung – Perspektiven für ländliche Regionen und ausgewählte Leistungsbereiche, Bern.

Sachverständigenrat zur Begutachtung der gesamtwirtschaftlichen Entwicklung (SVR) (2004): Erfolge im Ausland – Herausforderungen im Inland, Jahresgutachten 2004/2005, Stuttgart.

Sauerland, D. (1999): Zur Notwendigkeit einer anreizorientierten Gesundheitspolitik. In: Zeitschrift für Wirtschaftspolitik, Jg. 48, S. 265–294.

Sauerland, D./Wübker A. (2012): Die Entwicklung der Ausgaben der Gesetzlichen Krankenversicherung bis 2050 – bleibende Herausforderung für die deutsche Gesundheitspolitik. In: Schmollers Jahrbuch 132, S. 53–88.

Schäfer, H. (1990): Ist Prävention ein öffentliches oder privates Gut? Politische und ethische Aspekte der Prävention. In: Arnold, M. u. a. (Hrsg.), Ökonomie der Prävention am Beispiel der Herz-Kreislauferkrankungen, Gerlingen, S. 435–457.

Schallermair, C. (1999): Ökonomische Merkmale sozialer Dienstleistungen und deren Beschäftigungspotentiale am Beispiel der stationären Altenpflege, Bayreuth.

Schmähl, W./Ulrich, V. (Hrsg.) (2001): Soziale Sicherungssysteme und demographische Herausforderungen, Tübingen.

Schneider, M. (2013): Wertschöpfungsorientierte Arbeitsteilung im Krankenhaus. Effizienzbewertung und Auswahl von Organisationsformen am Beispiel der Pflege. Eine organisationstheoretische Analyse, Bayreuth.

Schneider, U./Ulrich V./Zerth J. (2008a): Das Modell eines kontrollierten Wettbewerbs auf dem Krankenversicherungsmarkt. In: ÄrzteZeitung (Hrsg.): Zukunftsideen für das Gesundheitssystem. Beiträge aus dem Hochschulwettbewerb „Perspektive 2020 – Gesundheit als Chance", Neu-Isenburg, S. 25–40.

Schneider, U./Ulrich V./Zerth J. (2008b), Innovationsfinanzierung über „Gesundheitsriester": ein Baustein einer möglichen nachhaltigen Gesundheitsreform. In: Impliconplus: Gesundheitspolitische Analysen, Nr. 6.

Schöne-Seifert, B./Buyx A. (2006): Marginale Wirksamkeit medizinischer Maßnahmen: ein faires Rationierungskriterium?. In: Schöne-Seifert, B./Buyx A./Ach J. (Hrsg.), Gerecht behandelt? Rationierung und Priorisierung im Gesundheitswesen, Paderborn, S. 215–234.

Schreiner, M. (2015): Wer entscheidet zukünftig über die Krankenhausversorgung?. In: Oberender, P. u.a. (Hrsg.), Mission 2030, Berlin, S. 47.

Schulenburg, J.-M. Graf v. d. (1993): Theorie der Gesundheitsökonomik. In: Zeitschrift für die gesamte Versicherungswissenschaft, S. 71–96.

Schulz, E. (2015): Alterung der Bevölkerung und Gesundheitspersonal in fünf ausgewählten europäischen Ländern. In: DIW-Wochenbericht, Vol 82, Iss. 14/15: 330–338.

Schulze Ehring, F. (2004): Beitragsanstieg in der gesetzlichen Krankenversicherung. Ausgabenanstieg oder Erosion der Beitragsgrundlage bei besonderer Berücksichtigung der Krankenversicherung der Rentner, Wissenschaftliches Institut der PKV, Köln.

Segal, L. (1998): The importance of patient empowerment in health system reform. In: Health Policy 44: 31–44.

Seitz, R. (2001): Sektorübergreifendes Rehabilitationsmanagement durch Managed Care. Ein Konzept für die Indikation „Chronische Rückenschmerzen", Bayreuth.

Shelton Brown, H./Pagàn J. (2006): Managed care and the scale efficiency of US hospitals. In: International Journal of Health Care Finance and Economics, 6, pp. 278–289.

Skuban, R. (2004): Pflegeversicherung in Europa. Sozialpolitik im Binnenmarkt, Wiesbaden.

Stabell, C.B./Fjeldstad O.D. (1998): Configurating Value for Competitive Advantage: On Chains, Shops, and Value Networks. In: Strategic Management Journal, Vol. 19 (5), pp. 413–437.

Statisches Bundesamt (2006): Bevölkerung Deutschlands bis 2050. Ergebnisse der 11. koordinierten Bevölkerungsvorausberechnung, Wiesbaden.

Statistisches Bundesamt (2015): Bevölkerung Deutschlands bis 2016, Ergebnisse der 13. Koordinierten Bevölkerungsvorausberechnung, Wiesbaden.

Steinmann, L./Telser H./Zweifel P. (2007): Aging and future healthcare expenditure: A consistant approach. In: Forum for Health Economics and Policy 10/2, Art. 1.

Stillfried, D. Graf v. (1996): Gesundheitssysteme im Wandel. Das Dilemma zwischen Bedarf und Eigenverantwortung. Medizinische Grundsicherung als Reformperspektive? Eine evolutorische Analyse, Bayreuth.

Strassl, W. (1988): Externe Effekte auf Versicherungsmärkten. Eine allokationstheoretische Begründung staatliche Regulierung, Tübingen.

Streit, M. (1995): Dimensionen des Wettbewerbs – Systemwandel aus ordnungsökonomischer Sicht. In: Zeitschrift für Wirtschaftspolitik, Heft 44, S. 113–134.

Streit, M. (1996): Zur Interdependenz der Ordnungen – marktwirtschaftliche Ordnungen im Sozialstaat. In: List Forum für Wirtschafts- und Finanzpolitik, S. 253–266.

Thielbeer, M. (1999): Notwendigkeiten, Möglichkeiten und Grenzen einer Deregulierung in der privaten Krankenversicherung. Eine ordnungsökonomische Analyse, Bayreuth.

Thum, M./Weizsäcker J. von (2000): Implizite Einkommensteuer als Messlatte für die aktuellen Rentenreformvorschläge. In: Perspektiven der Wirtschaftspolitik, 1, S. 453–468.

Ulrich, V. (2003): Demographische Effekte auf Ausgaben und Beitragssatz der GKV. In: Albring, M./Wille, E. (Hrsg.), Die GKV zwischen Ausgabendynamik, Einnahmeschwäche und Koordinierungsproblemen, Bd. 48, Frankfurt am Main, S. 59–81.

Ulrich, V. (2006): Makroökonomische Implikationen der demographischen Alterung in Deutschland. In: Pfahler, T./Thuy P. (Hrsg.), Wirtschaftliche Entwicklung und struktureller Wandel, Bern, S. 81–112.

Ulrich, V. (2012): Chancen und Risiken individualisierter Medizin: Ökonomische Aspekte – bessere Versorgung bei gleichzeitiger Kostendämpfung?. In: Frankfurter Forum: Diskurse Heft 6, S. 22–31.

Ulrich, V. (2015): GKV und PKV: Reformierte Dualität oder integrierter Versicherungsmarkt?. In: Frankfurter Forum: Diskurse Heft 12, S. 28–37.

Ulrich, V./Maier, C. (2015): Arzneimittelbewertung post AMNOG – Grenzen der Nutzenreflexion durch die Trennung von Kranken- und Pflegeversicherung am Beispiel der Demenz. In: Gesundheitsökonomie und Qualitätsmanagement 20, S. 68–78.

Van Dijk, C.E.; van den Berg, B.; Verheij, R.; Spreeuwenberg, P.; Groenewegen, P. and D. de Bakke (2013) Moral Hazard and Supplier-Induced Demand: Empirical Evidence in General Practice. Health Economy 22: 340–352.

Vita, A./Terry, R./Hubert H. (1998): Aging, health risks, and the cumulative disability. In: The New England Journal of Medicine, Vol. 338, No. 15, S. 1035–1041.

Vogelbruch, B. (1992): Festbeträge für Arzneimittel, Hamburg.

Wagner, G. (1998): Zentrale Aufgaben beim Um- und Ausbau der Gefahrenvorsorge. Ein Versuch, die Vertragstheorie sowie die Theorie des Markt- und Staatsversagen für die Sozialpolitik nutzbar zu machen. In: Hardes, R. (Hrsg.), Reform des Sozialstaates II: Theoretische, institutionelle und empirische Aspekte, Berlin, S. 11–52.

Wagstaff, A./Doorslaer E. v. (2000), Equity in Health Care Finance and Delivery. In: Culyer, A.J./Newhouse, J.P. (eds.), Handbook of Health Economics, Vol. 1 B, pp. 1803–1862.

Wasem, J./Greß, S./Rothgang H. (2003): Kopfprämien in der Gesetzlichen Krankenversicherung: Eine Perspektive für die Zukunft?. In: ZeS-Arbeitspapier Nr. 7.

Weaver, F./Stearns, S./Norton E./Spector W. (2009): Proximity to death and participation in the long-term care market. In: Health Economics, Vol. 18, pp. 867–883.

Wegner, G. (1996): Wirtschaftspolitik zwischen Selbst- und Fremdsteuerung – ein neuer Ansatz, Baden-Baden.

Weinmann, S. (2003): Ökonomische Analyse von Patientenkarrieren. Am Beispiel einer Kohorte von Kindern mit atopischen Erkrankungen, Bayreuth.

Werner, B./Seidel, J./Cords S. (1994): Bevölkerungsaufbau und Krankheitspanorama im Jahr 2000. Eine Analyse am Beispiel Hamburg. In: DOK, Jg. 76, S. 118–123.

Wille, E./Resch S. (2004), Risikoselektion trotz Risikostrukturausgleich. In: Klusen, N./Straub, C./Meusch, A. (Hrsg.), Steuerungswirkungen des Risikostrukturausgleichs, Baden-Baden, S. 13–36.

Willemé, P. and M. Dumont (2013): Machines that go 'ping': medical technology and health expenditures in OECD countries, Federal Planningbureau, Discussion Paper 2–13.

Williams, A./Cookson R. (2000), Equity in Health. In: Culyer, A./Newhouse, J. (Hrsg.), Handbook of Health Economics, Vol. 1B, pp. 1863–1906.

Williamson, O. E. (1985): The Economic Institutions of Capitalism: Firms, Markets, Relational Contracting, New York.

Windeler, J. (2011): Methodische Fragen zur frühen Nutzenbewertung nach §35a SGB V, in Gesundheitsrecht, 10 Jg., S. 92–94.

Wissenschaftliche Arbeitsgruppe „Krankenversicherung" (1987): Vorschläge zur Strukturreform der Gesetzlichen Krankenversicherung, Bayreuth.

Wörz, M./Perleth, M./Schöffski, O./Schwartz F.W. (2002): Innovative Medizinprodukte im deutschen Gesundheitswesen, Baden-Baden.

Zentner, A./Busse, R. (2011): Bewertung von Arzneimitteln – wie gehen andere Länder vor?. In: GGW-Gesundheit + Gesellschaft Wissenschaft, 11 Jg., S. 25–34.

Zentralinstitut für die kassenärztliche Versorgung (2000): Tätigkeitsbericht 1999/2000, Köln.

Zerth, J. (2005): Flächendeckende Versorgung in einem liberalen Gesundheitssystem, Baden-Baden.

Zerth, J. (2012): Rationierung oder Priorisierung im Gesundheitswesen: Was leistet die Gesundheitsökonomie?. In: WLH Diskussionspapiere Nr. 1, www.wlh-fuerth.de.

Zerth, J. (2012): Zur Bedeutung der Wettbewerbsrolle im Gesundheitswesen. In: Zeitschrift für Wirtschaftspolitik, Jg. 61, S. 299–309.

Zerth, J. (2015a): Gesundheitssystem zwischen Solidarität und Wettbewerb. Positionen zur „Solidarischen Wettbewerbsordnung". In: Welt der Krankenversicherung 10, S. 243–248.

Zerth, J. (2015b): Ökonomische Rahmenbedingungen und medizinische Indikation, in: Dörries, A./Lipp, V. (Hrsg.), Medizinische Indikation. Ärztliche, ethische und rechtliche Perspektiven. Grundlagen und Praxis, Stuttgart, S. 125–140.

Zerth, J. (2015c): Technik vs. Mensch. Unser Rettungsanker – Die technischen Assistenzsysteme?. In: Oberender, P./Zerth, J./Brodmann G. (Hrsg.): Patient Gesundheitswesen. Mission 2030, Berlin u. a., These 2.5.

Zimmermann, M./Görres S./Schmitt S. (2012): Soziale und technische Bewältigungsstrategien von Wohnen im Alter. In: C. Günster/Klose, J./Schmacke N.

(Hrsg.), Versorgungs-Report 2012, Schwerpunkt: Gesundheit im Alter, Stuttgart, S. 207–217.

Zuck, R. (2000): Rechtsprobleme des Outsourcing im medizinischen Bereich des Krankenhauses. In: Eichhorn, P./Seelos, H.-J./Schulenburg, J.-M. Graf v. (Hrsg.), Krankenhausmanagement, München u. a. O., S. 160–183.

Zweifel P./Felder, S./Meier M. (1996): Demographische Alterung und Gesundheitskosten: Eine Fehlinterpretation. In: Oberender, P. (Hrsg.), Alter und Gesundheit, Baden-Baden, S.29–46

Zweifel, P. (1994): Eine Charakterisierung von Gesundheitssystemen: Welche sind von Vorteil bei welchen Herausforderungen?. In: Oberender, P. (Hrsg.), Probleme der Transformation im Gesundheitswesen, Baden-Baden, S. 9–43.

Zweifel, P./Grandchamp, C. (2003): Auswirkungen der Kartellierung in der Medizin: ein internationaler Vergleich. In: Cassel, D. (Hrsg.), Europäische Gesundheitssysteme: Gestaltungsprobleme und Lösungsansätze, S. 49–65, Baden-Baden.

Zweifel, P./Breuer M. (2003): Weiterentwicklung des deutschen Gesundheitssystems. Gutachten im Auftrag des Verbands forschender Arzneimittelhersteller e. V., Zürich.

Zweifel, P. (2004): Was leistet unser Gesundheitswesen?, Zürich.

Index

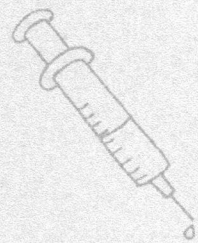

Grundlagen mit Aufgaben

Andreas Behr, Götz Rohwer
Wirtschafts- und Bevölkerungsstatistik
1. Auflage
2012, 348 Seiten, flexibler Einband
ISBN 978-3-8252-3679-3

Sinkende Geburtenrate, steigende Lebenserwartung und eine wachsende Zuwanderung: All das hat großen Einfluss auf die Wirtschaftsstatistik. Dieses Lehrbuch behandelt daher systematisch bevölkerungsstatistische Methoden, um anschließend die Wirtschaftsstatistik zu vermitteln. Der Stoff wird durch statistisches Datenmaterial zu Deutschland und durch zahlreiche Beispiele illustriert. Am Ende jeden Kapitels finden sich Aufgaben, die das Verständnis vertiefen.

Themen des Buches sind unter anderem
- demographische Prozesse und Projektionen,
- Lebensdauern und Sterbetafeln,
- Geburtenstatistiken,
- Marktpreise und Preisstatistiken,
- Input-Output-Analysen,
- die Volkswirtschaftliche Gesamtrechnung.

Das Lehrbuch richtet sich an Studierende der Wirtschafts- und der Sozialwissenschaften im Bachelor- und Masterstudium.

www.uvk-lucius.de

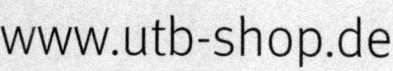